保險學基礎

(第五版)

蘭虹 主編

崧燁文化

第五版前言

　　保險學是一門新興的邊緣性學科，涉及的內容很多。本書之所以叫作《保險學基礎》，是因為本書的主要內容是向讀者介紹保險學的基本原理、基礎知識和主要業務。本書可作為保險專業和非保險專業的學生學習保險學的入門教材，也可作為保險從業人員及自學者的參考用書。

　　本書由蘭虹擬訂大綱並負責全書總纂。全書共九章，參加編寫的人員有：蘭虹、孫蓉、韋生瓊、李虹、何茜。各章節具體編寫分工如下：

　　蘭虹：第四章，第五章，第七章，第九章第一、二節；

　　孫蓉：第一章第一、二、三、四節，第三章；

　　韋生瓊：第二章，第六章，第九章第三節；

　　李虹：第一章第五節，第八章；

　　何茜：第二章第三節。

　　感謝保險學院張運剛教授對本書「保險費率的計算原理」部分的修正。

　　由於編著者水準有限，時間倉促，書中難免存在不足之處，請各位指正。

編　者

2

目　錄

第一章　風險與保險

第一節　風險的含義、要素和種類 ……………………………………（1）
第二節　風險管理概述 …………………………………………………（6）
第三節　保險的本質 ……………………………………………………（9）
第四節　保險的職能與作用 ……………………………………………（13）
第五節　保險的分類 ……………………………………………………（17）

第二章　保險的產生與發展

第一節　古代保險思想和原始形態的保險 ……………………………（23）
第二節　世界保險的起源與發展 ………………………………………（26）
第三節　中國保險業的產生與發展 ……………………………………（36）

第三章　保險合同

第一節　保險合同概述 …………………………………………………（52）
第二節　保險合同的主體、客體 ………………………………………（55）
第三節　保險合同的內容 ………………………………………………（59）
第四節　保險合同的訂立、變更、中止、復效和終止 ………………（64）

第四章　保險合同的基本原則

第一節　最大誠信原則 …………………………………………………（71）
第二節　保險利益原則 …………………………………………………（77）
第三節　近因原則 ………………………………………………………（81）
第四節　損失補償原則 …………………………………………………（83）
第五節　代位原則和分攤原則 …………………………………………（85）

第五章　保險業務經營

第一節　保險業務經營概述 ……………………………………… (91)
第二節　直接保險業務的經營環節 ……………………………… (95)
第三節　再保險 …………………………………………………… (101)
第四節　保險投資 ………………………………………………… (107)

第六章　人身保險

第一節　人身保險概述 …………………………………………… (111)
第二節　人壽保險的形態 ………………………………………… (116)
第三節　人壽保險的常用條款 …………………………………… (123)
第四節　意外傷害保險 …………………………………………… (132)
第五節　健康保險 ………………………………………………… (137)
第六章附錄1 ……………………………………………………… (143)
第六章附錄2 ……………………………………………………… (157)

第七章　財產保險

第一節　財產保險概述 …………………………………………… (169)
第二節　財產保險的種類 ………………………………………… (176)
第三節　火災保險 ………………………………………………… (178)
第四節　機動車輛保險 …………………………………………… (188)
第五節　責任保險 ………………………………………………… (194)
第七章附錄1 ……………………………………………………… (200)
第七章附錄2 ……………………………………………………… (216)
第七章附錄3 ……………………………………………………… (221)

第八章　國際貿易保險

第一節　國際貨物運輸與海運風險 ……………………………… (223)
第二節　海上貨物運輸保險 ……………………………………… (233)
第三節　出口信用保險 …………………………………………… (243)

第九章　保險費率的計算原理

第一節　保險費率及其釐定原則 …………………………………（254）
第二節　財產保險費率計算原理 …………………………………（256）
第三節　人壽保險保費計算原理 …………………………………（259）

第一章　風險與保險

內容提要： 風險是保險的邏輯起點。保險理論中的風險，通常是指損害發生的不確定性。風險由風險因素、風險事故和損害構成。風險有不同的類別。風險管理包括管理和決策兩個方面。可保風險、大量同質風險的集合與分散、保險費率的制定、保險基金的建立和保險合同的訂立等構成了保險的要素。保險可從法律和經濟角度定義。保險與儲蓄等經濟行為相似但不相同。保險具有基本職能和派生職能，保險有積極作用，也有消極作用。保險可分為不同的類型。

第一節　風險的含義、要素和種類

風險的存在是保險業產生的基礎。沒有風險也就不可能產生保險。因此，研究保險需從風險開始。

一、風險的含義

從一般的意義上講，風險是指未來結果的不確定性。只要某一事件的發生結果與預期的不同，就存在著風險。風險的不確定性體現為某一事件的發生可能導致三種結果：損害、無損害或收益。如果未來結果低於預期價值就稱為損失或傷害；如果未來結果高於預期價值就稱為收益。在未來不確定的三種結果中，損害尤其值得我們注意。因為，如果事件發生的結果不會有損害，就沒有必要談論風險。換言之，正是因為損害發生的不確定性可能在將來引起不利結果，才需要對風險進行管理，作為風險管理重要方式之一的保險才會產生與發展。因此，保險理論中的風險，通常是指損害發生的不確定性。

只要風險存在，就一定有發生損害的可能。在風險存在的情況下，損害可能發生，也可能不發生。但如果發生損害的可能性為零或百分之百，則不存在風險。因為無論發生損害的可能性為零，還是發生損害的可能性為百分之百，其結果都是確定的，與風險的含義相違背。

根據概率論，風險取決於損害的概率，若損害的概率是 0 或 1，就不存在不確定性，而當損害的概率在（0，1）時，概率越大，則風險越大。從概率論的角度來分析認識問題，就不難理解風險的含義。

風險具有下列特徵：

（一）風險的客觀性

風險是客觀存在的，自然界的地震、颱風、洪水，人類社會中的瘟疫、意外事故等風險，都是不以人的意志為轉移的，它們是獨立於人的意識之外客觀存在的。人們只能在一定的時間和空間內改變風險存在和發生的條件，降低風險發生的頻率和損害程度，卻難以徹底消除風險。

（二）風險的普遍性

人類社會自產生以來就面臨著各種各樣的風險。隨著科學技術的發展、生產力的提高、社會的進步，新的風險不斷產生，且風險事故造成的損害也越來越大。在現代社會，個人及家庭、企事業單位、機關團體乃至國家都面臨著各種各樣的風險，風險滲入到社會經濟生活的方方面面。風險的發生具有普遍性，風險無時不在、無處不在。

（三）風險的可變性

在一定的條件下，風險可能發生變化。隨著科學技術的發展與普及，可能產生一些新的風險，而有些風險會發生性質的變化；隨著人們對風險認識程度的增強和風險管理方法的完善，有些風險在一定程度上得到控制，人們可設法降低其發生頻率和損害幅度，使風險的量發生變化；還有一些風險可能在一定的時間和空間範圍內被消除。總之，人類社會的進步與發展，既可能使新的風險產生，也可能使原有的風險發生變化。

（四）風險的社會性

風險具有社會屬性，而不具有自然屬性。就自然現象本身而言是無所謂風險的，各種自然災害、意外事故可能只是大自然自身運動的表現形式，或者是自然界自我平衡的必要條件。然而，當災害事故與人類相聯繫，對人類的財產、生命等造成損害時，對人類而言就成了風險。因此，沒有人類社會，就沒有風險可言，這正體現出風險的社會性。

二、風險的要素

風險是由多種要素構成的，這些要素的相互作用，共同決定了風險的存在、發展和變化。一般認為，風險的組成要素包括風險因素、風險事故和損害。

（一）風險因素

風險因素又稱風險條件，是指那些隱藏在損害事件後面，增加損害可能性和損失程度的條件。風險因素是風險事故發生的潛在原因，是造成損害的間接的、內在的原因。風險因素的存在，有可能增加風險事故發生的頻率，增大風險損害

的程度。風險因素可分為實質風險因素、道德風險因素和心理風險因素。

1. 實質風險因素

它是指在社會生活中客觀存在並能引起事物變化的種種物理因素。實質風險因素一般表現為有形的風險因素。有形風險因素是指那些看得見的、影響損害頻率和程度的環境條件。例如汽車的用途及煞車系統，建築物的位置、構造及佔有形式，甚至人體的免疫力等，都可以歸入實質風險因素。實質風險因素與人為因素無關，故又稱為物質風險因素。

2. 道德風險因素

它是與人的道德修養及品行有關的無形的因素。即由於個人行為不端、不誠實、居心不良或有不軌企圖，故意促使風險事故發生，以致引起社會財富損毀和人身傷害的原因和條件。如詐欺、縱火等惡意行為，都屬於道德風險因素。

3. 心理風險因素

它是與人的心理狀態有關的無形因素。即人的主觀原因，如疏忽、過失、僥幸心理或依賴保險心理等，造成風險事故發生的機會增大。如外出未鎖門的行為會增加盜竊事故發生的可能性，就屬於心理風險因素。

道德風險因素和心理風險因素都是無形風險因素，由於它們都與人的行為密不可分，因而，可以統稱為人為因素。

（二）風險事故

風險事故是指造成生命財產損害的偶發事件，是造成損害的直接的、外在的原因，是損害的媒介物。即只有發生風險事故，才會導致損失或傷害。例如，在汽車煞車失靈釀成車禍導致車毀人亡這一事件中，煞車失靈是風險因素，車禍是風險事故。如果僅有煞車失靈而無車禍，就不會造成人員的傷亡。風險事故意味著風險的可能性轉化為現實性，即風險的發生。

就某一事件來說，在一定條件下，它可能是造成損失的直接原因，則它成為風險事故；而在其他條件下，它又可能是造成損失的間接原因，則它又成為風險因素。比如，冰雹導致路滑而引起車禍，造成房屋被撞毀，這時冰雹是風險因素，車禍是風險事故；若冰雹直接砸傷行人，則它是風險事故。

（三）損害

風險是指損害發生的不確定性，因而風險的存在，意味著損害發生的可能。一般而言，損害包括損失和傷害，是指非故意的、非預期的和非計劃的經濟價值的減少或人身的傷害。例如，折舊、記憶力減退等，都不能稱為損害。在保險實務中，將損害分為直接損害和間接損害，前者是指實質性的、直接引起的損害；後者是指額外費用損失、收入損失、責任損失、信譽損失、精神損害等。

風險是由風險因素、風險事故和損失三者構成的統一體。一方面，風險與損害機會之間存在著密切的關係。損害機會的大小在一定程度上反應了風險的程度，損害機會越大，風險越大；而損害機會越有規律，越易被人們把握，那麼風

險的程度也就越低。但是它們之間的關係並不是絕對的，也就是說並不是所有風險都必然造成損害，損害不完全以風險為因。比如財產的折舊損失，就是一種可以預計後果的損失。另一方面，風險因素、風險事故以及損害之間存在著因果關係：風險因素的增加或產生，可能導致風險事故發生並引起損害，從而產生實際結果與預期結果之間的差異，這就是風險。

三、風險的分類

人類在日常的生產與生活中，面臨著各種各樣的風險。為了對風險進行管理，需要對風險進行分類。按照不同的分類方式，可將風險分為不同的類別。

（一）按風險的性質分類，可將風險分為純粹風險與投機風險

1. 純粹風險

這是指可能造成損害的風險，其所導致的結果有兩種，即損害和無損害。或者說純粹風險是指只有損害機會而無獲利可能的風險。例如，房屋所有者的房屋遭遇火災，會造成房屋所有者經濟上的損失。各種自然災害、意外事故的發生，都可能導致社會財富的損失或人員的傷害，因此，都屬於純粹風險。純粹風險的變化較為規則，有一定的規律性，可以通過大數法則加以測算。發生純粹風險的結果往往是社會的淨損害。因而，保險人通常將純粹風險視為可保風險。

2. 投機風險

這是指既有損害機會又有獲利可能的風險。投機風險是相對於純粹風險而言的。投機風險所導致的結果有三種，即損害、無損害和收益。比如，賭博、買賣股票等風險，都可能導致賠錢、賺錢和不賠不賺三種結果。投機風險的變化往往是不規則的，無規律可循，難以通過大數法則加以測算；而且，發生投機風險的結果往往是社會財富的轉移，而不一定是社會的淨損失或淨增加。因而，保險人通常將投機風險視為不可保風險。

（二）按風險對象分類，可將風險分為財產風險、責任風險、信用風險和人身風險

1. 財產風險

這是指導致一切有形財產發生損毀、滅失或貶值的風險。例如，火災、爆炸、雷擊、洪水等事故，可能引起財產的直接損失及相關的利益損失，因而都是財產風險。財產風險既包括財產的直接損失風險，又包括財產的間接損失風險。

2. 責任風險

這是指個人或團體因疏忽、過失造成他人的財產損失或人身傷害，根據法律規定或合同約定，應負經濟賠償責任的風險。比如，駕駛汽車不慎撞傷行人，構成車主的第三者責任風險；專業技術人員的疏忽、過失造成第三者的財產損失或人身傷亡，構成職業責任風險等。責任風險較為複雜和難以控制，其發生的賠償金額也可能是巨大的。

3. 信用風險

這是指在經濟交往中，權利人與義務人之間，因一方違約或違法給對方造成經濟損失的風險。例如，借款人不按期還款，就可能影響到貸款人資金的正常週轉，從而使貸款人因借款人的不守信用而遭受損失。

4. 人身風險

這是指由於人的生理生長規律及各種災害事故的發生導致的人的生、老、病、死、殘的風險。人生的過程離不開生、老、病、死，部分人還會遭遇殘疾。這些風險一旦發生可能給本人、家庭或其撫養者等造成難以預料的經濟困難乃至精神痛苦等。人身風險所導致的損害包括損失和傷害，即人的生、老、病、死、殘引起的收入損失或額外費用損失或災害事故的發生導致的人的身體的傷害。

（三）按風險產生的原因分類，可將風險分為自然風險、社會風險、政治風險、經濟風險和技術風險

1. 自然風險

這是指自然力的不規則變化引發的種種現象所造成的財產損失及人身傷害的風險。如洪災、旱災、火災、風災、雹災、地震、蟲災等，都屬於自然風險。自然風險是客觀存在的，不以人的意志為轉移，但是，其形成與發生具有一定的週期性。自然風險是人類社會普遍面臨的風險，它一旦發生，波及面可能很大，使社會蒙受莫大的損失。

2. 社會風險

這是指個人或團體的故意或過失行為、不當行為等所導致的損害風險。例如，盜竊、玩忽職守等引起的財產損失或人身傷害。

3. 政治風險

這是指在對外投資和經濟貿易過程中，因政治因素或其他訂約雙方所不能控制的原因所致的債權人損失的風險。例如，因戰爭、暴動、罷工、種族衝突等原因致使貨物進出口合同無法履行的風險。

4. 經濟風險

這是指個人或團體的經營行為或者經濟環境變化所導致的經濟損失的風險。例如，在生產或銷售過程中，由於市場預期失誤、經營管理不善、消費需求變化、通貨膨脹、匯率變動等致使產量增加或減少、價格漲跌等的風險。

5. 技術風險

這是指伴隨著科學技術的發展、生產方式的改變而發生的風險，例如核輻射、空氣污染、噪音等風險。

（四）按風險的影響程度分類，可將風險分為基本風險與特定風險

1. 基本風險

這是指非個人行為引起的風險。基本風險是一種團體風險，可能影響到整個社會及其主要生產部門，且不易防止。例如，政局變動、經濟體制改革、巨災

等，都屬於基本風險。

2. 特定風險

這是指風險的產生及其後果，只會影響特定的個人或組織。此風險一般可以通過個人或組織對其採取某種措施加以控制。特定風險事件發生的原因多屬個別情形，其結果局限於較小範圍，本質上較易控制及防範。例如，盜竊可能導致財產損失，屬於特定風險；又如，某企業生產的產品因質量不佳引起經濟賠償責任的風險，可列入特定風險範疇。

第二節　風險管理概述

風險管理作為一門系統的管理科學，是 20 世紀 30 年代在美國興起的。1931 年，美國的管理協會保險部最先倡導風險管理，並在以後的若干年中，以學術會議和研究班的形式，集中研究風險管理與保險問題。此後，風險管理逐漸引起美國社會的普遍關注並在 20 世紀 50 年代末得到推廣。到了 70 年代，風險管理開始蓬勃發展。時至今日，風險管理的理論與實踐，已在世界各國廣為傳播、廣泛應用。

一、風險管理的概念

風險管理是各經濟單位在對風險進行識別、估測、評價的基礎上，優化組合各種風險管理技術，對風險實施有效的控制，妥善處理風險所導致的後果，以期達到以最小的成本獲得最大的安全保障的目標的過程。

風險管理包括管理和決策兩個方面。

從管理的角度上講，風險管理常被定義為一門管理科學。例如，《保險原理與實務》一書認為：風險管理是研究風險發生規律和風險控制技術的一門新興管理科學。[1] 風險管理所強調的管理過程，包含了計劃、組織、控制和協調等管理的職能，其目的在於以最小的費用支出最大限度地減輕意外損害的後果。風險管理與企業戰略管理及經營管理共同構成企業管理的核心。

從決策的角度來看，風險管理還被定義為一門決策科學。風險管理的過程被認為是一個決策過程。例如，特瑞斯·普雷切特等在其所著的《風險管理與保險》一書中提出：風險管理是一個組織或個人用以降低風險的負面影響的決策過程。[2] 這一過程包括為達到特定目標而進行的對風險的防範、控制以致消除的全部過程。

---

[1] 吳小平. 保險原理與實務 [M]. 北京：中國金融出版社，2002：28.
[2] 特瑞斯·普雷切特，等. 風險管理與保險 [M]. 孫祁祥，等譯. 北京：中國社會科學出版社，1998：18.

實際上，風險管理的過程既是一個管理過程，又是一個決策過程。

風險管理的主體是經濟單位。這裡所指的經濟單位可以是個人、家庭、企業、社會團體乃至政府。因此，風險管理的範圍涉及各種形式的經濟單位：對於個人，可以就人身、財產和責任等方面實施風險管理；對於企業，可以就生產、市場、財務、技術、人事等方面實施風險管理；對於國家，則可以對社會經濟諸方面實施風險管理。

二、風險管理的目標

風險管理的基本目標是以最小的經濟成本獲得最大的安全保障效益，即風險管理就是要以最少的費用支出達到最大限度地分散、轉移、消除風險，以實現保障人們經濟利益和社會穩定的基本目的。

風險管理目標的確定取決於不同社會、企業乃至個人的不同需要，取決於在何種程度上運用風險管理技術。比如，企業風險管理的目標可以是在巨災中求生存，可以是穩定企業生產規模並保持一定的增長勢頭，可以是減少費用開支，可以是改善安全生產環境等。選擇何種風險管理目標，對整個風險管理計劃的實施，尤其是進行風險管理決策具有重要的意義。

風險管理的具體目標可以分為損失前目標和損失後目標。

在風險管理中，應事先確定風險事故發生前要達到的目標，這一目標被稱為損失前目標。例如，通過對各種風險管理方式的比較及財務分析，謀求最經濟合理的風險處置方式；減少經濟單位對風險損失的憂慮和恐懼，提供一個相對安全的、穩定的環境；盡可能消除風險損失的隱患，減少經濟單位自身的損害及社會財富的損失，以履行風險管理的社會責任等。

由於風險管理既不能消滅風險，又難以完全避免損失，因而，經濟單位不僅應事先確定風險事故發生前要達到的目標，還應確定風險事故發生後要達到的目標，後者被稱為損失後目標。例如，通過風險管理措施的實施，使經濟單位在風險損失發生後仍然能夠繼續維持生存；保證正常的生產、生活秩序的盡快恢復；盡快實現原有的穩定的收益；促使企業盡快實現持續增長的計劃；減少風險損失對社會造成的不利影響，為經濟單位自身的發展創造一個良好的環境。①

三、風險管理的基本程序

風險管理的基本程序是風險的識別、風險的估測、風險管理方式的選擇、風險管理的實施及效果評價。

（一）風險的識別

在確定了風險管理目標的條件下，應該根據某種科學方法全面系統地認識並

---

① 林義. 風險管理 [M]. 成都：西南財經大學出版社，1988：28-31.

區別種種風險，這就產生了風險的識別。

風險的識別是對經濟單位面臨的風險加以判斷、歸類和對風險性質進行分析的過程。經濟單位所面臨的風險是多種多樣的，有潛在的，也有已經發生的；有靜態的，也有動態的；有經濟單位內部的，也有經濟單位外部的。所有這些風險，在一定的時期和一定的條件下是否客觀存在、存在的條件是什麼以及損害發生的可能性等，都是風險識別階段應予以解決的問題。風險的識別需對尚未發生的、潛在的和客觀存在的各種風險，系統地、連續地進行認識和歸類，並分析產生風險事故的原因。

風險的識別是風險管理中的首要環節和基礎程序。沒有風險的識別，就難以準確地估測風險，難以選擇風險處理的方式，甚至會喪失對未知風險進行管理的機會。因而，風險的識別在整個風險管理中具有重要意義。

風險的識別主要包括感知風險和分析風險兩方面內容。感知風險就是通過對風險的調查、瞭解，對風險進行判斷；分析風險是指通過對風險的類別進行歸納、區分，認識風險產生的原因和條件，掌握風險所具有的性質。

風險的識別是一個連續的、不間斷的過程，只有使風險的識別經常化、制度化，才能使風險管理順暢進行。

（二）風險的估測

風險的估測，又稱風險的衡量。也就是說，在風險識別的基礎上，需要對該經濟單位的風險發生情況及其可能造成的損害進行估計及測算。在這一階段，風險管理者通過對所收集的大量資料進行分析並利用概率統計理論，估計和預測風險發生的可能性、危害程度及其對經濟單位產生的影響等。風險估測主要包括損害概率的估測和損害程度的估測。風險估測不僅使風險管理建立在科學的基礎上，而且使風險分析定量化，為風險管理者進行風險決策、選擇最佳的風險管理方式提供了可靠的科學依據。

（三）風險管理方式的選擇

在風險識別與估測的基礎上，根據風險管理目標選擇最佳的風險管理方式，是風險管理中最為重要的環節。

風險管理方式分為控制型風險管理方式和財務型風險管理方式兩大類。

控制型風險管理方式主要包括迴避、預防、分散和抑制等方法，其目的是降低損失頻率和減少損失幅度，重點在於改變引起意外事故和擴大損失的各種條件。

財務型風險管理方式的目的是以提供基金的方式，降低發生損失的成本，即對無法控制的風險進行一些財務上的安排。財務型的風險管理方式主要有自留風險和轉移風險。而轉移風險又包括非保險轉移和保險轉移兩種形式。

風險管理的關鍵就在於選擇風險管理方式，而選擇必須建立在對費用支出和可能效益進行詳盡分析的基礎上，必須建立在對企業或家庭等經濟單位現有財務

基礎和所選擇的風險管理目標進行分析的基礎上。因此，風險管理方式的選擇過程也就是風險管理的決策過程。

(四) 風險管理的實施及效果評價

在選擇風險管理方式的基礎上，需要實施風險管理的決策及評價風險管理的效果。實施風險管理的決策就是將風險管理的各個方面貫徹落實。比如，實施損失控制需要購買防災設施和安全裝置；購買保險，需要選擇保險公司、保險險種、考慮保險費的合理性等。風險管理效果的好壞，取決於是否能以最小的風險成本取得最大的安全保障，在實務中還要考慮風險管理與企業整體管理目標是否一致等。風險管理決策總是與未來的不確定性相聯繫的，所以應該將風險管理的實施結果，反饋到上述各個階段，對風險管理方式的適用性及有效性情況進行分析和評估，及時發現風險管理決策與目標的差異程度，並根據不斷變化的內部條件和外部環境進行調整，以實現風險管理目標、達到風險管理的最佳效果。

第三節 保險的本質

一、保險的定義

按照《中華人民共和國保險法》① （以下簡稱《保險法》） 第二條的規定，保險是指投保人根據合同約定，向保險人支付保險費，保險人對於合同約定的可能發生的事故因其發生所造成的財產損失承擔賠償保險金責任，或者當被保險人死亡、傷殘、疾病或者達到合同約定的年齡、期限等條件時承擔給付保險金責任的商業保險行為。

對保險可以從兩個不同的角度進行定義：

(一) 保險的法律定義

從法律的意義上解釋，保險是一種合同行為，體現的是一種民事法律關係。保險關係是保險雙方當事人以簽訂保險合同的方式建立起來的一種民事法律關係。民事法律關係的內容體現為主體間的權利義務關係，而保險合同正是投保人與保險人約定保險權利義務關係的協議。根據保險合同的約定，投保人有交納保險費的義務，保險人有收取保險費的權利，被保險人有在合同約定事故發生時獲得經濟補償或給付的權利，而保險人有提供合同約定的經濟補償或給付的義務。這種保險主體間的權利義務關係正是保險這種民事法律關係的體現。

(二) 保險的經濟學定義

從經濟學的角度來看，保險是一種經濟關係，是分攤意外損害的一種財務安

---

① 以下凡未特別指明時，均是指 2009 年 2 月 28 日第十一屆全國人大常委會第七次會議通過的《保險法》修訂後，2015 年 4 月 24 日第十二屆全國人大常委會第十四次會議修正案。

排。保險體現了保險雙方當事人之間的一種經濟關係。在保險關係中，投保人把損害風險以交付保險費的方式轉移給保險人，由於保險人集中了大量同質的風險，因而能借助大數法則來預測損害發生的概率，並據此制定保險費率，通過向大量投保人收取保險費形成保險基金來補償其中少數被保險人的意外損害。因此，保險既是一種經濟關係，又是一種有效的財務安排，它使少數不幸的被保險人遭受的損害，以保險人為仲介，得以在全體被保險人（包括受損者）中進行分攤。

二、保險的要素

保險的要素是從事保險活動所應具備的必要的因素。保險的要素主要有可保風險、大量同質風險的集合與分散、保險費率的制定、保險基金的建立和保險合同的訂立等。

（一）可保風險

風險的存在是保險業產生和發展的自然基礎，沒有風險就不可能有保險，但保險人並非承保一切風險，而是只對可保風險承保。因此，可保風險也就成了保險的第一要素。

可保風險，從廣義上講，是指可以利用風險管理技術來分散、減輕或轉移的風險；從狹義上看，則是指可以用保險方式來處理的風險。這種風險應該是不可抗力的風險，其所致的損害應該是實質損害。換言之，可保風險是保險人願意並能夠承保的風險，是符合保險人承保條件的特定風險。一般所言的可保風險是指狹義的可保風險。

可保風險一般具有以下條件：

1. 非投機性

保險人所承保的風險，應該是只有損失機會而無獲利可能的純粹風險。可保風險不具有投機性，保險人通常不能承保投機風險，因為，保險人如果承保投機風險，既難以確定承保條件，又與保險的經濟補償的性質職能相違背。

2. 偶然性和意外性

保險人所承保的風險，應該是偶然的。可保風險應該是既有發生的可能，又是不可預知的。因為如果風險不可能發生，就無保險的必要。同時，某種風險的發生情況又不具有必然性。

保險人所承保的風險，應該是意外發生的。風險的發生既不是被保險人及其關係人的故意行為所引起的，也不是被保險人及其關係人不採取合理的防範措施所引起的。

3. 可測性

個別風險的發生是偶然的，但是通過對大量風險的觀察可以發現，風險往往呈現出明顯的規律性，從而體現出風險是可以測定的這一特性。如果我們根據以

往的大量資料，運用概率論及數理統計的方法，去處理大量相互獨立的偶發風險事故，就可以測算出風險事故發生的概率及其損害範圍，對風險損害的大小進行較為準確地預測，從而可以較為準確地反應風險發生的規律性。可見，通過對大量偶發事件的觀測分析，可以揭示出風險潛在的規律性，使風險具有可測性。

4. 普遍性

保險人所承保的風險，應該是大量標的均有遭受損害的可能性。保險以大數法則作為保險人建立穩固的保險基金的數理基礎，因此，可保風險必須是普遍存在的風險，即大量標的都有可能遭受損害。如果風險只是對於一個標的或幾個標的而言，那麼保險人承保這一風險等於是下賭註、進行投機。只有一個標的或少量標的面臨潛在的或將要發生的風險，是不具備大數法則這一數理基礎的。只有對大量標的遭受損害的可能性進行統計和觀察，才能使保險人比較精確地測算出損失及傷害的概率，以作為制定保險費率的依據。

5. 嚴重性

保險人所承保的風險，應該是較為嚴重的，甚至有發生重大損害的可能性。風險的發生有導致重大或比較重大的損害可能性，才會產生保險需求，保險供給也才可能產生。

(二) 大量同質風險的集合與分散

保險人分散風險、分攤損害的功能是通過大量的具有相同性質風險的經濟單位的集合與分散來實現的。大量的投保人將其面臨潛在的或將要發生的風險以參加保險的方式轉嫁給保險人，保險人則通過承保形式，將同種性質的分散性風險集合起來，當發生保險合同約定的事故時，又將少數人遭遇的風險損失及傷害分攤給全體投保人。因此，保險的經濟補償和給付過程，既是風險的集合過程，又是風險的分散過程。

(三) 保險費率的制定

保險關係體現了一種交換關係，投保人以交納保險費為條件，換取保險人在保險事故發生時對被保險人的保險保障。而保險交易行為本身要求合理地制定保險商品的價格——保險費率。因此，保險費率的制定就成為保險的一個基本要素。保險費率的高低直接影響到保險的供求狀況，保險人應該根據大數法則和概率論，合理地制定保險費率，以在保證保險人經營穩定性的同時，保障被保險人的合法權益。

(四) 保險基金的建立

保險對風險的分攤及對損害的補償，是在保險人將投保人交納的保險費集中起來形成保險基金的前提下進行的。保險基金主要是由按照各類風險出險的概率和損害程度確定的保險費率所收取的保險費建立起來的貨幣基金。保險實際上是將在一定時期內可能發生的自然災害和意外事故所導致的經濟損害的總額，在有共同風險的投保人之間平均化了，使少數人遭受的經濟損害，由所有的投保人平

均分攤，從而使單個人難以承受的損失變成多數人可以承受的損害，這實際上是把損害均攤給了有相同風險的投保人。這種均攤損害的方法只是把損害平均化，但並沒有減少損害。從全社會的角度來考察，「平均化的損害仍然是損害」。所以，保險對損害的分攤，必須通過保險基金的建立才能實現。顯然，如果沒有建立起保險基金，當保險事故發生時，保險人的賠償或給付責任就無法履行。保險基金的存在形式是各種準備金，如未到期責任準備金等。當保險基金處於暫時閒置狀態時，保險人可以將保險基金重新投入社會再生產過程加以運用。可見，保險基金既是保險人賠付保險金的基礎，又是保險人從事資金運作活動的基礎。保險基金的規模大小，制約著保險企業的業務發展規模。

(五) 保險合同的訂立

保險關係是通過保險雙方當事人以簽訂保險合同的方式建立起來的。沒有保險合同的訂立，就沒有保險關係的建立，就不可能明確地約定保險雙方當事人、關係人各自的權利和義務。因而，保險合同是保險雙方當事人各自享有權利和履行義務的法律依據，保險合同的訂立是保險的一個基本要素。

三、保險與其他類似經濟行為的比較

(一) 保險與儲蓄

有儲蓄功能的保險產品與儲蓄都是客戶以現有的剩餘資金用做將來需要的準備，都是應對經濟不穩定的措施。由於大部分壽險具有儲蓄性，因此，人們往往習慣於將兩者進行比較。實際上，具有儲蓄功能的保險產品與儲蓄存在著較大的區別，這主要體現在：

1. 目的不同

保障功能是保險產品獨有的功能。對投保人而言，除累積資金外，參加保險的目的是以小額的保費支出將不確定的風險轉嫁給保險人，使被保險人獲得生產、生活安定的保障；而對儲戶而言，參加儲蓄的目的則是多種多樣的，但儲蓄不具備保險功能和分攤損害的機制。

2. 性質不同

大量同質風險的集合與分散，是保險的要素之一，保險人將大量的投保人交納的保險費集中起來，對其中少數遭遇保險事故的被保險人進行補償或給付，從而實現了被保險人之間的損害分攤，因此，保險具有互助性質；儲蓄則是單獨地、個別地進行的行為，各儲戶之間沒有什麼關係，因而儲蓄屬於自助行為。

3. 權益不同

保險一般是以自願為原則，投保人投保自願、退保自由，但投保人退保會有一定的損失。然而一旦發生了保險事故，被保險人獲得的保險金卻又可能大大超過投保人所交納的保險費；而在儲蓄中，儲戶存款自願、取款自由，對自己的存款有完全的隨時主張權，到期所領取的是本金和利息之和。

(二) 保險與賭博

由於保險與賭博都取決於偶然事件的發生，都有可能獲得大大超過支出的收入，因此，有人將兩者混為一談。實際上，保險與賭博有著顯著的區別：

1. 目的不同

如前所述，投保人參加保險是為了轉嫁風險、獲得保險保障；而賭博的目的則不同，賭博的參加者一般希望以小額的賭註博得大額的錢財，或者說，賭博的目的通常是圖謀暴利。

2. 結果不同

保險的結果是分散風險，利己利人；賭博的結果往往是製造風險、損人利己，甚至損己損人、擾亂社會。

3. 法律地位不同

保險行為以法律為依據，有法律做保障；賭博一般屬於非法行為，得不到法律的保障。

(三) 保險與救濟

保險與救濟都是對風險損失的補償方式。但兩者也存在著區別：

1. 權利與義務不同

保險雙方當事人按照保險合同的約定，都要享有相應的權利、承擔相應的義務，從總體上講，保險雙方的權利和義務是對等的，雙方都要受保險合同的約束；而救濟是一種任意的、單方面的施捨行為，其出發點是基於人道主義精神，救濟者提供的是無償援助，救濟雙方沒有對等的權利和義務可言。

2. 性質不同

保險是一種互助行為；而救濟是依賴外來的援助，不是自助、更不是互助，只是一種他助行為。

3. 主體不同

在保險事故發生後，保險人一般是將保險金支付給保險合同約定的被保險人或者受益人；而在救濟中，救濟者和被救濟者往往事先都無法確定，救濟者可以是國家、社團組織或個人等，被救濟者則可能是各種災害事故的受災者或貧困者等。

第四節　保險的職能與作用

一、保險的職能

保險的職能是由保險的本質和內容決定的，它是指保險的內在的、固有的功能。保險的職能包括基本職能和派生職能。保險的基本職能是保險的原始職能，

是保險固有的職能，並且不會隨著時間和外部環境的改變而改變。保險的派生職能是隨著保險業的發展和客觀環境的變化，在基本職能的基礎上派生出來的職能。一般認為，保險的基本職能是經濟補償和經濟給付，保險的派生職能是融通資金和防災防損。

（一）保險的基本職能

1. 經濟補償職能

保險從產生時起，其目的就是對保險標的發生保險事故後導致的經濟損失進行補償，因而，經濟補償是保險的基本職能。保險發展到現在，這一職能仍然沒有改變。在保險活動中，投保人根據保險合同的約定，向保險人支付保險費，保險人對於保險合同約定的可能發生的事故因其發生所造成的財產及其相關利益的損失承擔賠償保險金的責任。顯然，經濟補償的職能主要適用於廣義的財產保險，即適用於財產損失保險、責任保險和信用保證保險等。

2. 經濟給付職能

對於人身保險而言，保險的基本職能不是經濟補償，而是經濟給付。在人身保險中，由於人的價值無法用貨幣來衡量，人所遭受的傷害也難以用貨幣形式進行補償，因此，人身保險的保險金額是由保險雙方當事人在訂立保險合同時通過協商確定的。根據保險合同的約定，人身保險的投保人應向保險人支付保險費，當被保險人死亡、傷殘、疾病或者達到合同約定的年齡、期限時，保險人應承擔給付保險金的責任。

保險人通過保險的經濟補償和給付的職能，為被保險人及其關係人提供經濟保障。

（二）派生職能

1. 融資職能

融資職能是指保險人將保險資金中的暫時閒置部分，以有償返還的方式重新投入社會再生產過程，以擴大社會再生產規模的職能。融資職能就是保險業進行資金融通的職能。

從保險公司收取保險費到賠付保險金之間存在著時間差和規模差，這使得保險資金中始終有一部分資金處於暫時閒置狀態，從而為保險公司融通資金提供了可能性。

融資職能是在保險業實現基本職能的基礎上順應一定的社會經濟條件而派生出來的特殊職能。它最初產生於市場經濟較為發達的西方國家。在市場經濟社會裡，資金的閒置被認為是一種不能寬恕的浪費，為防止浪費，就需要將處於暫時閒置狀態的保險資金加以運用，使之參與社會資金週轉，通過對保險資金的運用產生收益，在擴大社會再生產規模的同時，增大保險資金總量，降低保險經營成本，穩定保險公司的經營。

經濟補償和經濟給付的職能活動是保險人的負債業務，而利用包括負債業務

形成的保險基金在內的保險資金進行的融資職能活動則是保險人的資產業務。保險資金的融通是保險公司收益的重要來源。

2. 防災防損職能

保險業是經營風險的行業。保險人作為保險經營者，為了穩定經營，需要分析、預測、評估哪些風險可以作為承保風險，哪些風險可以進行分散，哪些風險不能承保。由於人為因素與風險發生的可能性具有相關性，通過人為的預防措施，可以減少損害的產生，因此，保險又派生出防災防損的職能。在發達國家的保險經營活動中，該職能受到廣泛重視，保險人通過分析潛在的損害風險，評價保險標的的風險管理計劃，提出費用合理的替代方案和採取損害管理措施等風險管理服務來實現保險的防災防損職能。保險的防災防損職能，既具有社會效益，又具有經濟效益。

二、保險的作用

保險的作用是保險職能發揮的結果，是指保險在實施其職能時所產生的客觀效應。保險既有積極作用，又有消極作用。其積極作用又分別體現為在微觀經濟中的作用和宏觀經濟中的作用。

（一）保險的積極作用

1. 保險在微觀經濟中的作用

（1）有助於受災企業及時恢復生產或經營

風險是客觀存在的。自然災害、意外事故的發生，尤其是重大災害事故的出現，會破壞企業的資金循環，縮小企業的生產經營規模，甚至中斷企業的生產經營過程，使企業蒙受經濟損失。但是，如果企業參加了保險，在遭受了保險責任範圍內的損失時，就能夠按照保險合同的約定，從保險公司及時獲得賠款，盡快地恢復生產或經營活動。

（2）有助於企業加強經濟核算

財務型的風險管理方式之一是通過保險方式轉移風險。如果企業參加了保險，就能夠將企業面臨的不確定的大額的損失，變為確定的小額的保險費支出，並攤入企業的生產成本或流通費用中，使企業以交納保險費為代價，將風險損失轉嫁給了保險公司。這既符合企業經營核算制度，又保證了企業財務成果的穩定。

（3）有助於促進企業加強風險管理

保險本身就是風險管理方式之一，而保險防災防損職能的發揮，更促進了企業加強風險管理。保險公司常年與各種災害事故打交道，累積了較為豐富的風險管理經驗，可以幫助投保企業盡可能地消除風險的潛在因素，達到防災防損的目的。保險公司還可以通過保險費率這一價格槓桿調動企業防災防損的積極性，共同搞好風險管理工作。儘管保險能對自然災害、意外事故造成的損失進行經濟補

償，但是，風險一旦發生，就可能造成社會財富的損失，被保險企業也不可能從風險損失中獲得額外的利益。因此，加強風險管理符合企業和保險公司的共同利益。

（4）有助於安定人民生活

災害事故的發生對於個人及家庭而言都是不可避免的。參加保險不僅是企業風險管理的有效手段，也是個人及家庭風險管理的有效手段。家庭財產保險可以使受災的家庭恢復原有的物質生活條件；人身保險可以轉嫁被保險人的生、老、病、死、殘等風險，對家庭的正常生活起到保障作用。也就是說，保險這種方式，可以通過保險人賠償或給付保險金，幫助被保險人及其關係人重建家園，使獲得保險保障的個人及家庭的生活，能夠保持一種安定的狀態。

（5）有助於保證民事賠償責任的履行，保障受害的第三者的利益

在日常生活及社會活動中，難免發生因致害人等的過錯或無過錯導致受害的第三者遭受財產損失或人身傷亡引起的民事損害賠償責任。致害人等可以作為被保險人，將這種責任風險通過責任保險轉嫁給保險人。這樣，既可以分散被保險人的意外的責任風險，又能切實保障受害的第三者的經濟利益。

2. 保險在宏觀經濟中的作用

（1）有助於保障社會再生產的順暢運行

社會再生產過程包括生產、分配、交換和消費四個環節，這四個環節互相聯繫、互為依存，在時間上繼起，在空間上並存。但是，社會再生產過程會因遭遇各種自然災害和意外事故而被迫中斷和失衡。其中任何一個環節的中斷和失衡，都將影響整個社會再生產過程的均衡發展。保險對經濟損失的補償，能及時和迅速地對這種中斷和失衡發揮修補作用，從而保障社會再生產的延續及其順暢運行。

（2）有助於推動科學技術轉化為現實生產力

現代社會的商業競爭越來越趨向於高新技術的競爭，在商品價值方面，技術附加值的比重越來越大。但是，對於熟悉原有技術工藝的經濟活動主體來說，新技術的採用，既可能提高勞動生產率，又意味著新的風險。而保險的作用正是在於通過對採用新技術風險提供保障，為企業開發新技術、新產品以及使用專利撐腰壯膽，以促進科學技術向現實生產力轉化。

（3）有助於促進對外經濟貿易的發展和國際收支的平衡

在對外貿易及國際經濟交往中，保險是不可缺少的重要環節。保險業務的發展，如出口信用保險、投資保險、海洋貨物運輸保險、遠洋船舶保險等險種的發展，既可以促進對外經濟貿易，保障國際經濟交往，又能帶來無形的貿易收入，平衡國際收支。因此，外匯保費收入作為一項重要的非貿易收入，已成為許多國家累積外匯資金的重要來源。

(4) 有助於促進社會穩定

社會是由千千萬萬的家庭和企業等構成的，家庭和企業是社會的組成細胞，家庭的安定和企業的穩定都是社會穩定的因素。保險通過對保險責任範圍內的損失和傷害的補償和給付，分散了被保險人的風險，使被保險人能夠及時地恢復正常的生產和生活，從而為社會的穩定提供了切實有效的保障。

(二) 保險可能產生的消極作用

保險既有積極作用，也可能產生消極作用。

1. 產生道德風險，出現保險詐欺

保險產生後，道德風險也隨之出現，比如形形色色的保險詐欺現象。

2. 增大費用支出

一方面，伴隨著保險業的產生，開設機構、開辦業務、雇傭工作人員等，使社會支出中新增了一筆保險公司的業務費用支出；另一方面，其他職業的工作者借保險之機漫天要價。例如，有的原告律師在重大責任事故的案件中，索價高昂，可能大大超過原告的經濟損失，以圖在原告多得賠款的同時自己多得訴訟費用。此外，保險詐欺帶來的查勘定損乃至偵破費用，事實上也使保險經營成本增大，費用開支增加。

可見，保險既給社會帶來很大效益，也使社會付出一定代價。但對全社會而言，取得的效益大於所付出的代價，此代價是社會為獲得保險效益而必須做出的一種犧牲。所謂有利必有弊，有得必有失，不能因噎廢食，而應盡可能充分發揮其積極作用，同時盡可能避免或減少消極作用。

第五節　保險的分類

隨著社會的進步和保險業的迅速發展，保險領域不斷擴大，新的險種層出不窮。為了更好地對保險理論和實務進行研究和分析，按照一定的標準對保險業務進行分類十分必要。根據不同的要求，從不同的角度，對保險有不同的分類。這裡介紹幾種較常見的分類方法。

一、按保險的性質分類

(一) 社會保險

社會保險是指以法律保證的一種基本社會權利，其職能是使勞動者在暫時或永久喪失勞動能力或勞動機會時，能利用這種權利來維持勞動者及其家屬的生活。社會保險的主要項目包括養老保險、醫療保險、失業保險和工傷保險等。在現實生活中，有許多風險是商業保險不能解決的，如大規模的失業、貧困化等問題。如果對這些風險不加管理，就會造成社會動盪，直接影響經濟發展和社會安

定，所以只能依靠社會保險的辦法來解決。社會保險一般是強制保險。

（二）商業保險

它是指投保人根據合同約定，向保險人支付保險費，保險人對於合同約定的風險導致的被保險人的財產損失承擔賠償責任；或當被保險人死亡、傷殘、疾病，或者達到合同約定的年齡、期限時承擔給付保險金責任。商業保險一般是自願保險。

社會保險與商業保險的區別表現在：

(1) 在實施方式上，社會保險一般是依據法律或行政法規規定，採取強制方式實施；商業保險大多採取自願原則。

(2) 在管理方式上，社會保險是維持國民基本生活需要的制度，在管理上，要求有權威性的機構進行統一管理，一般是由政府直接管理或政府的權威職能部門統一管理；商業保險則是保險公司根據投保方的需要和繳費能力所提供的保險，採用商業化管理方式，經營主體只要符合保險法要求的條件並得到保險監管部門的批准，就可以經營商業保險業務。

(3) 在經營目的上，國家舉辦社會保險以社會安定為宗旨，社會保險不以營利為經營目的；而商業保險的經營主體在為社會提供豐富保險產品的同時，以營利作為經營的目的。

(4) 在保障程度上，社會保險是政府為解決有關社會問題而對國民實行的一種基本經濟保障，具有保障國民最基本生活的特點，保障程度低；商業保險採取市場經營原則，實行多投多保、少投少保的保險原則，可以提供充分的保障。

(5) 在保險費負擔上，社會保險的保險費一般是由國家、單位和個人三方共同負擔；商業保險的保險費則是由投保方自己負擔。

(6) 在保障關係上，社會保險不完全遵循對等原則，而是有利於低收入階層，相對於他們繳納的保險費來說，低收入者獲得了更高的保障，這實際上通過一定方式把高收入者的保障轉移給低收入者，從這一點看，社會保險能起到一定的「轉移支付」作用；商業保險遵循對等原則，被保險人獲得的保障取決於投保人為其繳納的保險費。

（三）政策保險

這是政府為了某種政策目的，委託商業保險公司或成立專門政策性保險經營機構，運用商業保險的技術開辦的一種保險。如目前中國的出口信用保險就是由專門的出口信用保險公司來經營的。很多國家的農業保險也屬於政策性保險業務。政策保險是國家實現其某種政策目的而舉辦的，體現了公共利益性和公共政策性，這就決定了政策保險在經營目標上與一般的商業保險不同，即不以營利為目標。實際上，很多國家政府都對政策性保險業務給予補貼。

二、按保險的實施方式分類

（一）自願保險

自願保險也稱任意保險，這類保險由單位和個人自由決定是否參加，保險雙方採取自願方式簽訂保險合同。自願保險的保險關係，是當事人之間自由決定、彼此合意後所成立的合同關係。保險人可以根據情況決定是否承保，以什麼條件承保。投保人可以自行決定是否投保、向誰投保，也可以自由選擇保障範圍、保障程度和保險期限等。

（二）強制保險

強制保險一般是法定保險，其保險關係是保險人與投保人以法律、法規為依據而建立的保險關係。如為了保障交通事故受害者的利益，很多國家把汽車第三者責任保險規定為強制保險。強制保險具有全面性和統一性的特點，具體表現在：凡是在法令規定範圍內的保險對象，不論法人或自然人，不管是否願意，都必須依法參加保險。實施強制保險通常是為了滿足政府某些社會政策、經濟政策和公共安全方面的需要。

三、按保險標的分類

（一）財產保險

財產保險以財產及其有關利益為保險標的。按照保險保障範圍的不同，財產保險業務可進一步分為財產損失保險、責任保險和信用保證保險。

1. 財產損失保險

這是狹義的財產保險，是以物質財產為保險標的的保險業務，其種類很多，主要險種包括火災保險、貨物運輸保險、運輸工具保險、工程保險等。

2. 責任保險

責任保險是以被保險人依法應負的民事賠償責任或經過特別約定的合同責任為保險標的的保險業務，包括公眾責任保險、產品責任保險、職業責任保險、雇主責任保險等。

3. 信用保證保險

信用保證保險是由保險人作為保證人為被保證人向權利人提供擔保的一類保險業務。當被保證人的作為或不作為致使權利人遭受經濟損失時，保險人負經濟賠償責任。

（二）人身保險

人身保險是以人的壽命和身體為保險標的的保險業務，根據保障範圍的不同，人身保險分為人壽保險、意外傷害保險和健康保險等。

1. 人壽保險

人壽保險是以被保險人的生命為保險標的，以生存和死亡為給付保險金條件

的人身保險。人壽保險是人身保險的主要組成部分，被保險人在保險期內死亡或期滿生存，都可以作為保險事故，即當被保險人在保險期內死亡或達到保險合同約定的年齡、期限時，保險人按照合同約定給付死亡保險金或生存保險金。

2. 意外傷害保險

意外傷害保險是當被保險人因遭受意外傷害而身體殘疾或死亡時，保險人依照合同規定給付保險金的人身保險業務。在意外傷害保險中，保險人承保的風險是意外傷害風險，保險人承擔賠付責任的條件是被保險人因意外事故而殘疾或死亡。

3. 健康保險

健康保險是以人的身體作為保險標的，在被保險人因疾病或意外事故產生醫療費用支出或收入損失時，保險人承擔賠償責任的一種人身保險業務。

國際上對保險業務有不同的劃分方法，多數國家按照精算標準和財務處理原則將之分為壽險與非壽險。中國《保險法》第九十五條將保險公司的業務範圍分為人身保險業務、財產保險業務和國務院保險監督管理機構批准的與保險有關的其他業務，保險人不得兼營人身保險業務和財產保險業務。但是，經營財產保險業務的保險公司經國務院保險監督管理機構批准，可以經營短期健康保險業務和意外傷害保險業務。因此，中國法律已開始允許財產保險公司經營「第三領域」業務。

由於意外傷害保險和健康保險都以人的生命和身體作為保險標的，按照中國1995年頒布和實施的《保險法》的規定，它們屬於人身保險業務，所以只能由壽險公司經營，財產保險公司不得經營。然而，健康保險和意外傷害保險（尤其是短期性業務），都具有一定的補償性質，而且在精算基礎和財務處理方式上與財產保險相同，因此，在學術上被視為「第三領域」。在國際上，多數國家允許壽險公司和非壽險公司同時經營「第三領域」的業務。中國修訂以後的《保險法》參照了國際通行的做法，允許財產保險公司進入「第三領域」。這為中國保險市場的競爭帶來新的活力：

第一，有利於激活中國醫療保險市場。由於多方面的原因，中國醫療保險業務發展緩慢，遠不適應公眾的商業醫療保險需求。允許產險公司經營短期健康保險，可以借助其網絡和人才優勢，與壽險公司共同拓展醫療保險業務。

第二，有利於意外保險業務的發展。讓財產保險公司進入到意外保險業務領域，可以促進競爭，豐富意外險品種，形成合理費率，提高服務質量，更好地滿足公眾的保險需求。

第三，財產保險業務範圍的擴大，有利於財產保險公司優化產品結構，增加保費收入，加快業務發展。

四、按承保方式分類

（一）原保險

原保險是指投保人與保險人之間直接簽訂合同所確立的保險關係。當被保險人在保險期內因保險事故遭受損失時，保險人對被保險人負賠償或給付責任。

（二）再保險

再保險也稱分保，是指保險人將其承擔的保險業務，部分轉移給其他保險人承擔的保險關係。《保險法》第二十八條第一款規定：「保險人將其承擔的保險業務，以分保形式，部分轉移給其他保險人的，為再保險。」分出業務的一方是原保險人，接受業務的一方是再保險人。原保險人轉讓部分保險業務的動機是避免過度承擔風險責任，目的是穩定經營。再保險是保險人之間的一種業務活動，投保人與再保險人之間沒有直接的業務關係。因此，《保險法》第二十九條規定：「再保險接受人不得向原保險的投保人要求支付保險費。原保險的被保險人或者受益人，不得向再保險接受人提出賠償或者給付保險金的請求。再保險分出人不得以再保險接受人未履行再保險責任為由，拒絕履行或者遲延履行其原保險責任。」

（三）重複保險

重複保險是指投保人就同一保險標的、同一保險利益、同一風險事故分別與兩個或兩個以上的保險人訂立保險合同，且保險期限重複。在這種情況下，若發生保險事故造成保險標的的損失需按一定方法在保險人之間進行賠款的分攤計算。

（四）共同保險

共同保險是指由兩個或兩個以上的保險人聯合直接對同一標的、同一保險利益、同一風險事故提供保險保障，發生保險損失按照保險人各自的承保比例來進行賠款的支付。

（五）幾種保險方式的比較

共同保險和再保險的區別：共同保險中，每一個保險人直接面對投保人，風險在各保險人之間被橫向分散；再保險中，投保人直接面對的是原保險人，原保險人又與再保險人發生業務關係，投保人與再保險人之間沒有直接的聯繫，兩者通過原保險人發生間接關係，風險在各保險人之間被縱向分散。

共同保險與重複保險的區別：共同保險中，幾家保險人事先達成協議，聯合起來共同承保，投保人與各保險人之間只有一個保險合同；重複保險中，投保人與各保險人分別簽訂保險合同，因而存在多個保險合同。

再保險與原保險的區別：一是合同主體不同。原保險合同主體一方是保險人，另一方是投保人與被保險人；再保險合同主體雙方均為保險人。二是保險標的不同。原保險合同中的保險標的既可以是財產及其利益、責任和信用，也可以

是人的生命與身體；再保險合同中的保險標的只能是原保險人承保被保險人的保險合同責任的一部分。三是合同性質不同。原保險合同中的財產保險合同屬於補償性質，人壽保險合同屬於給付性質；再保險合同全部屬於補償性質，再保險人按合同規定分攤原保險人所支付的賠款或保險金。

復習思考題

一、名詞解釋

風險　風險管理　保險　原保險　再保險　共同保險　重複保險

二、簡要回答下列問題

1. 風險由哪些要素組成？
2. 純粹風險與投機風險有何區別？
3. 簡述風險管理的目標及其基本程序。
4. 你對保險是怎樣認識的？
5. 保險的要素有哪些？
6. 什麼是可保風險？可保風險需要具備哪些條件？
7. 概念比較：保險與儲蓄；保險與賭博；保險與救濟。
8. 保險有何職能？
9. 你怎樣認識保險的作用？
10. 社會保險與商業保險有何區別？
11. 以保險標的為分類標準，可將保險業務分為哪些類別？
12. 原保險與再保險有何關係？
13. 共同保險與重複保險有何區別？

第二章　保險的產生與發展

內容提要：本章在分析中外古代保險思想和原始形態保險的基礎上，介紹了世界保險的起源與發展過程，分析了世界保險業發展的現狀和趨勢。對中國保險業發展過程，特別是國內保險業務恢復以來保險業的發展做了較為詳細的介紹。

第一節　古代保險思想和原始形態的保險

從上古社會開始，人類就在探索如何彌補自然災害和意外事故所造成的各種經濟損失，使生產能夠持續進行，生活有所保障。在數千年前，世界上就出現了後備與互助的古代保險思想和各種原始形態的保險。

一、國外古代保險思想和原始保險形態

國外最早出現保險思想的並不是現代保險業發達的資本主義大國，而是處在東西方貿易要道上的文明古國，如古代的巴比倫、埃及、希臘和羅馬。據英國學者托蘭納利考證：保險思想起源於巴比倫，傳至腓尼基（今黎巴嫩境內），再傳入希臘。對於國外古代的保險思想和原始的保險形態，可從下列史實中窺見：

公元前4500年，古埃及的一項文件中記載：當時石匠中盛行一種互助基金組織，通過收繳會費來支付會員死亡後的喪葬費用。

在古希臘，一些政治哲學或宗教組織通過會員攤提形成一筆公共基金，專門用於意外情況下的救濟補償。

在古羅馬歷史上曾出現喪葬互助會，還出現過一種繳付會費的士兵團體，在士兵調職或退役時發給旅費，在士兵死亡時發給其繼承人撫恤金。

在公元前2500年的巴比倫，國王曾命令僧侶、法官和市長等，對其轄境內居民徵收賦金，建立後備基金，以備火災及其他天災損失之用。

在公元前2250年，古巴比倫王漢謨拉比曾在法典中規定，商隊中如有人的馬匹貨物等中途被劫或發生其他損失，經宣誓並無縱容或過失等，可免除其個人之

債務，而由全隊商人補償。此種辦法後傳至腓尼基，並被應用於船舶載運貨物。

在公元前 1000 年，以色列王所羅門對其國民從事海外貿易者課徵稅金，作為補償遭遇海難者所受損失之用。

其他原始的保險形態還有：古代猶太人舉辦婚禮時所需的各種用具，強制由住民共同負擔備辦；古代巴勒斯坦人飼養騾馬者，如其騾馬被盜或為野獸捕食時，其他飼養騾馬者須共同負擔其損失；印度古代法典禁止高利貸，但對於須穿越海上、森林、原野等進行貿易的商旅，則不予禁止，且對從事海上貿易者，在遇到不可抗力造成的損失時，免除其償還的義務。

到了中世紀，歐洲各國城市中陸續出現各種行會組織或基爾特製度，其行為具有互助性質，其共同出資救濟的互助範圍包括死亡、痢疾、傷殘、年老、火災、盜竊、沉船、監禁、訴訟等不幸的人身和財產損失事故，但互助救濟活動只是行會眾多活動中的一種。這種行會或基爾特製度在 13 至 16 世紀特別盛行，後來在此基礎上產生了相互合作的保險組織。

歐洲中世紀是宗教統治的黑暗年代，許多高級教會人士反對保險制度。在他們看來，任何天災都是天罰，減輕災難和不幸是違反上帝的意志。無疑，教會勢力曾對保險的發展有一定的阻礙。

二、中國古代保險思想和原始形態的保險

中國古代也有後備與互助的保險思想和原始形態的保險。

（一）中國古代保險思想

中國古代保險思想主要體現在下列著述中：

公元前 2500 年成書的《禮記・禮運・大同篇》有云：「大道之行也，天下為公。選賢與能，講信修睦。故人不獨親其親，不獨子其子，使老有所終，壯有所用，幼有所長，鰥、寡、孤、獨、殘疾者，皆有所養。」這可證明中國古代早有共同謀求經濟生活安定的崇高政治思想，這也可以說是世界最古老的保險（社會保險）思想。

《呂氏春秋・恃君覽》說：「凡人之性，爪牙不足以自守衛，肌肉不足以捍寒暑，筋骨不足以從利闢害，勇敢不足以卻猛禁悍。」這說明中國古代很早就注意到單憑個人的力量不足以自衛和謀生，必須互相結合，共同勞動，才能抵禦當時的自然災害和外來侵襲。

孟子也主張「出入相友，守望相助，疾病相扶持……」這反應了中國古代儒家的社會互助保險的思想。

在春秋戰國時期，其他的一些社會思想家也提出過類似的主張，如墨子就曾提出「有力者疾以助人」（見《墨子・魯問篇》），要求有餘力的人扶助貧困的人，這也是墨子當時提出的政治綱領之一。

另據《逸周書・文傳篇》引《夏箴》說：「小人無兼年之食，遇天饑，妻子

非其有也；大夫無兼年之食，遇天饑，臣妻輿馬非其有也；國無兼年之食，遇天饑，百姓非其有也。戒之哉！弗思弗行，禍至無日矣。」同篇又引《開望》說：「⋯⋯二禍之來，不稱之災，天有四殃，水旱饑荒，其至無時，非務積聚，何以備之？」從這些記載來看，早在夏朝，中國就重視糧食的積蓄，以防水旱饑荒之災，這就是一種防患於未然的社會福利思想。

(二) 中國原始保險形態

在實踐中，中國歷代有著儲糧備荒，以賑濟災民的傳統制度。較為典型的有：

1.「委積」制度

「委積」制度出現在春秋戰國時代，據《周禮‧地官司徒下》載：「鄉里之委積，以恤民之阨；⋯⋯縣都之委積，以待凶荒。」《周書》說：「國無三年之食者，國非其國也，家無三年之食者，子非其子也，此之謂國備。」證明當時就存在著備患之法。

2.「常平倉」制度

「常平倉」制度屬官辦的倉儲後備制度，它始發於戰國李悝的「平糴」法和西漢桑弘羊的「平準」法。歷代統治者都有類似設置。它的名稱則是由漢宣帝時的耿壽昌所定。「常平倉」盛行於北宋。其作用是調節災害帶來的風險，保障社會安定。

3.「義倉」制度

「義倉」制度屬於官督民辦的倉儲後備制度。它始於北齊，盛行於隋朝。但其發展健全、長期有成效的時期當推唐代。唐貞觀年間，水旱災害頻繁，各地義倉的糧食儲備，對凶荒年歲的救災起了很大的作用。雖然義倉由官督民辦，但歷代封建財政對義倉的控制從未放鬆過。

上述這些都是實物形式的救濟後備制度，由政府統籌，帶有強制性質。此外，宋朝和明朝還出現了民間的「社倉」制度，它屬相互保險形式；在宋朝還有專門贍養老幼貧病的「廣惠倉」，這可以說是原始形態的人身救濟後備制度。

儘管中國保險思想和救濟後備制度產生很早，但因中央集權的封建制度和重農抑商的傳統觀念的制約，商品經濟發展緩慢，缺乏經常性的海上貿易，因此中國古代原始形態保險始終未能演變為商業性的保險。然而中國早期的保險思想和實踐，卻在世界人類文明史上佔有很重要的地位，對我們研究早期保險的形成和發展，有著十分重要的意義。

第二節　世界保險的起源與發展

一、海上保險的起源與發展

海上保險是一種最古老的保險，近代保險也首先是從海上保險發展而來的。

（一）海上保險的萌芽——共同海損

共同海損是指，在海上凡為共同利益而遭受的損失，應由得益方共同分攤。共同海損既是指為應付航海遇難所採取的一種救難措施，也指海上常見的一種損失事故。共同海損大約產生於公元前 2000 年，那時地中海一帶出現了廣泛的海上貿易活動。當時由於船舶構造非常簡單，航海是一種風險很大的活動。要使船舶在海上遭遇風浪時不致沉沒，一種最有效的搶救辦法是拋棄部分貨物，以減輕載重量。為了使被拋棄的貨物的主人所受損失能從其他受益方獲得補償，當時的航海商提出了一條共同遵循的原則：「一人為眾，眾為一人。」這個原則後來為公元前 916 年的《羅地安海商法》所採用，並正式規定為：「凡因減輕船隻載重投棄入海的貨物，如為全體利潤而損失的，須由全體分攤歸還。」這就是著名的「共同海損」基本原則。它可以說是海上保險的萌芽，但共同海損是船主與貨主分擔損失的方法而不是保險補償，因此它是否屬於海上保險的起源尚有爭議。

（二）海上保險的雛形——船舶和貨物抵押借款

隨著海上貿易的發展，船舶抵押借款和貨物抵押借款制度逐步形成。這種借款在公元前就很流行，而且從希臘、羅馬傳到義大利，在中世紀也盛行一時。船舶抵押借款契約（Bottomry Bond）又稱冒險借貸，它是指船主以船舶作為抵押品向放款人抵押以取得航海資金的借款。如果船舶安全完成航行，船主歸還貸款，並支付較高的利息。如果船舶中途沉沒，債權即告結束，船主不必償還本金和利息。船貨抵押借款契約（Respondentia Bond）是向貨主放款的類似安排，不同之處是把貨物作為抵押品。

這種方式的借款實際上是最早的海上保險形式。放款人相當於保險人，借款人相當於被保險人，船舶或貨物是保險對象，高出普通利息的差額（溢價）相當於保險費。公元 533 年，羅馬皇帝查士丁尼在法典中把這種利息率限制在 12%，而當時普通放款利率一般為 6%。如果船舶沉沒，借款就等於預付的賠款。由此可見，船舶和貨物抵押借款具有保險的一些基本特徵，作為海上保險的起源已成為定論。這兩種借款至今仍存在，但與古代的做法不同，它們是船長在發生災難緊急情況下籌措資金的最後手段。有趣的是，今天的放款人可以通過購買保險來保護自己的利益。

船舶和貨物抵押借款後因利息過高被羅馬教皇格雷戈里九世禁止，當時利息

高達本金的 1/4 或 1/3。由於航海需要保險做支柱，後來出現了「無償借貸」制度。在航海之前，資本所有人以借款人的地位向貿易商借得一筆款項，如果船舶和貨物安全抵達目的港，資本所有人不再償還借款（相當於收取保險費）。反之，如果船舶和貨物中途沉沒和損毀，資本所有人有償債責任（相當於賠款）。這與上述船舶抵押借款的順序正好相反，與現代海上保險更為接近。

(三) 近代海上保險的發源地——義大利

在 11 世紀後期，義大利商人曾控制了東西方的仲介貿易，並在他們所到之處推行海上保險。在 14 世紀中期，經濟繁榮的義大利北部出現了類似現代形式的海上保險。起初海上保險是口頭締約，後來出現了書面合同。目前發現的世界上最古老的保險單是一個名叫喬治·勒克維倫的熱那亞商人在 1347 年 10 月 23 日出立的一張承保從熱那亞到馬喬卡的船舶保險單，這張保險單現在仍保存在熱那亞國立博物館。保單的措辭類似虛設的借款，即上面提及的「無償借貸」規定，船舶安全到達目的地後契約無效，如中途發生損失，合同成立，由資本所有人（保險人）支付一定金額，保險費是在契約訂立時以定金名義繳付給資本所有人的。保單還規定，船舶變更航道則契約無效。但保單沒有訂明保險人所承保的風險，它還不具有現代保險單的基本形式。至於最早的純粹保險單是一組保險人在 1384 年 3 月 24 日為四大包紡織品出立的從義大利城市比薩運送到沙弗納的保險單。到 1393 年，在佛羅倫薩出立的保險單已有承保「海上災害、天災、火災、拋棄、王子的禁止、捕捉」等字樣，開始具有現代保險形式。

當時的保險單同其他商業契約一樣，由專業的撰狀人草擬。13 世紀中期在熱那亞一地就有 200 名這樣的撰狀人。據一位義大利律師調查，1393 年僅熱那亞的一位撰狀人就草擬了 80 份保險單，可見當時義大利的海上保險已相當發達。莎士比亞在《威尼斯商人》中就曾寫到海上保險及其種類。第一家海上保險公司於 1424 年在熱那亞出現。

隨著海上保險的發展，保險糾紛相應增多，這要求國家制定法令加以管理。1468 年，威尼斯制定了關於法院如何保證保險單實施及防止詐欺的法令。1523 年，佛羅倫薩制定了一部比較完整的條例，並規定了標準保險單的格式。

一些善於經商的倫巴第人後來移居到英國，繼續從事海上貿易，並操縱了倫敦的金融市場，而且把海上保險也帶進英國。今日倫敦的保險中心倫巴第街就是因當時義大利倫巴第商人聚居該處而得名。

(四) 英國海上保險的發展

在美洲新大陸被發現之後，英國的對外貿易獲得迅速發展，世界保險中心逐漸轉移到英國。1568 年 12 月 22 日，經倫敦市長批准，在倫敦開設了第一家皇家交易所，為海上保險提供了交易場所，廢除了從倫巴第商人那裡沿襲下來的一日兩次在露天廣場交易的方式。1575 年，由英國女王特許在倫敦皇家交易所內設立保險商會，辦理保險單登記和制定標準保單和條款。當時在倫敦簽發的所有保險

單必須在一個名叫坎德勒的人那裡登記，並繳付手續費。1601年，英國女王伊麗莎白一世頒布了第一部有關海上保險的法律，規定在保險商會內設立仲裁法庭，以解決日益增多的海上保險糾紛案件。但該法庭的裁決有可能被大法官法庭的訴訟推翻，因此取得最終裁決可能要等待很長時間。

17世紀的英國資產階級革命為英國資本主義發展掃清了道路，大規模的殖民掠奪使英國逐漸成為世界貿易、航海和保險中心。1720年成立的倫敦保險公司和皇家交易保險公司因各向英國政府捐款30萬英鎊而取得了專營海上保險的特權，這為英國開展世界性的海上保險提供了有利條件。1756年到1778年，英國首席法官曼斯菲爾德收集了大量海上保險案例，編製了一部海上保險法案。

說到英國的海上保險不能不對當今世界上最大的保險壟斷組織——倫敦勞合社進行簡要的介紹。勞合社從一個咖啡館演變成為當今世界上最大的保險壟斷組織的歷史，其實就是英國海上保險發展的一個縮影。1683年，一個名叫愛德華·勞埃德的人在倫敦泰晤士河畔開設了一家咖啡館。這裡逐漸成為經營遠洋航海的船東、船長、商人、經紀人和銀行高利貸者聚會的場所。1691年勞埃德咖啡館從倫敦塔街遷至倫巴第街，不久就成為船舶、貨物和海上保險交易的中心。當時的海上保險交易保單只是在一張紙上寫明保險的船舶和貨物以及保險金額，由咖啡館內的承保人接受保險的份額，並在保單上署名。勞埃德咖啡館在1696年出版了每週三次的《勞埃德新聞》，著重報導海事航運消息，並登載在咖啡館內進行船舶拍賣的廣告。1713年勞埃德去世，咖啡館由他的女婿接管並在1734年又出版了《勞合社動態》。據說，除了官方的《倫敦公報》外，《勞合社動態》是英國現存歷史最悠久的報紙。

隨著海上保險業務的發展，在咖啡館內進行保險交易已變得不方便了。1771年由79個勞埃德咖啡館的顧客每人出資100英鎊另覓新址專門經營海上保險。1774年勞合社遷至皇家交易所，但仍然沿用勞合社的名稱，專門經營海上保險，至此，勞合社成為英國海上保險交易的中心。19世紀初，勞合社海上承保額已占倫敦海上保險市場的90%，在以後的時間裡，勞合社以其卓著的成就促使英國國會在1871年批准了「勞埃德法案」，至此，勞合社成為一個正式的社會團體。1906年英國國會通過的《海上保險法》規定了標準的保單格式和條款，這一標準保單又被稱作「勞合社船舶與貨物標準保單」，被世界上許多國家公認和沿用。1911年的一項法令取消了勞合社成員只能經營海上保險的限制，允許其成員經營一切保險業務。

勞合社不是一個保險公司，而是一個社團，更確切地說，它是一個保險市場。它與紐約證券交易所相似，只是向其成員提供交易場所和有關的服務，本身並不承保業務。1986年，勞合社遷至新的大樓。如今，勞合社有數百個承保各類風險的組合，每個組合又由許多會員組成，並有各自的承保人。以前，會員對所在組合承保的業務承擔無限責任。勞合社會員最多的時候達3.3萬人，來自世界

50多個國家。20世紀80年代後期，由於石棉案等巨額索賠，勞合社發生了嚴重虧損，從90年代起，勞合社開始實施重建計劃，會員不再承擔無限責任。

在長期的業務經營過程中，勞合社在全球保險界贏得了崇高聲譽。勞合社曾創造過許多個第一。勞合社設計了第一份盜竊保險單、第一份汽車保險單和第一份收音機保險單，近年又是計算機犯罪、石油能源保險和衛星保險的先驅。勞合社承保的業務十分廣泛，簡直無所不保，包括鋼琴家的手指、芭蕾舞演員的雙腳、賽馬優勝者的腿等等，不過其最重要的業務還是在海上保險和再保險方面。勞合社作為不同的、獨立的承保組織組成的最大專業保險市場，擁有提供快速決策方法、廣泛的選擇和為客戶定制風險解決方案等方面的無與倫比的能力。如今全球十大銀行、十大制藥公司、五大石油公司和道瓊斯指數90%的公司都向勞合社購買保險。2002年，勞合社的承保能力為123億英鎊。據勞合社首席執行官估計，2003年勞合社的承保能力將達到142.5億英鎊。

勞合社由其成員選舉產生的一個理事會來管理，下設理賠、出版、簽單、會計、法律等部，並在100多個國家設有辦事處。2000年11月，勞合社正式在中國北京設立辦事處。

(五) 其他國家海上保險的發展

在14世紀中期，海上保險已是海運國家的一個商業特徵。在美洲新大陸被發現之後，西班牙、法國的對外貿易也進入迅速發展階段。早在1435年，西班牙就公布了有關海上保險的承保規則及損失賠償手續的法令。1563年，西班牙國王菲利浦二世制定了安特衛普（地處比利時，當時為西班牙屬地）法典。該法典分為兩部分，第一部分是航海法令，第二部分是海上保險及保險單格式法令，後為歐洲各國採用。1681年，法國國王路易十四頒布的海上條例中也有關於海上保險的規定。此外，荷蘭、德國也頒布了海損及保險條例。海上保險法規的出現標誌著這些國家的海上保險有了進一步發展。

美國的海上保險發展較遲。在殖民地時代，美國長期沒有獨立的海上保險市場，美國商人被迫在倫敦投保。1721年5月25日，美國出現了第一家海上保險組織，由約翰·科普森在費城市場街自己的寓所裡開設了一個承保船舶和貨物的保險所。獨立戰爭結束後不久的1792年12月15日，美國第一家股份保險公司——北美保險公司建立了，該公司出售6萬股份，每股10美元，雖計劃承保人壽、火災和海上保險等業務，但最初只辦理海上保險業務。1798年，紐約保險公司成立了。到1845年，美國約有75家經營海上保險的公司。1845—1860年，美國海上保險業務發展迅速，這一時期美國的船舶總噸位增加了三倍。為了擴大紐約的海上保險市場，1882年紐約建立了類似勞合社的組織——由100多個成員組成紐約海上保險承保人組織。

二、火災保險的產生和發展

在15世紀，德國的一些城市出現了專門承保火災損失的相互保險組織（火

災基爾特)。到了 1676 年，46 個相互保險組織合併成立了漢堡火災保險社。

1666 年 9 月 2 日倫敦發生的一場大火是火災保險產生和發展起來的直接誘因。這場火災的起因是皇家麵包店的烘爐過熱，火災持續了 5 天，幾乎燒毀了半個城市，有 1.3 萬多幢房屋和 90 多座教堂被燒毀，20 餘萬人無家可歸，造成了無可估量的財產損失。這場特大火災促使人們重視火災保險。次年，一個名叫尼古拉斯·巴蓬的牙科醫生獨資開辦了一家專門承保火險的營業所。由於業務發展，他於 1680 年邀集了 3 人，集資 4 萬英鎊，設立了一個火災保險合夥組織。其保險費是根據房屋的租金和結構計算的，磚石建築的費率定為年房租的 2.5%，木屋的費率為年房租的 5%。因為使用了差別費率，巴蓬被稱為「現代保險之父」。

18 世紀末到 19 世紀中期，英、法、德、美等國相繼完成了工業革命，機器生產代替了原先的手工操作，物質財富大量集中，對火災保險的需求也變得更為迫切。這個時期的火災保險發展異常迅速，而且火災保險組織以股份公司形式為主。最早的股份公司形式的保險組織是 1710 年由英國查爾斯·波文創辦的「太陽保險公司」，它不僅承保不動產保險，而且把承保業務擴大到動產保險，營業範圍遍及全國，它是英國迄今仍存在的最古老保險公司之一。1714 年，英國又出現了聯合火災保險公司，它是一個相互保險組織，費率計算除了考慮建築物結構外，還考慮建築物的場所、用途和財產種類，即採用分類法計算費率，這是火災保險的一大進步。

在美國，本杰明·富蘭克林於 1752 年在費城創辦了第一家火災保險社。這位多才多藝的發明家、科學家和政治活動家還在 1736 年建立了美國第一家消防組織。1792 年建立的北美保險公司在兩年後開始承辦火險業務，在該公司的博物館裡陳列了當時的消防設備和描繪駕著馬車去救火的油畫。

到了 19 世紀，歐美的火災保險公司如雨後春筍般湧現，承保能力大為提高。1871 年芝加哥一場大火造成 1.5 億美元損失，其中 1 億美元損失是保了險的。而火災保險從過去只保建築物損失擴大到其他財產，承保的責任也從單一的火災擴展到風暴、地震、暴動等。為了控制同業間的競爭，保險同業公會相繼成立，以共同制定火災保險統一費率。

在美國，火災保險出現之初，保險人各自設計自己使用的保單，合同冗長且缺乏統一性。1873 年馬薩諸塞州成為美國第一個以法律規定必須使用標準火險單的州，紐約在 1886 年也通過了類似的法律。標準火險單的使用減少了損失理算的麻煩和法院解釋的困難，也是火災保險的一大進步。

三、其他財產保險業務的發展

海上保險與火災保險是兩個傳統的財產保險業務，在它們的發展過程中，其承保的標的和風險範圍不斷得到擴展，逐步成為兩個綜合性的財產保險險種。在此基礎上，19 世紀後期以後，除海上保險和火災保險外，各種財產保險新險種陸

續出現。如汽車保險、航空保險、機械保險、工程保險、責任保險、盜竊保險、信用保證保險等。

與財產保險業務的迅速發展相適應，19世紀中期以後，再保險業務迅速發展起來。最早獨立經營再保險業務的再保險公司，是1846年在德國設立的科侖再保險公司。到1926年，各國共建立了156家再保險公司，其中德國的再保險公司數目最多。對於財產保險業務而言，由於其風險的特殊性，再保險已成為其業務經營中不可缺少的手段。再保險使財產保險的風險得以分散，特別是財產保險業務在國際上各個保險公司之間的分保，使風險在全球範圍內分散。再保險的發展，又促進了財產保險業務的發展。今天，英、美、德、瑞士等國的再保險業務在國際上佔有重要的地位。

四、人身保險的產生和發展

從原始的萌芽形態到具有現代意義的人身保險，人身保險經歷了漫長的探索和演變過程。在其發展過程中，對人身保險的形成和發展影響重大的事件和人物主要有：

(一)「蒙丹期」公債儲金辦法

這個辦法產生於12世紀威尼斯共和國。當時為了應付戰時財政困難，政府發行了強制認購的公債。其具體內容為：政府每年給予認購者一定的酬金直到該認購者死亡，本金一律不退還。這種給付形式接近於同代的終身年金保險。它對後來年金保險的產生有很大的影響。

(二)「冬蒂」方案

這是1656年義大利銀行家洛倫佐‧冬蒂所設計的一套聯合養老保險方案，於1689年由法國國王路易十四頒布實施。該方案規定：發行總數為140萬法郎的國債，每人可認購300法郎，每年由國庫付10%的利息，本金不退還。支付利息的辦法是：把所有認購者按年齡分為14個集體，利息只付給集體的生存者，生存者可隨集體死亡人數的增加而領取逐年增加的利息，集體成員全部死亡，就停止發放利息。這個辦法相當於現在的聯合生存者終身年金。

上述辦法，都是歐洲各國政府帶著財政目的強制推行的，以聚財為目的，必然引起人們的不滿和反對，難以長久存在。同時，這些方案的費用負擔都沒有經過科學精確的計算，因而難以做到公平、合理。隨著商品經濟的發展，人們越來越要求按照等價交換的原則，根據享有的權利負擔費用，這就導致了許多學者對人身保險計算問題的研究。

(三) 死亡表的研究和編製

為使人身保險符合「公平、合理」的原則，不少學者開始了對人口問題的研究，並編製死亡表。較有影響的死亡表有：

1662年英國的格朗脫編製的以100個同時出生的人為基數的世界上第一張死

亡表。此表過於簡單且不夠精確，但給後來的研究以很大的啟發。

1671 年荷蘭數學家威特編製的死亡表。

1693 年英國天文學家哈雷編製的第一張最完全的死亡表。此表計算出了各年齡的死亡率和生存率。

1783 年諾爽姆登的死亡表以及 1815 年彌爾斯的死亡表。

這些死亡表的編製為人身保險的科學計算奠定了基礎。

（四）自然保費和均衡保費

1756 年，詹姆斯‧道德遜根據哈雷死亡表計算出了各年齡的人投保死亡保險應繳的保費。這種保費稱為「自然保費」。由於自然保費難以解決老年人投保時費用負擔的問題，詹姆斯‧道德遜又提出了「均衡保險費」的理論。

在人身保險計算理論研究發展的同時，人身保險業務也有了很大發展。1705 年，英國友誼保險會社獲得皇家特許，經營壽險業務。到 1720 年，英國已有 20 家人壽保險公司。1762 年，公平人壽保險公司在英國建立，這是世界上第一家科學的人壽保險公司。該公司第一次採用均衡保費的理論計算保險費，規定每次繳費的寬限期及保單失效後申請復效的手續，對不符合標準條件的保戶另行加費，使人身保險的經營管理日趨完善。該公司的創立標誌著近代人身保險制度的形成。

工業革命刺激了對人身保險的需求，使得人身保險在世界範圍內迅速發展。在英國，1854 年出現了民營簡易壽險，1864 年又出現了國營郵政簡易壽險，接著團體保險也有了很大發展。19 世紀末，英國的壽險業務一直居世界領先地位，20 世紀以後，便先後被美國、加拿大、日本等國超過。

美國的人身保險發展速度很快，1950 年經營人身保險的公司有 469 家，1985 年增加到 2,261 家。日本是第二次世界大戰後人身保險發展速度最快的國家，目前已成為世界上人身保險業務最發達的國家之一，其有效保額居世界首位。1999 年日本的人身保險業務占保險業務總量的 79.4%。這一年全球保費收入總額中，人身保險保費收入所占比重為 60.8%。

如今在西方的人身保險業務中，可以稱得上無險不保，無奇不有。如芭蕾舞演員的腳尖保險、唱歌演員的嗓子保險、滑稽演員的酒糟鼻子保險，甚至英國大臣們的腳趾都可以保險。隨著西方社會問題的日趨嚴重，目前綁架保險業務十分興隆。

五、世界保險業發展的現狀和趨勢

（一）世界保險業的現狀

1. 保費收入現狀

第二次世界大戰後，世界保險業取得了極大的發展，社會對保險的依賴程度越來越高。總體而言，經濟越發達的國家，保險業也越發達，進入 21 世紀以來，新興市場的保險業也取得強勁發展。1950 年全世界的保費收入為 207 億美元，2010 年為 43,390 億美元，在 60 年裡全世界保費收入平均每年增長 10%左右。據

瑞士再保險公司2018年第3期發布的研究報告《2017年世界保險業：發展穩健，成熟壽險市場拖累增長》統計，2017年全球保費收入為48,920億美元，較2016年增長1.5%。其中，2017年全球壽險保費收入為26,570億美元，較2016年增長0.5%；2017年全球非壽險保費收入為22,340億美元，較2016年增長2.8%。發達市場以78.1%的份額繼續保持其在全球保險業中的統治地位，但以中國為首的亞洲新興市場已成為全球保險市場的最大增長來源。美國、中國、日本、英國、法國是全球保險業保費收入的前5名，其保費總收入在全球保費收入中的占比高達58.58%。

從保險密度和保險深度的角度考察，保費收入的差異實際上體現出發達國家與發展中國家的保險發展水準的不平衡。總體上看，發達國家的保險密度和保險深度一般都大大高於發展中國家。2016年，全球保險密度為649.8美元/人，其中發達市場為3,516.7美元/人，新興國家僅為165.6美元/人；全球保險深度為6.13%，其中，發達市場保險深度為8%左右，新興國家保險深度逐步上升至3.3%。

2. 險種現狀

保險業務範圍的拓展是以經濟的發展水準以及被保險人規避風險的需要為基礎的，新技術的發展推動了新工藝、新工業的產生，同時也帶來了新的風險。例如，電氣革命促進了電器設備的廣泛運用也帶來了機器損壞的風險，計算機網絡的普及帶來了計算機犯罪的風險等。另外，技術的進步又使過去被認為不可保的風險成為可保風險，這為新險種的產生提供了契機。

20世紀90年代以來，世界保險市場競爭日趨激烈。在技術日新月異和自然災害頻繁的背景下，新的保險需求不斷產生。在需求的帶動下，新險種大量湧現，並且發展很快。例如，在壽險領域，日本推出了嚴重慢性疾病保險，美國推出了「變額保險」。在財產保險領域，自然災害的發生和意外事故的增多使險種創新的勢頭更為強勁。甚至針對全球變暖的情況，許多保險機構也推出了有關險種。近幾年來，恐怖活動頻繁，治安問題嚴重，還催生了勒索綁架保險。總之，一旦產生保險需求，險種創新就會發生，需求是誘致新險種出現的決定性因素。

3. 巨災風險增加，「巨災證券化」形成

隨著投保財產價值的增大，保險金額也越來越高。近年來，各種意外事故頻發，索賠案件經常發生並且某些案件索賠數額巨大。20世紀90年代以來，發生了16起損失超過32億美元的巨大災害，而整個80年代很少發生損失超過10億美元的災害。1992年，全世界的保險損失達到了一個空前的高峰。這一年，共損失了271億美元，這些損失主要是由自然災害和人為事故造成的。如美國發生的安德魯颶風造成了155億美元的損失，發生在洛杉磯的暴亂造成了7.75億美元的損失，發生在倫敦的炸彈爆炸事件造成了12.2億美元的損失。1999年保險業又遭遇了有史以來第二大賠償高峰。2001年9月11日的美國恐怖襲擊事件使全球

保險業經受了有史以來最嚴峻的考驗。據粗略估計,「9/11」事件造成的保險賠償將高達 300 億~700 億美元,是保險史上賠付額最高的一次事件。

面對日益頻繁的巨災風險,發達國家的保險業除繼續採用補足資本金、提足準備金和擴大再保險等傳統的分散風險損失的手段外,開始採用金融工程技術,通過開發動態風險管理產品來轉移巨災風險。其主要方法有:

第一,「風險金融」「巨災證券化」。這是指針對某一特定險種,保險人通過發行保險證券,從資本市場上籌集準備金,將巨災風險直接轉移到資本市場,採取的形式是發行「巨災債券」「巨災期貨」「巨災期權」。

第二,「災害期貨」。這是一種新的風險管理方法,這種方法使保險人得以將經營風險轉移給投機者。

4. 從業人員的專業化程度高、知識面廣

保險業具有很強的專業性和技術性,從險種開發到承保、理賠、防災防損無不需要專業化人才。因此,保險機構十分重視人才的引進,並把專業化人才看作事關自身競爭力的一個重要因素。對於內部員工,保險人經常對其進行各種專業培訓,這種培訓尤以承保、理賠和財務人員為重點。對於高級管理人員,保險機構有更為嚴格的要求,要求其必須具有相應的學歷和資歷。在保險行銷過程中,專業化的程度也越來越高。保險代理人和保險經紀人要經過專業考試並取得執業證書後方可開展業務。保險從業人員的專業化,提高了保險機構的經營水準,有利於整個保險業的健康發展。

(二) 世界保險業的發展趨勢

1. 世界保險全球化和金融服務一體化的趨勢

當今世界,經濟的發展,尤其是國際貿易與國際資本市場的發展決定了市場開放的必要性,而通信、信息等高新技術的發展又為實現全球經濟一體化創造了技術條件。以計算機網絡技術和生物工程技術為代表的高新技術深刻地影響著經濟政治生活以及人們的生存方式。在高新技術的推動下,全球經濟一體化的趨勢越來越明顯,作為世界經濟重要組成部分的保險業,也呈現出國際化的趨勢。保險全球化是指保險業務的國際化和保險機構的國際化。隨著世界經濟全球化的進一步發展,保險業國際化的趨勢將不斷加強。

為了適應世界保險業發展的需要,發達國家大都放鬆了對本國保險市場的監管,放鬆監管的主要內容包括:

第一,放鬆對保險機構設立的限制。打破保險市場的進入壁壘,有利於促進保險市場效率的提高。近年來,德國、韓國等國紛紛放鬆了對外國保險機構進入本國保險市場的管制。

第二,放鬆費率管制。在傳統模式下,費率管制是保險監管的重要內容。但現在這一情況有了變化,如素以監管嚴格著稱的日本實行了全面的費率自由化。對費率管制的放鬆,增加了保險市場自由化的程度。

第三，放鬆對險種的監管。隨著人們保險需求的增多，保險機構加大了保險險種的創新力度，這就促使監管當局不得不放鬆對險種的管制。

為了適應經濟全球化的潮流，發展中國家也在做出自己的努力。如中國、印度、東盟國家以及智利、阿根廷、委內瑞拉等國都不同程度地開放了本國保險市場，以吸引外國投資者。1995年，全球多邊金融服務協議達成，這意味著全球保險市場的90%都將開放。

世界經濟金融的自由化帶來了金融保險服務的一體化。1999年11月12日，當時的美國總統克林頓簽署了《金融服務現代化法案》（Financial Service Act of 1999，又稱Gramm-Leach-Biley），該法案的簽署與頒布意味著國際金融體系發展過程中又一次劃時代的變革，它將帶來金融機構業務的歷史性變革。金融保險服務一體化的趨勢正撲面而來。在金融服務全球化和一體化的浪潮中，銀行保險的聯盟、保險與證券的聯盟方興未艾，並將更加成熟。

2. 保險規模大型化和保險機構的聯合與兼併的趨勢

過去25年裡，保險業出現過兩次併購活動高峰期。第一次是在20世紀90年代後期，第二次是在2000年以後到2008年金融危機爆發之前。

規模的擴大一方面體現在保險標的的價值越來越大，巨額保險增多；另一方面則體現在從事保險的機構越來越多。保險標的價值的增大與經濟的發展是分不開的。新技術的運用使各種機器設備越來越複雜、精細，價值也越來越高，同時由於經濟主體之間關係的日益緊密風險的影響也越來越大，因此，巨額保險的數量不斷增加。

與此同時，保險機構的規模日趨龐大。競爭白熱化的結果必然是優勝劣汰，從而加速了保險機構之間的聯合與兼併。19世紀初，全世界只有30多家保險公司，到了20世紀90年代初，全世界保險公司的數量增加到上萬家。而在面臨全球化競爭的情況下，許多公司又開始進行廣泛的合作。競爭與合作呈現出一種相互推動的態勢。近年來，合作進一步演化成保險人之間的併購，保險市場的併購案件顯著增多，保險機構呈現大型化的趨勢。1996年7月，英國的太陽聯合保險與皇家保險宣布合併，成立皇家太陽聯合保險公司，一舉成為英國第一大綜合性保險公司。1996年4月，法國巴黎聯合保險集團與安盛保險公司合併，新的保險集團（以帳面價值為準）為世界排名第二，歐洲排名第一。在再保險領域，併購之風也愈演愈烈，僅在1996年上半年，併購大案就接二連三出現，如美國通用再保險收購了德國科隆再保險，慕尼黑再保險收購了美國再保險。另外，在保險仲介市場上，併購活動也呈增多趨勢。

2000年中後期的併購潮與強勁的經濟增長和股市上漲期相重合。早期的監管放鬆和結構性創新也發揮了作用。特別是新型風險管理技術和產品的應用吸引了另類資本進入保險市場。這使得市場競爭壓力加劇，促使一些尋求規模擴張和國際多元化發展的保險公司之間實現整合。

3. 保險經營轉向以非價格競爭為主，並且更加注重事先的預防

市場競爭的白熱化使保險業面臨的價格壓力越來越大，長期的虧損使許多公司破產倒閉，嚴重地影響了保險人與被保險人雙方的利益。因此保險人越來越注重非價格的競爭，努力在保險經營上積極創新，力求在保險技術和保險服務上吸引顧客。與此同時，保險人越來越不甘於被動地提供事後的補償，而是積極地參與事前和事中的防災防損，在成本收益分析的基礎上聯合各類技術專家從事風險的識別、測定與預防工作，為被保險人提供各種相關的防災防損服務。這既有利於保險人提高自己的服務水準與競爭力，又減少了被保險人的損失可能和保險人賠付的可能，同時也減少了損失發生後可能的外部影響，有利於社會經濟的穩定運行。

4. 保險業的風險控制和資金管理尤為重要

保險公司將使用新的方法來控制風險和管理資金。對保險公司來說，資金的有效管理從未顯得如此重要。巨災的頻繁發生、恐怖襲擊以及全球性市場低迷和銀行低息政策的影響，對保險公司的資本金造成了巨大壓力，保險公司的財力被日益削弱，償付能力不斷下降。保險公司正在嘗試使用各種新方法來分析風險，從而決定資金流向。

5. 養老保險成為保險業發展的亮點

目前，很多國家正在進行退休及養老制度改革，這類保險的需求正日益增大。未來保險公司的成敗在很大程度上將取決於在該領域的表現。現有的保險公司將向客戶提供更多的資產管理和金融服務，並逐步向金融服務公司轉型。

保險市場中，消費者通過互聯網選擇和購買保險的線上直銷正在快速增長。就險種而言，標準化產品（如車險和家庭保險）正日益轉向在線銷售。例如，2013—2015年，中國的在線車險購買量增加逾兩倍，目前占國內市場10%以上的份額。在美國，以互聯網或電話方式為主直接向消費者銷售的車險公司所占市場份額逐漸增加，定期壽險等傳統壽險產品也日益轉向在線銷售。

第三節　中國保險業的產生與發展

一、中國近代保險業

（一）外商保險公司壟斷時期

中國古代保險的雛形或萌芽並沒有演變成現代商業保險，近代中國保險業是隨著帝國主義勢力的入侵而出現的。

19世紀初，當中國仍處於閉關自守狀態時，已完成工業革命的英國率先用槍炮強行打開了中國門戶，其保險商也開始跟隨他們的戰艦搶占中國市場，近代保

險制度也隨之傳入中國。1805年，英國保險商向亞洲擴張，在廣州開設了第一家保險機構，稱為「諫當保安行」或「廣州保險會社」。經過兩次鴉片戰爭，以英國保險商為首的一些帝國主義國家的保險商，憑藉一系列強加於中國的不平等條款及其在華特權，進一步在中國增設保險機構。1845年，英商在上海這個「冒險家樂園」開設了「永福」「大東方」兩家人壽保險公司，19世紀70年代又在上海開辦了「太陽」「巴勒」等保險公司。

外商保險公司在中國的出現是帝國主義經濟侵略的產物，這些保險公司憑藉不平等條款及其在華特權，挾其保險經營的技術和雄厚資金，利用買辦在中國為所欲為地擴張業務領域，並用各種手段實行壟斷經營，長期霸占中國保險市場，攫取了大量的高額利潤。到19世紀末，已形成了以上海為中心，以英商為主的外商保險公司壟斷中國保險市場的局面。

(二) 民族保險業的誕生和興起

鴉片戰爭後，外商保險公司對中國保險市場的掠奪，激起了中國人民振興圖強維護民族權利，自辦保險的民族意識。一些有識之士，民族資產階級思想的傳播者，如魏源、洪仁軒、鄭觀應、王韜、陳熾等人，開始把西方的保險知識介紹到國內，並主張創辦自己的保險事業，為創建中國的保險業做了輿論準備。19世紀中葉，外國保險公司在華勢力急遽擴張的同時，民族保險業也脫穎而出。

1865年5月25日，中國人自己創辦的第一家保險公司「義和公司保險行」在上海誕生，它打破了外商保險公司獨占中國保險市場的局面，為以後民族保險業的興起開闢了道路。此後，相繼出現的民族保險公司有：保險招商局、仁和水險公司與濟和水火險公司（後二者合併為仁濟和水火險公司）、安泰保險公司、常安保險公司、萬安保險公司等。其中，仁濟和保險公司是中國第一家規模較大的船舶運輸保險公司；香港華商、上海華安人壽保險公司和延年壽保險公司等是最早由華商經營的人壽保險公司。從1865年到1911年中華民國成立之前，華商保險公司已有45家，設在上海的有37家，設在其他城市的有8家。1907年，上海的9家華商保險公司組成歷史上第一家中國人自己的保險同業公會組織——「華商火險公會」，用以抗衡洋商的「上海火險公會」，這反應出民族保險業開始邁出聯合團結的第一步。同時，清政府也注意到了保險這一事業，並草擬了《保險業章程草案》《海船法草案》和《商律草案》，這些保險法規雖未正式頒布實施，但對民族保險業的興起、發展起了一定的促進作用。這些法規的擬定也使保險業的法律制度逐步走向系統化和完備化。

上述情況表明中國民族保險業在辛亥革命前已興起和形成。但這一時期的民族保險業的資本和規模都不大，相對於外商保險公司仍處於弱勢地位。

(三) 20世紀初期的中國保險業

1. 民族保險事業的發展

第一次世界大戰期間，由於歐美帝國主義國家忙於戰爭，無暇他顧，中國民

族資本有了發展的機遇，許多民族資本的火災保險公司和人壽保險公司在上海、廣州、香港等地相繼成立。儘管第一次世界大戰後民族保險業因外國勢力的加強而陷入蕭條，但在五四、五卅運動以後，中國民族銀行業的發展及對民族保險業的投入，又使保險業有了迅速的發展，並且保險業務迅速由上海等地延伸到其他口岸和內地商埠。據1937年《中國保險年鑑》統計，全國有保險公司40家，分支機構126家，這些分支機構遍布全國各地。

在民族保險業的發展和中外保險公司激烈競爭的形勢下，一些規模較大的民族保險公司將保險業務由國內擴展到國外，開拓保險市場，擴展國外保險業務。1937年前後，華商保險公司陸續在西貢、巴達維亞、澳門、新加坡、馬尼拉等地設立分支公司。中國保險公司還在大阪、倫敦、紐約等地設立代理處，由所在地的中國銀行代理保險業務。

2. 外商保險公司進一步壟斷中國保險市場

第一次世界大戰結束後，美、日保險在華勢力迅速擴大，形成了以英、美、日為主的多國勢力控制中國保險市場的局面。在當時，全中國一百多家保險公司和保險機構中，華資保險公司僅有24家。這些外商保險公司壟斷並控制了中國的保險市場，攫取大量的超額利潤。據1937年的資料，中國每年流出的保費外匯達235萬英鎊，占全國總保險費收入的75%。

「九一八」事變發生後，日本帝國主義對東北淪陷區實行經濟上的全面控制，對日本以外的保險公司進行重新登記，採取逐步驅逐政策，獨占保險市場。

3. 官僚資本保險機構對中國保險市場的控制

1937年「七七事變」後，中華民族抗日戰爭全面展開，國民黨政府被迫遷都重慶，經濟中心逐漸西移，許多中國保險公司也隨之西移重慶。這促進了內地保險業的發展，大後方的保險機構大量增加。至1945年8月，川、雲、貴、陝、甘5省共有保險總分機構134處。然而當時大後方的保險市場卻是由國民黨官僚資本和政府有關部門興辦的官辦保險公司所操縱和控制，它們憑藉雄厚的資金和政治後臺，幾乎包攬了當時大部分保險業務。在重慶，「四大家族」的官僚資本控制了占全國90%的保險業務，形成官僚資本在保險業的霸權地位。

第二次世界大戰後，中國的保險中心又東移上海。在抗日戰爭勝利氣氛的鼓動下，百業渴望振興，保險業也力求勵精圖治，曾一度呈現出表面繁榮景象。但這一時期的情況卻是官僚資本保險機構與卷土重來的外商保險公司相互利用，控制保險市場。外商公司控制官僚資本公司，而民族資本保險公司則受外商和官僚資本保險公司的雙重控制。由於國民黨政府的腐敗統治，投機活動盛行，物價飛漲，民不聊生，國民經濟陷於崩潰狀態，到1949年，華商保險公司已處於奄奄一息的境地。

近代商業保險制度在中國雖然已有一百多年的歷史，卻始終未能獲得較大發展，其主要原因在於：

第一，近代商業保險是帝國主義列強強制輸入中國的，帝國主義的保險公司長期壟斷中國保險市場。他們經營保險的目的在於謀求最大利潤，掠奪中國財富，他們在中國實行的是掠奪性的保險政策，其業務範圍局限於當時經濟較發達的通商口岸，保險對象絕大部分是工商業者，沒有也不可能面向廣大群眾。中國的民族保險業雖曾有過發展，但由於其自身的軟弱性和局限性，始終步履維艱，發展緩慢，在保險市場上受制於人，處於從屬地位。當時的中國政府雖也曾對保險有所認識，制定了一些法律法規，以圖監督、管理保險市場，然而舊中國的半殖民地性質決定了政府作為的限制——約束不了外商保險機構，難以規範保險市場。因此，無論是民族保險，還是舊中國政府都難以擔當起培育、建設中國保險市場的重任。

第二，近代中國長期處於半封建半殖民地狀態，實行的是閉關自守，抑制商品經濟發展的政策，自給自足的自然經濟占主導地位。在這種經濟環境下，社會經濟非常落後，人民生活極端貧困，難以形成對保險的有效需求。同時在自給自足的小農經濟條件下，人們以家庭為經濟單位，以土地為生，土地的不可移動性束縛了人們之間的相互交往，滋生的是封閉式保守思想意識，對於各種風險事故引起的經濟困難，習慣於依靠血緣親屬關係來解決，沒有保險的習慣。

第三，近代中國長期戰亂，特別是抗戰發生後，國統區貨幣貶值，物價飛漲，通貨膨脹嚴重，國民黨政府的腐敗使國民經濟陷於崩潰，致使原本落後的保險市場難以維持，至中華人民共和國成立前夕，整個保險事業幾陷於崩潰。

二、中國現代保險業的發展

1949年10月，中華人民共和國成立，新中國保險事業從此也翻開了新的篇章。60餘年來，中國保險事業幾經波折，如今已逐步走向成熟和完善。

（一）新中國保險事業的形成和發展（1949—1957年）

主要有兩方面的內容：

1. 人民保險事業的創立和發展

1949年，隨著解放戰爭在全國範圍內取得決定性勝利，建立統一的國家保險公司被提上了議事日程，1949年9月25日至10月6日，經過緊張的籌備，第一次全國保險工作會議在北京西交民巷舉行，會議討論了一系列人民保險事業發展的方針政策問題，為新中國保險事業的發展指明了方向。1949年10月20日，中國人民保險公司在北京成立，宣告了新中國統一的國家保險機構的誕生，從此揭開了中國保險事業嶄新的一頁。

中國人民保險公司在成立後，本著「保護國家財產，保障生產安全，促進物資交流，增進人民福利」的基本方針，配合國家經濟建設，先後開辦了各種保險業務。國民經濟恢復時期，中國人民保險公司為配合國民經濟恢復這一中心工作，開辦的國內業務主要是對國營企業、縣以上供銷合作社、國家機關財產以及

鐵路、輪船、飛機的旅客實行強制保險。此外還在農村開展自願性質的牲畜保險，並在城市中開展各種自願性質的財產保險和人身保險。這對當時年輕的人民共和國國民經濟的恢復和發展，起了積極的作用。但是由於認識上的原因以及缺乏經驗，在業務經營過程中犯了盲目冒進，強迫命令的錯誤，一度在群眾中引起了反感。因此，在「一五」期間，國家確立了「整頓城市業務，停辦農村業務，整頓機構，在鞏固基礎上穩步前進」的方針，對保險市場進行了整頓：逐步收縮停辦農村業務，集中力量發展城市中的強制保險、運輸保險和火險三項業務。後來為了充實國家財政和社會後備力量，又重點發展農村保險，停辦部分國營企業強制保險，穩步擴大城市保險業務，有計劃地辦理適應群眾需要的個人財產和人身保險。人民保險事業在整頓中穩步發展。

2. 人民政府對舊中國保險市場的整頓和改造

在創建和發展人民保險事業的同時，人民政府對舊中國的保險市場進行了整頓和改造。

第一，接管官僚資本的保險公司。由於官僚保險機構大多集中在上海，所以接管工作以上海為重點。1949年5月27日上海解放後，上海軍管會財政經濟接管委員會金融處立即發布保字第一號訓令，接管324家官僚資本保險機構。其他解放了的城市的官僚資本保險機構也相繼由當地軍管會接管。

第二，對民族資本的保險公司進行整頓和改造。對於民族資本的保險公司進行重新登記，並允許其進行社會主義改造，幾經合併，又投入部分國家資金，最終於1956年成立了公私合營的專營海外保險業務的太平保險公司。

第三，對外商保險公司實行限制政策。新中國成立後，為徹底改變帝國主義壟斷中國保險市場的局面，維護民族獨立，中國政府廢除了外商保險公司一切在華特權，對其業務經營嚴格管理，限制其業務經營範圍，切斷業務來源，對違反中國法令和不服從管理的外商保險公司進行嚴肅查處。到1952年年底，外商保險公司由於在中國保險市場上的業務量逐年下降而陸續申請停業，最終全部自動撤離中國保險市場。

(二) 中國保險事業的停滯（1958—1978年）

1958—1978年這二十年間，中國經歷了三年「大躍進」、三年困難時期、十年「文化大革命」，中國經濟的發展受到了嚴重的影響，中國的保險市場因此偏離了正確軌道。

由於受極「左」思潮的影響，1958年全國各地刮起了「共產風」，搞「人民公社化」「一大二公」，生、老、病、死統統由國家包下來，許多人片面認為保險已完成了歷史使命，沒有存在的必要。於是，1958年10月在西安召開的全國財貿會議提出了立即停辦國內保險業務的建議，同年12月在武漢召開的全國財政會議正式做出了立即停辦國內保險業務的決定，同時，財政部發出停辦國內保險業務以後財務處理的通知。至此，除上海等個別城市還保留少量的國內業務外，全

國其餘各地均停辦了國內保險業務。中國人民保險公司專營國外業務，改由中國人民銀行總行國外局領導，編製壓縮為 30 多人的一分處。1958 年年底到次年，數萬名保險幹部轉業，幾千個機構被撤銷，國內保險業務進入空前低谷時期。

1964 年，隨著國民經濟的好轉，中國人民銀行向國務院財貿辦公室請示建議恢復保險公司建制獲準。之後，保險建制改為局級，對外行文用中國人民保險公司的名義。1965—1966 年，隨著全國農業生產的發展，國內一些大城市的國內保險業務陸續恢復。但「文化大革命」打亂了中國經濟發展的進程，保險被視為「封資修」，國內業務被迫全部停辦，國外業務也遭到衝擊，最後中國人民保險公司只剩下 9 人從事國外保險業務工作的守攤和清攤工作，全國各地的保險機構全部癱瘓。

（三）中國保險事業的恢復（1979—1985 年）

黨的十一屆三中全會做出了把黨和國家工作的重點轉移到社會主義現代化經濟建設上來的戰略決策。中國保險市場以此為契機逐漸恢復。

1979 年 4 月，國務院批准並轉發了中國人民銀行全國分行行長會議紀要，做出了逐步恢復國內保險業務的重大決策。同年 11 月，中國人民銀行召開了全國保險工作會議，肯定了保險對發展國民經濟的積極作用，並在總結國內外保險經驗的基礎上，根據國家改革開放的精神，具體部署了恢復國內保險業務的方針政策和措施。全國保險工作會議結束後，恢復國內保險業務，組建各地分支機構的工作全面展開。截至 1980 年底，全國 28 個省、自治區、直轄市都已恢復了保險公司的分支機構，各級機構總數達 311 個，專職保險幹部 3,423 人，全年共收保費 2.9 億多元。

在恢復各類財產保險業務的基礎上，1982 年，中國人民保險公司又開始恢復辦理人身保險業務和農村保險業務。幾年時間，國內各項業務飛速增長（見表 2-1），與此同時，涉外保險業務也快速發展，1983 年，中國人民保險公司已與 120 多個國家和地區 1,000 多家保險公司建立了國際業務關係，全年保險費收入 1.5 億多美元，並承保了對外貿易的 70% 以上的業務。

表 2-1　　　　　　　1980—1985 年全國國內業務保費收入情況表

年度	保費收入（億元）	比上年增長（%）
1980	2.96	
1981	5.32	80
1982	7.48	40
1983	10.15	36
1984	15.06	48
1985	25.7	71

資料來源：根據《中國保險史》整理。

恢復初期，中國人民保險公司為中國人民銀行的一個局級專業公司，管理體制沿襲 20 世紀 50 年代的總、分、支公司垂直領導形式。為了適應保險市場發展的需要，1982 年經國務院批准同意，設立了中國人民保險公司董事會、監事會。其主要任務是：貫徹執行國家保險事業的方針政策，領導和監督保險公司的經營和管理工作。1983 年 9 月，國務院同意中國人民保險公司從中國人民銀行中分離出來，升格為國務院直屬局級經濟實體，按照國家的法律行政法規的規定，獨立行使職權和進行業務活動。從 1984 年 1 月起，中國人民保險公司的分支機構改由保險總公司領導。1985 年 2 月，中國人民保險公司各省、自治區、直轄市分公司經當地黨政部門批准，全部升格為廳局級機構，實行總公司與當地人民政府雙重領導。至此，中國保險事業已基本恢復。

從新中國保險事業的建立到 20 世紀 80 年代中國保險業基本恢復這段時期，人民保險事業從無到有，取得了長足的發展。但中國長期實行的計劃經濟卻導致了對保險認識的偏差，致使中國保險業跌宕起伏，發展坎坷，而國家對保險業的壟斷經營，又在一定程度上妨礙了保險業的發展。

（四）中國保險業的逐步完善（1986 年至今）

中國保險業從 1986 年起進入了全面發展的時期，並逐步走向完善和成熟。

1. 保險機構不斷增加，逐步形成多元化競爭格局

1985 年 3 月 3 日，國務院頒布了《保險企業管理暫行條例》，為中國保險市場的新發展提供了法律保障。1986 年，中國人民銀行首先批准設立了新疆生產建設兵團農墾保險公司，專門經營新疆生產建設兵團內部的以種植和牧養業為主的保險業務，這預示著中國人民保險公司獨家經營的局面從此在中國保險市場上消失。1987 年，中國交通銀行及其分支機構開始設立保險部，經營保險業務，1991 年又在此基礎上組建了中國太平洋保險公司，這是第二家全國性的綜合保險分公司。平安保險公司於 1986 年在深圳成立，並於 1992 年更名為中國平安保險公司，成為第三家全國性的綜合保險公司。進入 20 世紀 90 年代以後，保險市場供給主體發展迅速，大眾、華安、新華、泰康、華泰等十多家全國性或區域性的專業保險公司進入保險市場。

2001 年中國加入 WTO，按照保險業對外開放的進程表，3 年過渡期內保險業務範圍和區域逐步開放。2004 年 12 月 11 日，中國保監會發布公告：根據中國加入 WTO 時的承諾，自即日起，允許外資壽險公司提供健康險、團體險和養老金/年金險業務，取消對設立外資保險機構的地域限制，設立合資保險經紀公司的外資股可至 51%。自此，中國保險業進入全面開放時期。中國加入世貿組織及保險市場的逐步開放，為保險業發展帶來了前所未有的發展機遇，也拉動了保險消費。在此階段，市場主體快速增加且出現多元化經營主體，市場結構得到有效改善。

在國有保險機構改革和民族保險公司不斷發展的同時，外資保險機構也逐漸進入中國保險市場。從 1992 年美國友邦保險公司在上海設立分公司以來，已有多家外

資保險公司獲準在中國營業或籌建營業性機構。截至2016年年末，全國已開業的保險機構共203家。其中，保險集團公司12家，財產險公司79家，人身險公司77家，保險資產管理公司22家，保險從業人員660.4萬人，其中行銷員528.4萬人。

從保險費收入分佈情況分析，2017年全國壽險公司原保費收入總計26,039.55億元，財險公司原保費收入總計10,541.38億元。其中，中國人壽保險股份有限公司和中國人保財產保險股份有限公司分別以5,122.7億元和3,492.9億元的原保費收入分列壽險業和財險業的榜首。平安人壽和太平洋人壽分別以3,689.3億元和1,739.8億元分列壽險業的第二位、第三位，而平安財險和太平洋財險則分別以2,159.8億元和1,039.9億元佔據了財險業的第二把和第三把交椅。短期之內國內市場格局不會發生大的變化，傳統的三巨頭（即中國人壽保險有限公司、中國平安保險公司、中國太平洋保險公司）仍將占據壽險和財險市場的半壁江山，但隨著中小保險公司的迅速崛起，市場集中度在逐年降低。依據保險監督管理委員會公布的數據，前三大壽險公司（即中國人壽、平安人壽、太平洋人壽，下同）2004年的市場份額為74.86%，2008年降至63%，2013年則降到了54%；前三大財險公司（即中國人保財產保險股份有限公司、平安財險、太平洋財險，下同）2004年的市場份額為79.9%，2008年下降為64%，2013年降到了65%。2017年，前三大壽險公司市場份額為40.5%，前三大財險公司市場份額為63.5%。中國保險市場供給主體的增加、供給主體的多元化以及各供給主體在保險市場上所占份額的情況，表明中國保險市場多元化格局已經形成。在市場競爭的壓力下，產品創新、市場細分和銷售渠道拓展等方面開始取得明顯成效，推動了保險消費水準的提高。

2. 保險仲介人制度逐步建立和完善

隨著中國保險市場趨於成熟，保險仲介人制度也逐步建立和完善。保險代理人、保險經紀人以及保險公估人共同組成了保險仲介體系。從1986年以後，中國保險市場上陸續出現了各種保險仲介人。保險代理人是中國保險市場出現最早也是發展最快的一種仲介人，特別是1992年美國友邦壽險行銷機制的引入，使中國壽險市場上的行銷員制（壽險個人代理制）得以迅速發展。1996年12月中旬，為提高代理人素質，規範代理人行為，保險監督機關在國內各城市首次組織了「全國保險代理人資格考試」。1997年中國人民銀行頒布了《保險代理人管理規定（試行）》，1998年中國人民銀行頒布了《保險經紀人管理規定（試行）》，這些規定建立了一套包括專業代理人、兼業代理人和個人代理人的保險代理人管理制度和保險經紀人管理制度。保監會成立後，對保險仲介實行分類監管，先後頒布了《保險代理機構管理規定》《保險經紀機構管理規定》《保險公估機構管理規定》和《保險兼業代理管理暫行辦法》。1999年中國開始舉行全國經紀人資格考試，為保險經紀人制度的建立和發展準備了條件。2000年12月23日，中國舉行第一次保險公估人資格考試。與此同時保險仲介市場的相關管理制度也在不

斷建立和完善，這些考試製度和管理制度的建立以及不斷完善規範了保險仲介市場，提高了保險仲介從業人員整體素質和服務水準，促進了中國保險仲介市場的健康規範發展。2015年4月，中國對《保險法》進行修訂，取消了保險銷售（含保險代理）、保險經紀從業人員資格核准審批事項，由所屬公司為保險銷售人員在保監會保險仲介監管信息系統進行執業登記，資格證書不作為執業登記管理的必要條件，這對保險公司對其從業人員的篩選、培訓提出了更高的要求。

3. 保險業務持續發展，市場規模迅速擴大

隨著國民經濟的發展，保險市場主體的增加，中國保險業務持續發展。就經營的險種而言，已從恢復國內業務初期的幾十個傳統險種發展成今天的包括信用保證保險、責任保險在內的近千個險種。就業務發展規模而言，保費收入連年增加，同比增長大多在20%，遠遠高於國民經濟發展的同期速度。1997年保費總收入達1,080億元，同比增長9%，其中壽險保費第一次超過了產險收入，達600億元，占總保費收入的55.6%。1999年，保費總收入已增至1,393.2億元，同比增長10.2%，其中財產保險保費收入521.1億元，占總保費的37.4%，壽險保費收入872.1億元，占總保費的62.6%。2000—2016年，中國保費收入從1,596億元上升到30,959億元，並一直保持了較快的增長速度。保險資產規模從2000年年末的3,374億元增加到2016年年末的15,1302億元（見表2-2）。

表2-2　　　2000—2016年國內保險費收入及其增長情況

年份	保險費收入(億元)	同比增長(%)	人身保險占比(%)	財產保險占比(%)
2000	1,595.90		62.50	37.50
2001	2,109.35	32.17	67.10	32.90
2002	3,051.14	44.65	74.49	25.51
2003	3,880.40	27.18	77.60	22.40
2004	4,318.13	11.28	74.76	25.24
2005	4,927.34	14.11	75.04	24.96
2006	5,641.44	14.49	73.24	26.76
2007	7,035.76	24.72	71.61	28.39
2008	9,784.10	39.02	76.12	23.88
2009	11,137.29	13.83	74.13	25.87
2010	14,527.97	30.44	73.19	26.81
2011	14,339.25	-1.30	67.80	32.20
2012	15,487.93	8.01	64.30	35.70
2013	17,222.23	11.20	63.93	36.07
2014	20,234.81	17.49	65.60	35.40
2015	24,282.52	20.00	67.10	32.90
2016	30,959.1	27.50	71.80	28.20

資料來源：《中國保險統計年鑒2017》。

可以預見，隨著中國經濟體制改革的深化、國民收入水準的提高，中國保險市場的潛力十分巨大，保險市場規模仍將繼續擴大。

4. 保險法制建設和保險市場監管逐步走向規範化

隨著中國保險市場體系的建立、保險業務的發展，一個以政府監管為主，行業自律為輔的保險市場監管體系也在逐步地建立和完善。1985 年 3 月 3 日頒布的《保險企業管理暫行條例》（簡稱《管理條例》）是新中國成立以來第一部保險業的法規。《管理條例》指定中國人民銀行是保險行業的管理機關，規定了保險企業的設立、中國人民保險公司的地位、償付能力和保險準備金、再保險等方面的內容。1989 年 2 月 16 日，針對當時保險市場的形勢和存在的問題，國務院辦公廳下發了《關於加強保險事業管理的通知》，提出了整頓保險秩序的措施和辦法。1992 年美國友邦公司在上海設立分公司後不久，中國人民銀行頒布了《上海外資保險機構暫行管理辦法》指導引進外資保險公司的試點工作。1995 年 6 月 30 日《中華人民共和國保險法》正式頒布，並於同年 10 月 1 日起正式實施。《保險法》是新中國成立以來的第一部保險大法，它對保險公司、保險合同、保險經營規則、保險業的監管和代理人、經紀人等做了比較詳細的規定。《保險法》的頒布，標誌著新中國保險市場監管的法規建設進入了一個嶄新的發展階段。2002 年 10 月，針對中國加入世貿組織承諾對保險業的要求，全國人大常委會對《保險法》進行了第一次修正，修改後的《保險法》自 2003 年 1 月 1 日起正式實施。近年來，隨著國民經濟的快速發展和法律環境的改變，保險業的發展形勢和 2002 年最近一次修改《保險法》時相比已發生很大的變化，法規的缺陷在很大程度上影響了保險工作的開展和保險糾紛的處理，再次對《保險法》進行修訂和完善勢在必行。2004 年 10 月，中國保監會會同有關部門正式啟動《保險法》第二次修改的準備工作。2009 年 2 月 28 日，十一屆全國人大常委會第七次會議表決通過了新修訂的《保險法》，並於同年 10 月 1 日正式實施。2014 年 8 月 31 日，第十二屆全國人民代表大會常務委員會第十次會議通過《中華人民共和國保險法》的修訂，對原保險法內容做出一定的調整，從而加強保險法治建設，這是推進簡政放權放管結合的必然要求。2015 年 4 月 24 日，第十二屆全國人民代表大會常務委員會第十四次會議《關於修改〈中華人民共和國計量法〉等五部法律的決定》又對《保險法》做出進一步修改。對《保險法》的四次修訂不僅是中國保險法制建設的重大事件，也是完善社會主義市場經濟法律體系的重要舉措，對全面提升保險業法治水準、促進保險業持續平穩健康發展必將產生積極而深遠的影響。

在中國保險法規逐步完善的同時，保險市場監管機構和行業自律組織也逐步建立。1995 年 7 月，中國人民銀行設立了專門行使監管職能的司局——保險司。1998 年 11 月 18 日，經國務院批准，中國保險監督管理委員會正式在北京成立。根據國務院規定，中國保監會是國務院直屬事業單位，是中國商業保險的主管部門，根據國務院授權履行行政管理職能，依照法律法規集中統一監管保險市場。

中國保監會的成立，為保險市場監管的成熟化、專業化提供了組織保證。1994 年上海市保險同業公會成立以來，全國各地的保險同業公會或保險行業協會相繼成立，並於 1997 年 9 月簽署了中國保險界第一個《全國保險行業公約》，這是中國保險市場行業自律機制建設的重要舉措，也是邁向規範和有序競爭的開端。2000 年以後，根據保險市場發展的實際，中國保監會積極探索，初步建立了以市場行為監管、償付能力監管和公司治理結構監管為三大支柱的現代保險監管體系。市場行為監管方面，監管的重點逐步轉向保護投保人和被保險人利益，以及防止誤導宣傳。保監會加強**償付能力**監管制度建設，包括保險公司償付能力額度及監管指標體系、償付能力**報告**編報規則體系、償付能力季度報告和分析制度、償付能力危機應急制度等，**償**付能力監管體系建設取得一系列成果。2004 年以來，保險公司治理結構存在的**風險**和問題越來越受到監管部門的高度關注，保險公司治理結構監管已成為國際保險監管的新趨勢。2006 年 1 月，中國保監會發布《關於規範保險公司治理結構的指導意見》，主要包括強化股東義務、加強董事會建設、發揮監事會作用、加強關聯交易和信息披露管理、治理結構監管七個部分。

三、中國保險業的發展趨勢

（一）保險市場發展潛力巨大

中國保險業恢復發展 30 多年來，發展成就巨大。2017 年中國保險費收入達到 5,414.5 億美元，超過日本，成為世界第二大保險市場。但從人均保險費和保險費占國內生產總值的比例這兩個指標來看，中國在全球的排名較低。2017 年中國人均保費為 384 美元，低於世界平均水準 649.8 美元；保險深度為 4.57%，在全球排名第 36 位，遠低於全球 6.13% 的平均水準。但較之以前，中國的保險密度和保險深度已取得一定發展，未來中國國內保險市場還具有巨大的發展空間（見表 2-3）。

表 2-3　　　　　　　　2017 年世界保險業發展指標

國家和地區	排名	保費總額（億美元）	同比增長（%）	占全球市場的份額（%）	保險深度（%）	保險密度（美元）
全球		48,916.94	1.5	100	6.13	649.8
發達市場		38,196.44	-0.6	78.08	7.76	3,516.7
其中：						
美國	1	13,771.14	2.0	28.15	7.0	4,216
日本	3	4,220.50	-6.5	8.63	8.59	3,312
英國	4	2,833.31	-2.6	5.79	9.58	3,810
法國	5	2,416.03	1.8	4.94	8.95	3,446
德國	6	2,229.78	3.8	4.56	6.04	2,687
韓國	7	1,812.18	2.4	3.70	11.57	3,522

表2-3(續)

國家和地區	排名	保費總額(億美元)	同比增長(%)	占全球市場的份額(%)	保險深度(%)	保險密度(美元)
臺灣	10	1,174.74	15.8	2.40	21.32	4,997
新加坡	24	239.60	16.5	0.59	8.23	4,749
新興市場		10,720.50	10.3	21.92	3.34	165.6
其中：						
中國(大陸地區)	2	5,414.46	16.2	11.07	4.57	384
印度	11	980.03	19.7	2.00	3.69	73
巴西	12	833.15	14.5	1.70	4.05	398
俄羅斯	29	218.98	24.4	0.45	1.40	152

註：①表中的同比增長為名義增長；②發達市場包括北美、西歐（不含土耳其）、日本、中國香港特別行政區、新加坡、韓國、臺灣地區、大洋洲、以色列；③新興市場包括拉丁美洲、中歐和東歐、東亞及南亞、中東（不含以色列）和中亞、土耳其、非洲。

資料來源：筆者根據瑞士再保險經濟研究與諮詢部數據做了整理。

「十三五」時期，是國內保險業發展與矛盾凸顯並存的階段。在此期間，從國際環境看，經濟全球化深入發展，科技創新孕育新突破，國際金融危機影響深遠，世界經濟增長速度減緩，國際貨幣體系和金融監管面臨改革與重構，國際金融監管合作將持續加強，中國作為新興保險大國可以尋求更多發展和參與的機會。從國內環境看，中國仍處於可以大有作為的重要戰略機遇期。工業化、信息化、城鎮化、市場化、國際化深入發展，經濟發展活力不斷增強，中國經濟將在較長時間內繼續保持平穩快速發展態勢。社會財富和居民財富不斷累積，將為保險業發展提供堅實的基礎。隨著社會主義市場經濟體制的不斷完善，保險作為市場經濟條件下風險管理的基本手段，在創新社會風險管理、基本公共服務體系建設和人民群眾養老、醫療等方面能夠發揮更大作用。同時，應當清醒看到，由於中國保險業起步晚、基礎差，保險業還存在著一些亟待解決的矛盾和問題。其主要是：覆蓋面不寬，功能作用發揮不充分；粗放經營狀況尚未根本改變；市場秩序不規範、銷售誤導和理賠難等問題依然突出；自主創新能力不強，高素質專業人才匱乏等。保險業的進一步發展需要解決發展中的這些突出矛盾和問題，推進保險業加快發展方式轉變，實現全面轉型升級、科學發展。

(二) 中國保險業未來的發展

2015年8月13日，國務院發布了《關於加快發展現代保險服務業的若干意見》（以下簡稱《意見》），標誌著政府把發展現代保險服務業放在經濟社會工作整體佈局中統籌考慮，開創了保險業在更廣領域和更深層面服務經濟社會全局的戰略機遇，翻開了加快發展現代保險服務業的新篇章。

首先，《意見》提出了保險業未來發展的指導思想、基本原則和發展目標。提出以科學發展觀為指導，立足於服務國家治理體系和治理能力現代化，把發展

現代保險服務業放在經濟社會工作整體佈局中統籌考慮，以滿足社會日益增長的多元化保險服務需求為出發點，以完善保險經濟補償機制、強化風險管理核心功能和提高保險資金配置效率為方向，改革創新、擴大開放、健全市場、優化環境、完善政策，建設有市場競爭力、富有創造力和充滿活力的現代保險服務業，使現代保險服務業成為完善金融體系的支柱力量、改善民生保障的有力支撐、創新社會管理的有效機制、促進經濟提質增效升級的高效引擎和轉變政府職能的重要抓手。發展的基本原則：一是堅持市場主導、政策引導。對商業化運作的保險業務，營造公平競爭的市場環境，使市場在資源配置中起決定性作用；對具有社會公益性、關係國計民生的保險業務，創造低成本的政策環境，給予必要的扶持；對服務經濟提質增效升級具有積極作用但目前基礎薄弱的保險業務，更好地發揮政府的引導作用。二是堅持改革創新、擴大開放。全面深化保險業體制機制改革，提升對內對外開放水準，引進先進經營管理理念和技術，釋放和激發行業持續發展和創新活力。增強保險產品、服務、管理和技術創新能力，促進市場主體差異化競爭、個性化服務。三是堅持完善監管、防範風險。完善保險法制體系，加快推進保險監管現代化，維護保險消費者合法權益，規範市場秩序。處理好加快發展和防範風險的關係，守住不發生系統性區域性金融風險的底線。發展目標是：到 2020 年，基本建成保障全面、功能完善、安全穩健、誠信規範，具有較強服務能力、創新能力和國際競爭力，與中國經濟社會發展需求相適應的現代保險服務業，努力由保險大國向保險強國轉變。保險成為政府、企業、居民風險管理和財富管理的基本手段，成為提高保障水準和保障質量的重要渠道，成為政府改進公共服務、加強社會管理的有效工具。保險深度（保費收入/國內生產總值）達到 5%，保險密度（保費收入/總人口）達到 3,500 元/人。保險的社會「穩定器」和經濟「助推器」作用得到有效發揮。

其次，《意見》提出了 9 大方面 29 條政策措施。一是構築保險民生保障網，完善多層次社會保障體系。把商業保險建成社會保障體系的重要支柱，創新養老保險產品服務，發展多樣化健康保險服務。二是發揮保險風險管理功能，完善社會治理體系。運用保險機制創新公共服務提供方式，發揮責任保險化解矛盾糾紛的功能作用。三是完善保險經濟補償機制，提高災害救助參與度。將保險納入災害事故防範救助體系，建立巨災保險制度。四是大力發展「三農」保險，創新支農惠農方式。積極發展農業保險，拓展「三農」保險的廣度和深度。五是拓展保險服務功能，促進經濟提質增效升級。充分發揮保險資金長期投資的獨特優勢，促進保險市場與貨幣市場、資本市場協調發展，推動保險服務經濟結構調整，加大保險業支持企業「走出去」的力度。六是推進保險業改革開放，全面提升行業發展水準。深化保險行業改革，提升保險業對外開放水準，鼓勵保險產品服務創新，加快發展再保險市場，充分發揮保險仲介市場作用。七是加強和改進保險監管，防範化解風險。推進監管體系和監管能力現代化，加強保險消費者合法權益

保護，守住不發生系統性區域性金融風險的底線。八是加強基礎建設，優化保險業發展環境。全面推進保險業信用體系建設，加強保險業基礎設施建設，提升全社會的保險意識，在全社會形成學保險、懂保險、用保險的氛圍。九是完善現代保險服務業發展的支持政策。建立保險監管協調機制，鼓勵政府通過多種方式購買保險服務，研究完善促進現代保險服務業加快發展的稅收政策，適時開展個人稅收遞延型商業養老保險試點，加強對養老產業和健康服務業的用地保障，完善對農業保險的財政補貼政策。

（三）以改革創新推進中國保險業的發展

1. 推進市場體系的改革創新

推進市場體系的改革創新，發揮市場在資源配置中的決定性作用。改革重點是深化費率形成機制改革，推進資金運用體制改革，推進市場准入退出機制改革。

第一，深化費率形成機制改革。壽險領域，重點是在總結前一階段放開預定利率成效和經驗的基礎上，擴大費率市場化的範圍，防範改革可能引起的風險。啟動分紅險、萬能險費率形成機制改革，實現人身險費率形成機制的全面市場化。啟動與費率形成機制相適應的精算制度改革，完善準備金評估規則和分紅帳戶管理與分紅特儲制度，在放開前端的同時從後端管住風險。產險領域，重點是深化商業車險條款費率管理制度改革，完善市場化的商業車險條款費率形成機制。條件成熟的地區先行先試，在試點的基礎上推開。

第二，繼續推進資金運用體制改革。進一步放開投資領域和範圍，把更多的選擇權交給市場主體。保險監管按照「抓大放小」的思路，推進資金運用比例監管改革。推動建立資管產品集中登記交易系統，增強資管產品的流動性，發揮市場的定價功能。成立中國保險資產管理業協會，推動行業自我管理、自我提升。加快轉變監管方式，把監管重點由放開渠道轉變為風險監管，在有效防範風險的前提下推動資金運用市場化改革順利進行。

第三，繼續推進市場准入與退出機制改革。堅持市場化、區域化的准入導向，突出專業化特色，統籌規劃市場准入和市場體系培育，完善市場退出和風險處置的制度機制，切實為發揮市場配置資源的決定性作用創造條件。優化准入標準和審核流程，深化高管任職資格核准改革，建立准入預披露制度。鼓勵中資保險公司「走出去」，穩步拓展國際保險市場。規範併購重組行為，加快推動有關立法工作。健全保險保障基金的救助和融資機制，明確風險處置的觸發條件，豐富風險處置工具箱，確保市場平穩運行。

2. 推進保險服務體系的改革創新

站在服務國家治理體系和治理能力現代化的高度，推進保險業服務體系改革創新，建設一個在現代金融體系、社會保障體系、農業保障體系、災害救助體系和社會管理體系中發揮重要作用的現代保險服務業。重點是在巨災保險、農業保

險、商業養老和健康保險、責任保險等領域取得新進展。

第一，探索發展巨災保險。以制度建設為基礎，以商業保險為平臺，以多層級分級分擔風險為保障，發揮政府和市場的作用，在總結試點經驗的基礎上逐步推廣，建立符合中國國情的巨災保險制度。雲南、深圳等地在開展地震和綜合巨災保險試點的基礎上，爭取國家對巨災保險政策支持，推動立法進程。

第二，規範發展農業保險。2017年，在規範發展農業保險方面，財政部發布《中央財政農業保險保險費補貼管理辦法》（財金〔2016〕123號），主要包括以下內容：一是明確補貼政策。按照事權與支出責任相適應的要求，該辦法明確中央財政提供保險費補貼的農業保險標的為關係國計民生和糧食、生態安全的主要大宗農產品。同時，該辦法鼓勵各地結合本地實際和財力狀況，對特色險種給予一定的保險費補貼支持。二是重視保險方案。在已出抬的監管政策的基礎上，該辦法對補貼險種保險條款與費率、保險責任、保險金額等內容做了進一步明確和完善。該辦法要求經辦機構在充分聽取有關政府部門和農民意見的基礎上擬定條款和費率，不得設置絕對免賠，科學合理設置相對免賠。同時，經辦機構連續3年獲得超額利潤的，原則上適當降低保險費率。三是嚴格保障措施。為切實保障國家的惠農政策落到實處，該辦法要求各地和經辦機構應當結合實際，研究制定查勘定損工作規範，做到同一地區統一程序、統一標準，並增加了鼓勵各地對經辦機構展業給予支持的內容。實際工作中，地方財政可按規定通過預算安排資金，支持農業保險工作開展。

第三，大力發展商業養老和健康保險。重點是夯實基礎，加強協調，通過試點帶動擴面。養老保險方面，中國應繼續推進個人稅收遞延型養老保險試點工作；鼓勵保險公司參與養老服務業建設；開展老年人住房反向抵押養老保險試點；以企業年金稅收優惠政策為契機，大力拓展企業年金業務。健康保險方面，中國應研究健全完善健康保險相關稅收政策，推進保險機構在更大範圍和更高統籌層次上經辦新農合等各類醫保服務；進一步完善大病保險統計制度，夯實大病保險定價基礎；與相關部委加強協調，健全大病保險制度，擴大大病保險試點範圍。

第四，深入發展責任保險。以《中華人民共和國食品安全法》的修改為契機，積極協調配合有關部門，推動食品安全責任強制保險立法，做好相關配套機制建設。健全醫療責任保險各項制度，推動保險業參與醫療糾紛調解機制建設，提升保險服務能力。深入總結環境污染責任保險試點經驗，逐步拓展試點範圍和領域，加強風險評估等基礎制度建設。強化承運人責任保險業務管理，加強監督檢查，促進其規範健康發展。

3. 推進保險監管體系的改革創新

保險業的發展，要處理好監管和市場的關係，既要發揮市場的資源配置作用，也要通過推進保險監管體系的改革創新，有效發揮政府的監管職能，促進市

場的長期健康發展。

第一，建立健全監管制度。制度是管長遠、管根本的。加快建立健全市場准入退出、治理理賠難和銷售誤導、網絡保險、資金運用等關鍵監管環節的規章制定工作。推進「償二代」建設，加快建成一套既與國際接軌、又與中國保險業發展階段相適應的監管體系，完成全部技術標準的制定工作，組織行業對各種風險匯總後的整體測試。

第二，完善監管方式。2018年3月13日，國務院關於提請第十三屆全國人民代表大會第一次會議審議的國務院機構改革的議案表示，中國將組建中國銀行保險監督管理委員會，將中國銀行業監督管理委員會和中國保險監督管理委員會的職責整合，組建中國銀行保險監督管理委員會，將銀監會和保監會擬定銀行業、保險業重要性法律法規草案和審慎監管基本制度的職責，均劃入中國人民銀行，確保發展與監管職能的切實分離。同時，中國秉承放開前端、管住後端的改革方向，進一步改進監管方式，提高監管的針對性和有效性。一是強化過程監管。把握關鍵環節，科學實施事前、事中、事後監管。抓好分類監管、資產負債匹配監管和非現場監管，強化公司治理和內控的約束力，把償付能力監管作為剛性要求，貫穿監管的全過程。二是強化信息披露監管。發布實施保險經營和服務兩個評價體系，加強對保險公司的市場評價和社會監督。由行業協會向社會公開評價結果和排名，促進保險公司提升經營和服務水準。督促各保險機構嚴格執行保險公司信息披露監管規定。

復習思考題

1. 為什麼船舶和貨物抵押借款是海上保險的雛形？
2. 英國勞合社是一個什麼樣的保險組織？
3. 對人身保險的形成和發展影響重大的事件和人物主要有哪些？
4. 分析世界保險業現狀與發展趨勢。
5. 中國近代保險業的發展經歷了哪幾個階段？分析其發展緩慢的原因。
6. 試述中國保險業的現狀與發展趨勢。

第三章　保險合同

內容提要：保險合同是投保人與保險人約定保險權利、義務關係的協議。保險合同具有自身的特徵。保險合同的主體、客體和內容是保險合同的三要素。保險合同的當事人、關係人和輔助人共同構成保險合同的主體；保險合同的客體是保險利益；保險合同的內容主要體現為保險條款的各項內容。保險合同必然經歷從訂立到終止的過程，其中，有一些合同可能因種種原因而變更，人身保險可能出現合同的中止和復效。本章是全書的重點章。

第一節　保險合同概述

一、保險合同的含義

保險合同又稱為**保險契約**，是合同的一種形式。中國《保險法》第十條第一款規定：「保險合同是投保人與保險人約定保險權利、義務關係的協議。」

投保人和保險人是直接簽訂保險合同的人，是保險合同的雙方當事人。按照保險合同的**約定**，投保人應向保險人交付約定的保險費，保險人則應在約定的保險事故發生時，履行賠償或給付保險金的義務。

按照**保險合同的性質**，保險合同可以分為兩種類型：一類是補償性合同，即當發生約定的**保險事故**使被保險人遭受經濟損失時，保險人根據保險合同的約定，對保險**標的**的實際損失給予被保險人經濟補償。財產保險合同一般屬於補償性合同。另一**類**是給付性合同，即只要發生了保險合同約定的事故，保險人就應該按照保險合同的約定履行給付保險金的義務。人身保險合同一般屬於給付性合同。

二、保險合同的特徵

保險合同主要具有以下特徵：

1. 保險合同是最大誠信合同

「重合同、守信用」是任何經濟合同的當事人都必須遵循的原則。任何合同從訂立到履行都應該恪守誠信原則，而保險合同對保險雙方當事人的誠信要求更甚於一般合同。保險合同從訂立到履行都要求保險雙方當事人最大限度地誠實守信。因為根據保險合同的約定，保險人對未來可能發生的保險事故承擔賠償或者給付保險金責任，而未來是不確定的，保險雙方當事人對保險標的的信息是不對稱的。一方面，保險人承保及賠付，很大程度上是以投保人或被保險人的告知和保證事項為依據。投保人或被保險人不如實告知保險標的的風險情況，不履行保證事項，就會影響到保險人的合法權益。另一方面，保險合同一般是保險人單方面擬定的，投保人可能對保險合同的專業術語及相關內容不清楚、不熟悉，保險人及其代理人在進行展業宣傳及承保時，如果不向投保人說明保險合同的條款內容（如免責條款），勢必損害投保人、被保險人的合法權益。因此，無論是從保險人的角度，還是從投保人、被保險人的角度，保險雙方都只有最大限度地誠實守信，才能保證對方的合法權益，並最終保障保險業的健康發展，因而，保險合同具有最大誠信的特徵。

2. 保險合同是雙務合同

根據合同當事人對權利義務的承擔方式，可以將合同分為單務合同和雙務合同。單務合同是當事人一方只有權利，而另一方只承擔義務的合同；雙務合同是合同當事人及關係人雙方相互承擔義務，享有權利的合同。在等價交換的經濟關係中，絕大多數合同都是雙務合同。保險合同是典型的雙務合同，保險雙方相互承擔義務，享有權利。在保險合同中，投保人有按照合同約定支付保險費的義務，被保險人在保險事故發生時享有請求保險人賠償或者給付保險金的權利；保險人應承擔保險合同約定的保險事故發生時賠付保險金的義務，享有收取保險費的權利。

3. 保險合同是有償合同

有償合同是與無償合同相對而言的。根據合同當事人取得權利是否償付代價，可以將合同劃分為無償合同和有償合同。有償合同是指因為享有一定的權利而必須償付一定對價的合同。所謂對價，其含義是合同中任何一方權利的取得，都應該給付對方當事人認可的相對應的代價。在這個基礎上建立的關係是對價關係。保險合同具有對價關係。在保險合同中，保險雙方的對價是相互的，投保人的對價是支付保險費，保險人的對價是對保險合同約定風險的承擔。值得注意的是，保險人並不一定或必然要賠償損失或給付保險金，而是只有在發生了保險合同約定的保險事故時，保險人才會承擔賠付保險金的責任。換言之，保險合同是有償合同，體現為投保人以支付保險費為代價換取保險人在保險事故發生時承擔賠償或者給付保險金責任的承諾。

4. 保險合同是附合合同

根據合同的一方當事人對合同的內容是否只能表示附合來劃分，可以將合同分為商議合同和附合合同。商議合同是締約雙方就合同的重要內容充分協商之後訂立的合同。大多數經濟合同都屬於商議合同。附合合同則是指合同的雙方當事人不是充分協商合同的重要內容，而是由合同的一方當事人提出合同的主要內容，另一方當事人表示同意而訂立的合同。保險業的自身特點使保險合同趨於定型性、技術化、標準化。保險合同的基本條款一般是由保險人事先擬定並統一印製出來，投保人對其內容若同意則投保，若不同意一般也沒有修改其中的某項條款的權利。即使有必要修改或變更保險單的某項內容，通常也只能採用保險人事先準備的附加條款，而不能完全按投保人的設想做出改變。也就是說，對於保險人單方面制定的保險合同內容，投保人一般只能做出「取或舍」的決定，因此，保險合同是附合合同。

5. 保險合同是射幸合同

交換合同和射幸合同，是根據合同的一方給予對方的報償是否與對方所給予的報償具有對等的價值來劃分的。交換合同是指合同的任何一方給予對方的報償都具有對等的價值，如買賣合同即是一種典型的交換合同。而射幸合同是指合同的效果在訂約時不能確定的合同。所謂射幸，就是僥幸、碰運氣的意思。

保險合同之所以是射幸合同，原因在於保險事故發生的不確定性，或者說因為保險合同履行的結果是建立在保險事故可能發生、也可能不發生的基礎上的。就單個保險合同而言，在訂立保險合同之時，投保人交納保費換取的只是保險人的承諾，而保險人是否履行賠償或給付保險金的義務，取決於約定的保險事故是否發生。所以，就單個保險合同而言，保險合同具有射幸性。但是，保險合同的射幸性並不意味著保險人可以履行合同或不履行合同，因為在保險期限內如果發生了保險事故，保險人要承擔賠付保險金的責任，這就意味著保險人履行了保險合同規定的賠付義務，而且，保險人支付給被保險人或受益人的保險金一般會大大超過其收取的保險費；即使在保險期限內沒有發生保險事故，儘管投保人支付了保險費而被保險人或受益人未得到賠付的保險金，但保險人在保險期間承擔了風險及其保障責任，也是保險人在履行合同。保險合同的射幸性一般是針對單個保險合同來說的，就某類保險合同整體而言，保險人收取的保險費與實際賠付的保險金，原則上應是大體平衡的。

6. 保險合同是要式合同

要式合同和非要式合同，是根據合同的成立是不是需要採取特定方式來劃分的。所謂要式合同，是指需要採取特定方式才能成立的合同，即需要履行特定的程序或採取特定的形式合同才能成立，如必須採取書面形式，需要鑒證、公證或經有關機關批准登記才能生效的合同。非要式合同是指不需要特定方式即可成立的合同。由於保險合同的成立標誌著保險雙方權利義務關係的確立，關係到責任

的認定，因而如果保險雙方就合同條款達成一致意見，投保人應填寫投保單，保險人應及時向投保人簽發保險單或其他保險憑證，並在保險單或其他保險憑證中載明當事人雙方約定的合同內容。因此，保險合同是要式合同。

第二節　保險合同的主體、客體

一、保險合同的主體

保險合同的主體與一般的合同主體不同，包括保險合同的當事人、關係人和輔助人。從與保險合同發生直接關係來看，保險合同的主體就是保險合同的當事人，包括保險人與投保人；從與保險合同發生間接關係來看，保險合同的主體還包括保險合同的關係人，即被保險人與受益人。此外，由於保險業務涉及面較廣，具有一定的技術性和專業性，因此，保險合同的主體還包括保險合同的輔助人，即保險代理人、保險經紀人和保險公估人。

（一）保險合同的當事人

保險合同的當事人是指直接訂立保險合同的人，是具有權利能力和行為能力的人。在保險合同中，通常約定了保險合同當事人的權利和義務。保險合同的當事人是保險人和投保人。

1. 保險人

保險人又稱為承保人，按照《保險法》第十條第三款的規定：「保險人是指與投保人訂立保險合同，並按照合同約定承擔賠償或給付保險金責任的保險公司。」即保險人是訂立保險合同的一方當事人，它依法設立，專門經營保險業務，按保險合同的約定向投保人收取保險費，對於保險合同約定的可能發生的事故因其所造成的財產損失承擔賠償保險金責任，或者當被保險人死亡、傷殘、疾病或者達到合同約定的年齡、期限時承擔給付保險金責任。世界上絕大多數國家都限定保險人必須是法人，只有個別國家（如英國）允許個人經營保險業務。按照中國《保險法》的規定，保險人只限於保險公司，其目的在於使保險人有嚴密的組織、雄厚的財力，以保證保險業穩健經營並承擔起對廣大的被保險人的經濟保障的重大責任。中國《保險法》對保險公司的組織形式，保險公司的設立、變更和終止，保險公司的業務經營範圍以及其他經營規則等都有明確的規定。

2. 投保人

《保險法》第十條第二款規定：「投保人是指與保險人訂立保險合同，並按照保險合同約定負有支付保險費義務的人。」可見，相對於保險人而言，投保人是訂立保險合同的另一方當事人；保險合同成立後，投保人應該按照保險合同的約定承擔交付保險費的義務。投保人可以是自然人，也可以是法人。

按照《保險法》及民法的相關規定，作為投保人還應該具備兩個條件：

(1) 投保人應該具有民事行為能力

公民的民事行為能力因年齡及精神狀況的不同而不同。《中華人民共和國民法總則》（2017）規定：無民事行為能力人實施的民事行為或限制民事行為能力人依法不能獨立實施的民事行為，在法律上無效；十八週歲以上的公民具有完全民事行為能力，可以獨立進行民事活動，是完全民事行為能力人；十六週歲以上不滿十八週歲的公民，以自己的勞動收入為主要生活來源的，視為完全民事行為能力人；不滿八週歲的未成年人和不能辨認自己行為的精神病人是無民事行為能力人；十週歲以上的未成年人和不能完全辨認自己行為的精神病人是限制民事行為能力人。按照《中華人民共和國民法總則》的規定，作為投保人的公民，應具有完全的民事行為能力，其與保險人訂立的保險合同在法律上才是有效的。

法人是具有民事權利能力和民事行為能力，依法獨立享有民事權利和承擔民事義務的組織。因此，法人可以成為投保人。

(2) 投保人或者被保險人應該對保險標的具有保險利益

根據各國保險法的規定，投保人或者被保險人對保險標的應具有法律上承認的利益亦即保險利益，否則，保險合同無效。做此嚴格限制，主要是為了保障保險標的的安全，防範道德風險，限制賠償額度，以保證保險業的健康發展。中國《保險法》也遵循了國際慣例，在第十二條第一款中明確規定：「人身保險的投保人在保險合同訂立時，對被保險人應當具有保險利益。財產保險的被保險人在保險事故發生時，對保險標的應當具有保險利益。」

需要注意的是：在一般的合同中，當事人通常為自己的利益訂立合同；而在保險合同中，投保人既可以為自己的利益投保，又可以為他人的利益投保（只要具有保險利益）。

(二) 保險合同的關係人

保險合同的關係人是指與保險合同的訂立間接發生關係的人。在保險合同約定事故發生時，保險合同的關係人享有保險金的請求權。保險合同的關係人包括被保險人和受益人。

1. 被保險人

《保險法》第十二條第五款規定：「被保險人是指其財產或者人身受保險合同保障，享有保險金請求權的人。」也就是說，被保險人的財產、壽命或身體受到保險合同的保障，如果在保險期限內發生了保險事故，被保險人有權向保險人請求賠償或者給付保險金。在財產保險中，被保險人是保險標的的所有人或具有經濟利益的人；在人身保險中，被保險人就是保險的對象。

被保險人與投保人的關係，一般有兩種情況。第一種情況是投保人為自己的利益訂立保險合同，投保人就是被保險人。例如：在財產保險中，投保人以自己具有所有權的財產為保險標的向保險人投保；在人身保險中，投保人以自己的壽

命或者身體作為保險標的與保險人訂立保險合同。這類情況下投保人與被保險人為同一人。第二種情況是投保人為他人的利益訂立保險合同，投保人與被保險人相分離。在這種情況下，只要投保人對保險標的具有保險利益，其訂立的保險合同在法律上就有效。

2. 受益人

《保險法》第十八條第三款規定：「受益人是指人身保險合同中由被保險人或者投保人指定的享有保險金請求權的人……」即按照《保險法》的規定，受益人的概念僅限於人身保險合同，受益人享有保險金的請求權。

在人身保險合同中，投保人和被保險人都可以成為受益人。

人身保險的受益人由被保險人或者投保人指定。但是，為了保障被保險人的生命安全，投保人指定受益人須經被保險人同意。

被保險人一般可以任意指定受益人。被保險人為無民事行為能力人或者限制民事行為能力人的，可以由其監護人指定受益人。

被保險人或者投保人可以指定一人或者數人為受益人。受益人為數人的，被保險人或者投保人可以確定受益順序和受益份額；未確定受益份額的，受益人按照相等份額享有受益權。

被保險人或者投保人可以變更受益人並書面通知保險人。投保人變更受益人時須經被保險人同意。保險人收到變更受益人的書面通知後，應當在保險單上批註。

一般而言，只要人身保險合同中指定了受益人，被保險人死亡後，就只有受益人享有保險金請求權。在特殊情況下，被保險人的繼承人有權享受保險金。如中國《保險法》第四十二條規定：「被保險人死亡後，有下列情形之一的，保險金作為被保險人的遺產，由保險人依照《中華人民共和國繼承法》的規定履行給付保險金的義務：

（一）沒有指定受益人，或者受益人指定不明無法確定的；

（二）受益人先於被保險人死亡，沒有其他受益人的；

（三）受益人依法喪失受益權或者放棄受益權，沒有其他受益人的。

受益人與被保險人在同一事件中死亡，且不能確定死亡先後順序的，推定受益人死亡在先。」

為了減少道德風險，保障被保險人的生命安全，世界各國的保險法一般都規定：受益人故意造成被保險人死亡或者傷殘的，或者故意殺害被保險人未遂的，喪失受益權。

由於涉及受益人的糾紛較多，中國《保險法》第三十九條至第四十三條對受益人做了較為詳盡的法律規定。

（三）保險合同的輔助人

保險合同的輔助人是指輔佐、幫助保險雙方當事人訂立及履行保險合同的

人。它通常包括保險代理人、保險經紀人和保險公證人。在中國，一般又將保險合同的輔助人稱為保險仲介人。

1. 保險代理人

中國《保險法》第一百一十七條規定：「保險代理人是根據保險人的委託，向保險人收取佣金，並在保險人授權的範圍內代為辦理保險業務的機構或者個人。」

保險人委託保險代理人代為辦理保險業務的，應當與保險代理人簽訂委託代理協議，依法約定雙方的權利和義務及其他代理事項。

保險代理人的行為，通常視為被代理的保險人的行為。在保險人的授權範圍內，保險代理人的行為對其所代理的保險人有法律約束力。保險代理人根據保險人的授權代為辦理保險業務的行為，由保險人承擔責任。為保障被保險人的合法權益，《保險法》第一百二十七條第二款規定：「保險代理人沒有代理權、超越代理權或者代理權終止後以保險人名義訂立合同，使投保人有理由相信其有代理權的，該代理行為有效。保險人可以依法追究越權的保險代理人的責任。」

中國的保險代理人有三種：專業代理人、兼業代理人和個人代理人。保險代理人的基本業務範圍是代理推銷保險產品、代理收取保險費等。

2. 保險經紀人

中國《保險法》第一百一十八條規定：「保險經紀人是基於投保人的利益，為投保人與保險人訂立保險合同提供仲介服務，並依法收取佣金的機構。」

保險經紀人主要是投保人利益的代表。保險經紀人的法律地位與保險代理人截然不同。因保險經紀人在辦理保險業務中的過錯，給投保人、被保險人或其他委託人造成損失的，由保險經紀人承擔賠償責任。

保險經紀人一般可以經營下列業務：為投保人擬定投保方案、選擇保險人、辦理投保手續；協助被保險人或受益人進行索賠；從事再保險經紀業務；為委託人提供防災、防損或風險評估、風險管理諮詢服務；從事保險監督管理機構批准的其他業務。

3. 保險公估人

按照中國《保險法》的規定，保險人和被保險人可以聘請依法設立的獨立的評估機構或者具有法定資格的專家，對保險事故進行評估和鑒定。在中國，保險公估人以保險公估機構的方式開展業務。《保險公估機構監管規定》[①]規定：保險公估機構是指依法設立的，接受委託，專門從事保險標的或者保險事故評估、勘驗、鑒定、估損理算等業務，並按約定收取報酬的機構。保險公估人基於公正、獨立的立場，憑藉豐富的專業知識和技術，辦理保險公估業務。保險公估人既可

---

① 《保險公估機構監管規定》由中國保險監督管理委員會於 2009 年 9 月 18 日公布，自 2009 年 10 月 1 日起施行。

以接受保險人的委託，又可以接受被保險人的委託。保險公估人向委託人（保險人或被保險人）收取公估費用。保險公估人應當依法公正地執行業務。保險公估人因故意或者過失給保險人或者被保險人造成損害的，依法承擔賠償責任。

二、保險合同的客體

保險合同的客體是指保險雙方當事人權利義務共同指向的對象。

保險合同的客體不是保險標的，而是保險利益。保險利益是指投保人或被保險人對保險標的具有的法律上承認的利益。保險利益與保險標的不同。保險標的是保險合同中所載明的投保對象，是保險事故發生的客體，即作為保險對象的財產及其有關利益或者人的壽命或身體。保險合同並非保障保險標的在保險有效期內不受損害，而是當被保險人的保險標的發生約定的保險事故時保險人對其給予經濟上的賠償或給付。保險標的是訂立保險合同的必要內容，是保險利益的載體，而保險合同保障的是投保人、被保險人對保險標的所具有的合法利益，沒有保險利益，保險合同將會因失去客體要件而無效。

如前所述，中國《保險法》第十二條第一、二款明確規定：「人身保險的投保人在保險合同訂立時，對被保險人應當具有保險利益。財產保險的被保險人在保險事故發生時，對保險標的應當具有保險利益。」

第三節　保險合同的內容

保險合同的內容有廣義和狹義之分。廣義的保險合同的內容是指以保險合同雙方權利義務關係為核心的全部事項，包括保險合同的主體、客體、權利義務及其他聲明事項；狹義的保險合同的內容是指保險合同雙方當事人依法約定的權利與義務，表現為保險合同的條款。在此，對狹義的保險合同的內容進行闡述。

一、保險條款

保險合同的條款簡稱保險條款，是保險合同雙方當事人依法約定各自的權利義務的條款。保險條款是對保險雙方權利義務的具體約定，在保險合同中居於核心地位。保險條款對保險合同的雙方當事人具有法律約束力。

（一）基本條款和特約條款

保險條款一般分為基本條款和特約條款。

保險合同的基本條款是指規定保險合同雙方權利義務基本事項的條款。在任何保險合同中，基本條款都是不可缺少的條款，一般由保險人在法定的必須載明事項的基礎上事先擬定好，並印在保險單上。保險的險種不同，其基本條款也不同。

保險合同的特約條款是由保險雙方當事人根據特殊需要，共同約定的條款。特約條款可以包括附加條款、保證條款和協會條款。

附加條款是指保險合同當事人在保險合同基本條款的基礎上約定的補充條款，用以增加或限制基本條款所規定的權利與義務。由於保險標的的風險狀況不同，投保人對保險的需求也有所不同，附加條款就是應投保人的要求而增加的內容。附加條款的靈活運用，彌補了基本條款的不足，如利用附加條款來變更或者補充原保險單的內容，變更原保險單的約定事項等。附加條款是保險合同的特約條款中使用最普遍的條款。

保證條款是指投保人或被保險人對特定事項進行保證，以確認某項事實的真實性或承諾某種行為的條款。保證條款是投保人或被保險人必須遵守的條款。

協會條款是指保險行業為滿足某種需要，經協商一致而制定的條款。如倫敦保險人協會制定的有關船舶和貨物運輸的條款。

(二) 法定條款與任意條款

根據合同約束力的不同，保險條款還可以分為法定條款與任意條款。

法定條款是指根據法律規定必須在保險合同中明確規定的條款。也就是說，法定條款是法定的必須載明的事項。如按照中國《保險法》第十八條的規定，保險條款應當包括：保險標的、保險責任和責任免除、保險期間和保險責任開始時間、保險金額、保險費以及支付辦法、保險金賠償或者給付辦法、違約責任和爭議處理等事項。基於此，中國的所有保險合同條款對以上各項內容均不得偏廢。保險合同的基本條款必須包括法定條款的各項內容。

任意條款，又稱為任選條款，是指由保險合同當事人根據需要約定的條款。

二、保險合同的主要內容

保險合同的內容主要有以下 11 項：

(一) 保險人的名稱和住所

中國《保險法》明確規定保險人為保險公司，因此，保險人的名稱就是保險公司的名稱，保險人的住所就是保險公司的營業場所。在保險合同中對保險人的名稱和住所應當準確、清楚地加以記載，以便保險人行使收取保費的權利，履行賠償或者給付保險金的義務。

(二) 投保人、被保險人的名稱和住所，以及人身保險的受益人的名稱和住所

投保人是保險合同的一方當事人，在保險合同中明確記載其姓名和住所，有利於投保人履行交納保險費的義務；被保險人作為保險合同的關係人，載明其名稱和住所，有利於被保險人在保險事故發生時行使保險金的請求權，並履行保險合同規定的義務；如果在人身保險合同中約定了受益人，也應將受益人的名稱和住所記載清楚，以利於受益人享受請求保險金的權利。

(三) 保險標的

保險標的是指作為保險對象的財產及其有關利益，或者人的壽命或身體。保險標的是保險利益的載體。不同的保險合同，有不同的保險標的。財產保險合同的保險標的是財產及其有關的利益，即財產保險合同的保險標的既包括有形的財產，又包括無形的責任及利益。人身保險合同的保險標的是人的壽命或身體。在保險合同中載明保險標的，有利於確定保險合同的種類，判斷投保人對保險標的是否具有保險利益，明確保險人承擔責任的對象及範圍，確定保險金額，確定訴訟管轄等。

(四) 保險責任和責任免除

保險責任是指保險合同中載明的風險事故發生後保險人應承擔的賠償或者給付責任。即保險責任是保險雙方當事人在保險合同中對保險人所應承擔的風險責任範圍的具體約定。保險責任因投保的險種不同而不同。

責任免除，又稱為除外責任，是指保險人按照法律規定或者合同約定，不承擔保險責任的範圍。即責任免除是對保險責任的限制，是對保險人不負賠償或給付保險金責任範圍的具體規定。在保險合同中應明確列明責任免除，以對保險人承擔責任的範圍加以明確限制，更好地確定雙方當事人的權利義務關係。責任免除條款一般涉及的損害有：戰爭或軍事行動所造成的損害，保險標的物的自然損耗，被保險人及其關係人的故意行為所致的損害以及其他不屬於保險責任範圍的損害等。

(五) 保險期限

保險期限，又稱保險期間，是指保險人對保險事故承擔賠付責任的起訖期限。保險期間規定了保險合同的有效期限，是對保險人為被保險人提供保險保障的起止日期的具體規定。保險期限既可以按年、月、日計算，比如以一年為期，也可以按一定事件的起止時間來計算，比如建築工程保險的保險期限就是以一個工程的工期來確定的。保險期限是保險人履行賠付義務的依據。保險標的只有在保險期限內發生保險事故，保險人才承擔賠付保險金的責任。

(六) 保險價值

保險價值是財產保險的特有概念，是指保險標的在某一特定時期內以貨幣估計的價值額。保險價值是保險金額確定的依據。確定保險價值有三種方法：一是由投保人和保險人約定並在合同中載明保險價值，若保險事故發生，保險人在計算賠款時勿無須對保險標的另行估價；二是按市場價格確定，即保險事故發生後，保險人的賠償金額不得超過保險標的的市場價格；三是按法律規定確定，如《中華人民共和國海商法》第二百一十九條規定，船舶的保險價值包括船殼、機器、設備的價值，以及船上燃料、物料、索具、給養、淡水的價值和保險費的總和。

（七）保險金額

保險金額簡稱保額。中國《保險法》第十八條規定：「保險金額是指保險人承擔賠償或者給付保險金責任的最高限額。」即保險金額是保險當事人雙方約定的，在保險事故發生時，保險人應賠償或給付的最高限額。保險金額是保險人計算保險費的重要依據。在財產保險中，保險金額的確定以保險標的的價值為依據；在人身保險中，由於人的價值無法用貨幣衡量，因而一般由保險合同雙方自行約定保險金額。

財產保險合同中的保險金額不得超過保險價值，超過保險價值的，超過的部分無效；保險金額低於保險價值的，除合同另有約定外，保險人按照保險金額與保險價值的比例承擔賠償責任。

（八）保險費及其支付辦法

保險費是指投保人為使被保險人獲得保險保障，按合同約定支付給保險人的費用。保險費是保險基金的來源。繳納保險費是投保人應履行的基本義務。保險費的多少，由保險金額、保險費率和保險期限等因素決定。

保險費率一般用百分率或千分率表示。保險費率由純費率和附加費率組成。其中，純費率是保險費率的基本組成部分，在財產保險中，主要依據保險標的的損失率確定純費率，在人身保險中，則是依據人的死亡率或生存率、利率等因素確定純費率。而附加費率主要是依據保險企業在一定期限內的各種營業費用及預定利潤確定的。

保險費既可以一次性支付，也可以分期支付；既可以現金支付，也可以轉帳支付。但不論採取什麼方式支付保險費，都應在保險合同中載明。

（九）保險金賠償或者給付辦法

保險金賠償或給付辦法是指保險人承擔保險責任的方法。保險金賠償或給付的方法，原則上應採取貨幣形式，但也有一些財產保險合同約定，對特定的損失可以採取修復、置換等方法。保險金賠償或給付辦法的明確約定及記載，有利於保險人更好地履行保險賠付責任，減少保險雙方的賠付糾紛。

（十）違約責任和爭議處理

違約責任是指保險合同當事人因其過錯，不能履行或不能完全履行保險合同規定的義務時，根據法律規定或合同約定所必須承擔的法律後果。在保險關係中，任何一方違約都會給對方造成損失，因此，應在合同中明確規定哪些行為是違約行為以及違約應承擔的法律責任，以保障保險雙方的合法權益。

爭議處理是指保險雙方解決保險合同糾紛的方式。保險合同的爭議處理方式，一般包括協商、仲裁和訴訟三種。

（十一）訂立合同的時間

保險合同應註明訂立的時間，以便確認保險責任開始時間、投保人對保險標的是否具有保險利益以及其他涉及保險當事人之間的權利義務關係。註明訂立保

險合同的時間，還有助於確認保險合同訂立前是否已經發生保險事故，以便查明事實真相、避免騙賠事件的發生。

三、保險合同的條款解釋原則

保險合同訂立後，可能因種種原因使保險雙方當事人及關係人對保險合同條款的內容有不同的理解以致雙方發生爭議。在爭議的情況下，一般由當事人雙方協商解決，若協商不能達成一致，則應通過仲裁機關或者法院做出裁決或判決。為保證裁決或判決的客觀和公正，需要依照法律的規定或行業習慣確定一定的條款解釋原則。保險合同條款的解釋原則，可以概括為以下三點：

（一）文義解釋

文義解釋是指對合同條款的文字應按照其通常的含義並結合上下文來解釋；同一個合同中出現的同一個文句，前後的解釋應當相同；條款中出現的專業術語，應按照其所屬行業的通常含義進行解釋。在保險合同中，對一般條文的解釋，應該按照該文字通常的含義並結合合同的整體內容來解釋；對保險專業術語、法律術語及其他專業術語，可以依據《保險法》及相關的法律、法規或行業慣例等進行解釋。

（二）意圖解釋

意圖解釋就是指對保險合同條款應遵循簽約當時雙方當事人的真實意圖，從當時的客觀情況出發來進行解釋。保險合同的條款是保險雙方當事人意思表示一致而確立的，因此，解釋時應充分尊重雙方當事人訂立合同時的真實意圖。在雙方對合同條款有歧義而又無法運用文義解釋原則時，應通過分析背景材料等方式，對簽約當時雙方當事人的真實意圖進行邏輯上的推斷。

（三）解釋應有利於被保險人和受益人

由於保險合同一般是由保險人事先擬定的，是附合合同，保險合同條款主要是格式條款，在訂立保險合同時，投保人往往只能表示接受或不接受，保險人在條文的擬定上處於主動地位，被保險人則居於被動地位。而且，保險條款的專業性較強，有些保險專業術語一般人難以理解，因此，對保險條款有兩種或兩種以上的解釋時，應當做出不利於提供格式條款一方的解釋，即解釋應有利於被保險人和受益人。

第四節 保險合同的訂立、變更、中止、復效和終止

一、保險合同的訂立

保險合同的訂立是投保人與保險人意思表示一致之後進行的法律行為。

(一) 保險合同的訂立程序

與其他合同一樣，保險合同的訂立，大致有兩個程序：要約和承諾。

1. 要約

要約是要約人以締結合同為目的而做出的意思表示。它是合同當事人一方向另一方表示願與其訂立合同的提議。一個有效的要約應具備三個條件：要約人應明確表示訂立合同的願望，要約應具備合同的主要內容，要約在其有效期內對要約人具有約束力。在保險合同中，一般來說投保人為要約人，投保人填寫投保單，並交給保險人的行為被視為要約。投保單一經保險人接受，便成為保險合同的一部分。

2. 承諾

承諾是受約人對要約人提出的要約全部接受的意思表示，即受約人向要約人表示願意完全按照要約內容與其訂立合同的答覆。一個有效的承諾也應具備三個條件：承諾不能附帶任何條件；承諾應由受約人本人或其合法代理人做出；承諾應在要約的有效期內做出。在保險合同的訂立過程中，一般是投保人提出要約，保險人根據投保單的內容簽發保險單、保險憑證或暫保單，合同即告成立，但有時情況並不這麼簡單。在簽訂合同的過程中，雙方當事人往往有個協商過程，如要約人對受約人提出要約，受約人對要約人的要約提出修改或附加條件，這時受約人的行為就被認為是提出了新的要約，原要約人與受約人的法律地位互換，即原要約人成為新的受約人，原受約人成為新的要約人。一個合同的簽訂可能經過要約——新要約……反覆多次直至承諾的過程，保險合同也不例外。如果保險人對投保人的要約附加了新的內容或條件，則保險人成為新要約人，投保人成為新受約人。合同能否成立，則要看最後一位要約人的要約能否得到最後一位受約人的承諾。

(二) 保險合同的成立

保險合同的成立是保險雙方當事人就保險合同條款達成協議。《保險法》第十三條規定：「投保人提出保險要求，經保險人同意承保，保險合同成立。保險人應當及時向投保人簽發保險單或者其他保險憑證。」

(三) 保險合同的訂立形式

訂立保險合同應該採取書面形式。保險合同的書面形式主要有投保單、保險

單、保險憑證和暫保單等。

1. 投保單

投保單是投保人向保險人申請訂立保險合同的一種書面形式的要約。在投保單中應列明訂立保險合同所必需的項目。投保單一般有統一的格式，由保險人事先準備好，投保人應按保險人所列項目據實逐一填寫。投保單一經保險人承諾，即成為保險合同的重要組成部分。投保人對在投保單中所填寫的內容，應承擔相應的法律後果，例如，投保人在填寫投保單時未履行如實告知義務，足以影響到保險人決定是否同意承保或者提高保險費率的，保險人有權解除保險合同，並不承擔賠償或者給付保險金的責任。

2. 保險單

保險單簡稱保單，是指保險人與投保人之間訂立保險合同的正式的書面證明。保險單通常是由保險人簽發的，是對投保人要約的一種承諾。保險單是保險雙方履約的依據。在保險單上應將保險合同的全部內容詳盡列明，包括保險雙方當事人、關係人的權利和義務。即保險單上除應列明保險項目（如被保險人的名稱、保險標的、保險費、保險金額、保險期限等）外，還應附上保險合同條款，以便保險雙方明確各自應享有的權利、應承擔的義務。

3. 保險憑證

保險憑證又稱為小保單，是一種簡化了的保險單，是保險人向投保人簽發的證明保險合同已經成立的一種書面憑證。保險憑證與保險單具有同等的法律效力。保險憑證沒有列明內容時，以保險單的條款為準；保險憑證與保險單的內容相衝突時，以保險憑證為準。保險憑證只在少數幾種業務中使用，如貨物運輸保險等。採用保險憑證的主要目的在於簡化手續。

4. 暫保單

暫保單又稱為臨時保單，是保險單或保險憑證出立前發出的臨時性的保險單證。使用暫保單主要是基於三種情況：保險代理人已招攬到保險業務但尚未向保險人辦妥保險手續；保險公司的分支機構接受投保，但尚需請示上級公司；保險雙方當事人已就合同的主要條款達成協議，但有些條件尚需進一步商榷。在以上情況下，保險人可先出具暫保單，作為投保人已保險的證明。暫保單的法律效力與正式保單相同，但其有效期較短，一般為 30 天。在暫保單的有效期間，保險人一旦確定承保並簽發保險單，暫保單即自動失效而為保險單所取代；保險人如果確定不予承保，則有權隨時提前終止暫保單的效力。

二、保險合同的變更

保險合同的變更是指在保險合同有效期內，保險合同當事人、關係人對合同所做的修改或補充。保險合同成立並生效後，具有法律約束力，保險雙方一般不得擅自變更。但是，如果主觀意願或客觀情況發生變化，也可以依法變更保險合

同。保險合同的變更，主要是保險合同主體的變更或內容的變更。

(一) 保險合同主體的變更

保險合同的主體變更是指保險合同的當事人或關係人的變更，主要是投保人、被保險人或受益人的變更，保險人一般不會變更。保險合同的主體變更，不改變保險合同的客體和內容。

1. 財產保險合同主體的變更

財產保險合同主體的變更是指投保人或被保險人的變更。財產保險合同主體的變更意味著財產保險標的的轉讓。財產保險標的的轉讓可以因買賣、繼承、贈予等法律事實的出現而發生，從而導致保險標的從一個所有權人轉移至另一個所有權人。在這種情況下，要使保險合同繼續有效，就需要變更保險合同中的被保險人。

(1) 一般財產保險合同主體的變更

在一般情況下，財產保險標的的轉讓應當通知保險人，經保險人同意繼續承保後，依法變更被保險人。保險人可以根據財產保險合同主體變更引起的風險狀況的變化，加收或退減部分保險費。

(2) 貨物運輸保險合同主體的變更

在財產保險中，貨物運輸保險合同由於其標的流動性大，運輸過程中經常通過貨物運輸單據的轉讓而發生物權轉移。因此，法律允許貨運險合同不經保險人同意即可變更被保險人，但須被保險人記名背書。

2. 人身保險合同主體的變更

人身保險合同主體的變更，一般取決於投保人或被保險人的主觀意願，而不以保險標的的轉讓為前提。人身保險合同主體的變更可以是投保人、被保險人或受益人的變更。

(1) 投保人的變更

如果投保人與被保險人是同一人，要變更投保人應通知保險人；如果投保人與被保險人不是同一人，要變更投保人應徵得被保險人的同意並通知保險人。被保險人為無民事行為能力人或限制民事行為能力人時，投保人的變更應符合法律法規的相關規定。投保人的變更應經過保險人的核准及辦理相關手續，方能有效。

(2) 被保險人的變更

人身保險合同的被保險人是保險標的，因而一般不能變更。在特殊情況下，人身保險被保險人的變更主要指團體保險中由於員工的流動而發生的被保險人人數等的變更。

(3) 受益人的變更

人身保險合同主體的變更主要是指受益人的變更。被保險人或者投保人可以變更受益人並書面通知保險人。保險人收到變更受益人的書面通知後，應當在保險單上批註。投保人變更受益人時須經被保險人同意。

（二）內容的變更

在保險合同的有效期內，投保人或被保險人與保險人經協商同意，可以變更保險合同的有關內容。

保險合同的內容變更是指合同約定事項的變更，也就是保險關係雙方各自所承擔的義務和享有的權利的變更。如保險合同中的保險責任、保險金額、保險期限等發生變化，財產保險的保險標的的價值、數量、存放地點、危險程度等發生變化，人身保險的被保險人的職業、投保人的交費方式等發生變化，都屬於保險合同的內容變更的範圍。

保險合同內容發生變更，投保人或被保險人應主動向保險人申請辦理批改手續，保險人同意後，應在原保單或者其他保險憑證上批註或附貼批單，或者由投保人和保險人訂立變更的書面協議。

保險合同的變更往往意味著保險人承擔風險的增加或減少，為此可能需要加收或退減部分保險費。

為了明確保險雙方當事人在保險合同變更後的權利和義務，按照國際慣例，合同變更後的有效性按下列順序認定：手寫批註優於打印批註；加貼的附加條款優於基本條款；加貼的批註優於正文的批註。

三、保險合同的中止與復效

保險合同的中止與復效僅適用於人身保險合同。

（一）保險合同的中止

保險合同的中止是指保險合同暫時失去效力。在人身保險中，保險期限一般較長，投保人可能因為種種主客觀原因不能按期繳納續期保險費，為了保障保險雙方的合法權益，並給投保人一定的回旋餘地，各國的保險法一般都對繳費的寬限期及合同中止做了明確規定。中國《保險法》第三十六條規定：「合同約定分期支付保險費，投保人支付首期保險費後，除合同另有約定外，投保人自保險人催告之日起超過30日未支付當期保險費，或者超過約定的期限60日未支付當期保險費的，合同效力中止，或者由保險人按照合同約定的條件減少保險金額。」即人身保險的保險合同生效後，如果投保人未按期繳納保險費，並超過了60天的寬限期，保險合同的效力中止。在保險合同中止前的寬限期內如果發生了保險事故，保險人應承擔賠付責任；但是對於在保險合同中止後發生的保險事故，保險人不承擔賠付責任。保險合同的中止並不意味著保險合同的解除，經過一定的程序仍然可以恢複合同的法律效力。

（二）保險合同的復效

保險合同的復效是指保險合同效力的恢復。保險合同效力中止後，經保險人與投保人協商並達成協議，在投保人補交保險費後，可以恢復保險合同的效力。但是按照中國《保險法》的規定，自合同效力中止之日起滿兩年雙方未達成協議

的，保險人有權解除合同。

四、保險合同的終止

保險合同的終止是指合同雙方當事人確定的權利義務關係的消滅。保險合同的終止主要包括下面幾種情況：

（一）保險合同的解除

保險合同的解除是指在保險合同的有效期限屆滿前，當事人依照法律規定或者合同約定提前終止合同效力的法律行為。

保險合同的解除按解約的主體可以分為投保人解除保險合同、保險人解除保險合同和保險雙方約定解除保險合同三種情況。

1. 投保人解除保險合同

由於保險合同是在平等自願的基礎上訂立的，因而在一般情況下，投保人可以隨時提出解除保險合同。

中國《保險法》第十五條規定：「除本法另有規定或者保險合同另有約定外，保險合同成立後，投保人可以解除保險合同，保險人不得解除保險合同。」根據中國《保險法》的規定，保險合同成立後，投保人一般可以解除保險合同，而不須承擔違約責任。但是，某些保險合同具有特殊性，如貨物運輸保險合同和運輸工具航程保險合同，保險責任開始後，難以確定終止責任的具體時間、空間，因此，投保人不能要求解除保險合同。如果保險雙方當事人通過合同約定，對投保人解除合同做出了限制，投保人也不得解除保險合同。

2. 保險人解除保險合同

按照各國的保險法規定，保險人一般不能解除保險合同，否則應承擔違約責任。因為如果允許保險人任意解除保險合同，可能嚴重損害被保險人的利益。例如，保險人可能在得悉風險增大（如洪災預報）時解除保險合同，使被保險人得不到應有的保險保障。如前所述，中國《保險法》第十五條中明確規定，保險人不得解除保險合同。也就是說，為了保障被保險人的合法權益，在一般情況下，保險人不能隨意解除保險合同，但是，如果《保險法》另有規定或保險合同另有約定，保險人仍然可以解除保險合同。

根據中國《保險法》的規定，保險人在下列情況下有權解除保險合同：

第一，投保人故意或者因重大過失未履行如實告知義務，足以影響保險人決定是否同意承保或者提高保險費率的，保險人有權解除合同。

第二，未發生保險事故，被保險人或者受益人謊稱發生了保險事故，向保險人提出賠償或者給付保險金請求的，保險人有權解除合同，並不退還保險費。

第三，被保險人故意製造保險事故的，保險人有權解除合同，不承擔賠償或者給付保險金的責任。

第四，投保人、被保險人未按約定履行其對保險標的的安全應盡責任的，保

險人有權要求增加保險費或解除合同。

第五，在保險合同有效期內，保險標的危險程度顯著增加的，被保險人按照合同約定應及時通知保險人，保險人有權要求增加保險費或者解除合同。被保險人未履行通知義務的，因保險標的危險程度顯著增加而發生的保險事故，保險人不承擔賠償責任。

第六，人身保險的投保人申報的被保險人年齡不真實，並且其真實年齡不符合合同約定的年齡限制的，保險人可以解除合同，並按照合同約定退還保險單的現金價值。

第七，自保險合同效力中止之日起滿二年，保險雙方當事人未達成復效協議的，保險人有權解除保險合同。

中國《保險法》的上述規定，賦予了保險人在投保人、被保險人和受益人嚴重違反法律規定及合同約定的情況下解除保險合同的權利，這既是對被保險人及其關係人違法行為的懲戒，又是對保險人合法權益的維護，體現了誠實信用原則和公平互利原則。

3. 保險雙方約定解除保險合同

這種情況簡稱為約定解除或協議註銷。保險合同當事人在不違反法律法規或公共利益的前提下，可以在合同中約定當一定的事實發生時，一方或雙方當事人有權解除合同，並且可以約定行使解除權的期限。如原中國人民保險公司的船舶戰爭險條款規定，對於定期保險，保險人有權在任何時候向被保險人發出註銷戰爭險的通知，在發出通知後 14 天期滿時終止戰爭險責任。[①] 又如，中國的簡易人身保險條款規定，交付保險費一週年以上，並且保險期已滿一週年的，投保人或被保險人不願繼續保險的，可向保險人申請退保。

可見，所謂約定解除是指保險雙方經過協商可以在保險合同中規定一方或雙方當事人以一定條件註銷保險合同的權力。

保險合同解除的程序是：在法律規定或保險合同約定的條件下，具有解約權的一方當事人，可以單方決定解除保險合同，但解約方應將解除保險合同的通知做成書面文件並及時通知對方當事人。任何一方不遵守法律的規定或保險合同約定，擅自解除保險合同的，應當承擔相應的違約責任及其他法律責任。

(二) 保險合同的期滿終止

這是保險合同終止的最普遍的原因。保險期限是保險人承擔保險責任的起止時限。如果在保險期限內發生了保險事故，保險人按照合同約定賠償了保險金額的一部分，保險合同期滿時，保險合同的權利義務關係終止；如果在保險期限內沒有發生保險事故，保險人沒有賠付，保險合同載明的期限屆滿時，保險合同自然終止。一般而言，只要超過了保險合同規定的責任期限，保險合同就終止，保

---

① 李嘉華、魏潤泉、陳繼儒. 保險學概論 [M]. 北京：中國金融出版社，1983：161.

險人就不再承擔保險責任。

（三）保險合同的履約終止

保險合同是保險雙方當事人約定在一定的保險事故發生時，保險人承擔賠償或給付保險金責任的合同。因此，保險合同約定的保險事故發生，保險人履行完賠償或者給付保險金責任後，無論保險期限是否屆滿，保險合同即告終止。

（四）保險標的發生部分或全部損失而終止

中國《保險法》第五十八條規定：「保險標的發生部分損失的，自保險人賠償之日起三十日內，投保人可以解除合同；除合同另有約定外，保險人也可以解除合同，但應當提前十五日通知投保人。合同解除的，保險人應當將保險標的未受損部分的保險費，按照合同約定扣除自保險責任開始之日起至合同解除之日止應收的部分後，退還投保人。」保險標的發生部分損失後，保險標的本身的狀況及面臨的風險已經有所變化，因此，中國《保險法》允許保險雙方當事人終止保險合同。

保險標的發生全部損失，保險合同也應該終止。一方面，保險標的可能因保險事故全部滅失，此情況下保險人按保險金額全額賠付後，保險合同如前所述因履約而終止；另一方面，如果保險標的因除外責任而全損（例如被保險人故意燒毀保險房屋），由於保險標的已不存在，因而保險合同失去了保障對象只能終止。

復習思考題

一、名詞解釋

保險人　被保險人　受益人　保險代理人　保險經紀人　保險公估人　保險利益　保險標的　保險金額

二、簡要回答下列問題

1. 什麼是保險合同？保險合同具有哪些特徵？
2. 什麼是投保人？作為投保人需要具備哪些條件？
3. 簡述保險合同的解釋原則，說明為什麼保險合同的解釋要有利於被保險人和受益人。
4. 簡述保險合同的訂立程序，說明保險合同訂立的主要形式有哪些。
5. 保險合同的變更有哪幾種情況？保險合同的變更應該採取什麼形式？
6. 保險合同終止有哪幾種情況？
7. 簡述保險合同解除的原因及程序。

第四章　保險合同的基本原則

內容提要： 在商業保險業務的長期發展過程中，為了規範保險行為，保證保險補償制度的健康運行，逐漸形成了一些公認的準則，在法律上或保險合同中對這些準則做了相應的規定。本章介紹的保險合同基本原則共有六個，其中前三個原則是財產保險合同和人身保險合同共同遵循的原則，而後三個原則是財產保險合同特有的原則。通過本章的學習，要求學生掌握各原則的含義和主要內容。

第一節　最大誠信原則

一、最大誠信原則的基本含義和產生的原因

（一）最大誠信原則的基本含義

誠信即誠實和守信用，具體而言就是要求一方當事人對另一方當事人不得隱瞞、欺騙，做到誠實；任何一方當事人都應該善意地、全面地履行自己的義務，做到守信用。誠實信用原則是各國立法對民事、商事活動的基本要求。比如，《中華人民共和國合同法》第六條規定：「當事人行使權利義務應當遵循誠實信用原則。」當事人在訂立合同過程中故意隱瞞與訂立合同有關的重要事實或者提供虛假情況，及有其他違背誠實信用原則的行為，給對方造成損失的，應當承擔損害賠償責任。

由於保險經營活動的特殊性，保險交易活動中對誠信的要求更為嚴格，要求合同雙方當事人在訂立和履行保險合同過程中做到最大誠信。最大誠信原則的基本含義是：保險雙方當事人在簽訂和履行保險合同時，必須保持最大的誠意，互不欺騙和隱瞞，恪守合同的承諾，全面履行自己應盡的義務。否則，將導致保險合同無效，或承擔其他法律後果。

（二）最大誠信原則產生的原因

在商業保險的發展過程中，最大誠信原則起源於海上保險，當投保人與保險

人簽訂保險合同時，投保的船舶和貨物可能已在異地，保險人不能對保險財產進行實地瞭解，只能憑投保人對保險標的風險情況的描述，來決定是否承保、以什麼條件承保等。這就客觀上要求投保人對保險標的及風險狀況的描述必須真實可靠，否則，將影響保險人對風險的判斷。隨著海上保險業務的發展，最大誠信逐步成為海上保險的一項基本準則。最早把最大誠信原則通過法律進行規範的是1906年英國的《海上保險法》，該法第十七條規定：海上保險合同是建立在最大誠信基礎上的，如果合同任何一方不遵守最大誠信，另一方即可宣告合同無效。後來，各國制定的保險法大都規定了這一原則。中國《保險法》第五條規定：「保險活動當事人行使權利、履行義務應當遵循誠實信用原則。」

保險交易活動必須堅持最大誠信原則的主要原因在於保險合同雙方信息的不對稱性，表現在兩個方面：

1. 保險人對保險標的的非控制性

在整個保險經營活動中，投保人向保險人轉嫁的是保險標的未來面臨的特定風險，而非保險標的本身。無論承保前還是承保後，保險標的始終控制在投保人、被保險人手中，投保人對保險標的及風險狀況最為了解，保險人在承保時雖然要對保險標的進行審核，但往往因沒有足夠的人力、物力、時間對投保人、被保險人及保險標的進行詳細的調查研究，其對保險標的及風險狀況的判斷主要依靠投保人的陳述。這就要求投保人、被保險人在合同訂立與履行過程中將有關保險標的的情況如實告知保險人。投保人對保險標的及風險程度等情況陳述的完整準確與否，直接影響到保險人是否承保、保險費率的確定和保險合同履行過程中對保險標的風險狀況的把握，投保人的任何欺騙或隱瞞行為，必然會侵害保險人的利益。因此，為保證保險經營活動的正常進行，維護保險人的利益，要求投保人、被保險人遵循最大誠信原則。

2. 保險合同的專業性

保險合同因投保人與保險人意思表示一致而成立，並以雙方相互誠實信用為基礎，投保人向保險人支付保險費轉移風險，相當程度上是基於信賴保險人對保險條款所做的解釋和說明。保險合同是附合合同，合同條款一般由保險人事先擬定，具有較強的專業性和技術性，投保人不熟悉保險業務知識，在簽約時會處於不利地位。這就要求保險人也應堅持最大誠信原則，將保險合同的主要內容告知投保人、被保險人。

二、最大誠信原則的主要內容和法律規定

最大誠信原則的基本內容包括告知與說明、保證、棄權與禁止反言。告知與說明是對保險合同雙方的約束；保證主要是對被保險人的約束；棄權與禁止反言的規定主要用於約束保險人。

(一) 投保人的告知義務

1. 告知的含義

告知是投保人或被保險人在保險合同簽訂和履行的過程中對保險標的及其相關重要事項向保險人所做的陳述。告知分廣義告知和狹義告知兩種。廣義告知是指保險合同訂立時，投保方必須就保險標的風險狀態等有關事項向保險人進行口頭或書面陳述，以及合同訂立後，在保險標的風險增加或事故發生時通知保險人；而狹義告知僅指投保方就保險合同成立時保險標的有關事項向保險人進行口頭或書面陳述。事實上，保險實務中所稱的告知，一般是指狹義告知。關於保險合同訂立後保險標的風險增加，或保險事故發生時的告知，一般稱為通知。

2. 告知的形式和內容

國際上對於告知的立法形式有兩種，即無限告知和詢問告知。

無限告知，即法律或保險人對告知的內容沒有明確規定，投保方須主動地將保險標的狀況及有關重要事實如實告知保險人。

詢問告知，又稱主觀告知，指投保方只對保險人詢問的問題如實告知，對未詢問的問題投保方不必告知。

早期保險活動中的告知形式主要是無限告知。隨著保險技術水準的提高，目前世界上許多國家包括中國在內的保險立法都規定告知應採用詢問告知的形式。中國《保險法》第十六條第一款規定：「訂立保險合同，保險人就保險標的或者被保險人的有關情況提出詢問的，投保人應當如實告知。」在保險實務中，一般操作方法是保險人將需投保人告知的內容列在投保單上，要求投保人如實填寫。要求投保方告知的主要內容是，在保險合同訂立時，投保人應將那些足以影響保險人決定是否承保和確定費率的重要事實如實告知保險人。比如將人身保險中被保險的年齡、性別、健康狀況、既往病史、家族遺傳史、職業、居住環境、嗜好等如實告知保險人；將財產保險中保險標的的價值、使用性質、風險狀況等如實告知保險人。

3. 違反告知義務的法律後果

投保人對保險人詢問的事項，未盡如實告知義務時，各國保險法均規定，保險人有條件地取得解除保險合同的權利。因為，投保人違反如實告知義務，會使得保險人承保後處於不利的地位，若繼續維持保險合同的效力，對保險人不公平，會損害保險人利益，反而會助長投保人不履行告知義務的行為。基於此，中國《保險法》第十六條第二、四、五款規定：「投保人故意或者因重大過失未履行前未規定的如實告知義務，足以影響保險人決定是否同意承保或者提高保險費率的，保險人有權解除合同。投保人故意不履行如實告知義務的，保險人對於合同解除前發生的保險事故，不承擔賠償或者給付保險金的責任，並不退還保險費。投保人因重大過失未履行如實告知義務，對保險事故的發生有嚴重影響的，保險人對於合同解除前發生的保險事故，不承擔賠償或者給付保險金的責任，但

應當退還保險費。」

從以上的規定可以看出：①投保人無論是故意不履行如實告知義務，還是因過失未履行如實告知義務，保險人都可以解除保險合同，保險人對於保險合同解除前發生的保險事故不承擔賠付保險金責任；②由於投保人的故意與過失在性質上有所不同，《保險法》在是否退還保險費的問題上做了不同的規定，其目的在於懲戒故意不履行告知義務的行為。

4. 及時通知

所謂通知，是指投保人、被保險人在保險標的危險程度增加或保險事故發生時應盡快通知保險人，使保險人知悉有關情況。通知主要有以下幾方面的內容：

第一，保險合同有效期內，若保險標的危險程度增加，應及時通知保險人，以便保險人決定是否繼續承保，或以什麼條件接受這種變化。因為在保險合同中，危險程度的大小是保險人決定承保以及確定保險費率的重要依據，而危險程度又取決於保險標的所處的不同條件或狀態。如果保險標的所處的條件或狀態發生了變化，導致當事人無法預見的有關危險因素及其危險程度增加，勢必影響到保險人的根本利益。因此，投保人、被保險人應當將危險增加之事實告知保險人。被保險人未履行通知義務的，因保險標的危險程度增加而發生的保險事故，保險人不承擔賠償責任。

第二，被保險人在知道保險事故發生後，應及時通知保險人，以便保險人及時查勘定損。並有義務根據保險人的要求提供與確認保險事故的性質、原因、損失程度等有關的證明和資料。

第三，其他有關通知事項。在財產保險合同中，重複保險的投保人應當將重複保險的有關情況通知各保險人；保險標的的轉讓應當通知保險人，經保險人同意繼續承保後，依法變更合同。因為保險標的的轉讓可能會使保險標的面臨的風險狀況發生變化，增加保險人承擔的風險責任範圍，影響保險人的經營穩定，所以，被保險人在保險標的轉讓時，應當通知保險人，經保險人同意後，變更合同中的被保險人後繼續承保。

(二) 保險人的說明義務

1. 說明義務的含義

保險人的說明義務，是指保險人應當向投保人說明保險合同條款的內容，特別是免責條款內容。

2. 說明的內容和形式

保險人說明的內容，主要是影響投保人決定是否投保及如何投保的一切事項。保險人有義務在訂立保險合同前向投保人詳細說明保險合同的各項條款，並對投保人提出的有關合同條款的提問做出直接、真實的回答，就投保人有關保險合同的疑問進行正確的解釋。保險人可以書面或口頭形式對投保人做出說明，也可以通過代理人向投保人做出說明。保險人應當就其說明的內容負責，對其代理

人所做的說明，亦負同一責任。保險人說明義務的重心，是保險合同的免責條款。因為免責條款直接關係到保險人對被保險人承擔賠付責任的範圍，對投保決策具有決定性的作用，如果不對這些條款予以說明，投保人的投保決策可能與其真正的需要發生衝突，會影響投保人或被保險人的利益。

保險人履行說明義務的形式有兩種：明確列明和明確說明。

第一，明確列明。保險人把投保人決定是否投保的有關內容，以文字形式在保險合同中明確載明。

第二，明確說明。不僅要將有關保險事項以文字形式在保險合同中載明，而且還須對投保人進行明確提示，對重要條款做出正確的解釋。

中國《保險法》規定保險人進行說明應採取後一種方式。《保險法》第十七條第二款規定：「對保險合同中免除保險人責任的條款，保險人在訂立合同時應當在投保單、保險單或者其他保險憑證上做出足以引起投保人注意的提示，並對該條款的內容以書面或者口頭形式向投保人做出明確說明；未作提示或者明確說明的，該條款不產生效力。」

（三）投保人或被保險人之保證

1. 保證的含義

保證是最大誠信原則的另一項重要內容。所謂保證，是指保險人要求投保人或被保險人對某一事項的作為或不作為，或者某種事態的存在或不存在做出許諾。保證是保險人簽發保險單或承擔保險責任的條件，其目的在於控制風險，確保保險標的及其周圍環境處於簽約時的狀態中。保證屬於保險合同的重要內容。

2. 保證的形式

保證從表現形式上看，可分為明示保證與默示保證兩種。

（1）明示保證

明示保證指以文字形式在保險合同中載明的保證事項，成為保險合同的條款。例如，中國機動車輛保險條款規定，被保險人及其駕駛人應當做好保險車輛的維護、保養工作，並按規定檢驗合格；保險車輛裝載必須符合法律法規中有關機動車輛裝載的規定，使其保持安全行駛技術狀態；被保險人及其駕駛人應根據保險人提出的消除不安全因素和隱患的建議，及時採取相應的整改措施。明示保證是保證的重要表現形式。

（2）默示保證

默示保證指在保險合同中雖然沒有以文字形式加以規定，但習慣上是社會公認或相關法律規定的投保人或被保險人應該遵守的事項。默示保險在海上保險中運用比較多，如海上保險的默示保證事項：①保險的船舶必須有適航能力；②要按預定的或習慣的航線航行；③必須從事合法的運輸業務。默示保證與明示保證具有同等的法律效力，被保險人都必須嚴格遵守。

從保證的內容上看，保證分為承諾保證與確認保證。

(1) 承諾保證

承諾保證指投保人或被保險人對將來某一事項的作為或不作為的保證，即對未來有關事項的保證。例如，投保家庭財產保險時，投保人或被保險人保證不在家中放置危險物品；投保家庭財產盜竊險，保證家中無人時，門窗一定要關好、上鎖。

(2) 確認保證

確認保證指投保人或被保險人對過去或現在某一特定事實的存在或不存在的保證。確認保證是要求對過去或投保當時的事實做出如實的陳述，而不是對該事實以後的發展情況做保證。例如，投保健康保險時，投保人保證被保險人在過去和投保當時健康狀況良好，但不保證今後也一定如此。正是由於被保險人未來面臨患病的風險，現在才有投保的必要。

3. 違反保證的法律後果

保險活動中，無論是明示保證還是默示保證，保證的事項均屬重要事實，因而被保險人一旦違反保證的事項，保險合同即告失效，或保險人拒絕賠償損失或給付保險金。而且除人壽保險外，保險人一般不退還保險費。

4. 保證與告知的區別

第一，告知的目的在於使保險人正確估計風險發生的可能與程度；保證的目的是控制風險。

第二，告知是在訂立保險合同時投保人所做的陳述，並非保險合同的內容；而保證可以是保險合同的重要組成部分。

第三，**保證**在法律上被推定是重要的，任何違反都將導致保險合同被解除的後果；而告知須由保險人證明其確系重要，才能成為解除保險合同的依據。

(四) 棄權與禁止反言

棄權是指合同一方任意放棄其在保險合同中的某種權利。禁止反言，亦稱禁止抗辯，指合同一方**既然**已經放棄這種權利，將來就不得反悔，再向對方主張這種權利。此**規定**主要用於約束保險人。比如在海上保險中，保險人已知被保險輪船改變航道而沒提出解除合同，則視為保險人放棄對不能改變航道這一要求的權利，因改變航道而發生的保險事故造成的損失，保險人就要賠償。

棄權與禁止反言的情況可能發生在保險代理關係中，保險代理人是基於保險人利益並以保險人名義從事保險代理活動，他們在業務活動中可能會受利益驅動而不按保險單的承保條件招攬業務，即放棄保險人可以主張的權利，保險合同一旦生效後，保險人不得以投保人未履行告知義務為由解除保險合同。《保險法》第一百二十七條規定：「保險代理人根據保險人的授權代為辦理保險業務的行為，由保險人承擔責任。保險代理人沒有代理權、超越代理權或者代理權終止後以保險人名義訂立合同，使投保人有理由相信其有代理權的，該代理行為有效，保險人可以依法追究越權的保險代理人的責任。」

第二節　保險利益原則

一、保險利益原則及其意義

(一) 保險利益與保險利益原則

保險利益是投保人或者被保險人對保險標的因存在某種利害關係而具有的經濟利益。這裡的利害關係是指保險標的的安全與損害直接關係到投保人的切身經濟利益。它表現為：保險標的存在，這種利益關係就存在；如果保險標的受損，則投保人或被保險人的經濟利益也會受損。如果保險事故發生導致保險標的損失，而投保人或者被保險人的經濟利益毫無損失，則投保人或者被保險人對保險標的沒有保險利益。比如在財產保險合同中，保險標的毀損滅失直接影響被保險人的經濟利益，視為投保人對該保險標的具有保險利益；在人身保險合同中，投保人的直系親屬，如配偶、子女人等的生老病死，與投保人有一定的經濟關係，視為投保人對這些人具有保險利益。

《保險法》第十二條第一、二、三、四、六款規定：「人身保險的投保人在保險合同訂立時，對被保險人應當具有保險利益。財產保險的被保險人在保險事故發生時，對保險標的應當具有保險利益。人身保險是人的壽命和身體為保險標的的保險。財產保險是以財產及其有關利益為保險標的的保險。保險利益是指投保人或者被保險人對保險標的具有的法律上承認的利益。」

一般而言，保險利益是保險合同生效的條件，也是維持保險合同效力的條件 (不同的險種有一定的差異)。因此保險利益原則是保險合同的一項基本原則。

(二) 保險利益成立的條件

保險利益是保險合同得以成立的前提，無論是財產保險合同同，還是人身保險合同，都應以保險利益的存在為前提。保險利益應符合下列條件：

1. 保險利益應為合法的利益

投保人或者被保險人對保險標的所具有的利益要為法律所承認。只有在法律上可以主張的合法利益才能受到國家法律的保護，因此，保險利益必須是符合法律規定的、符合社會公共秩序的、為法律所認可並受到法律保護的利益。例如，在財產保險中，投保人對保險標的的所有權、佔有權、使用權、收益權或對保險標的所承擔的責任等，必須是依照法律、法規、有效合同等合法取得、合法享有、合法承擔的利益。因違反法律規定或損害社會公共利益而產生的利益，不能作為保險利益。例如，因盜竊、走私、貪污等非法行為所得的利益不得作為投保人的保險利益而投保，如果投保人為不受法律認可的利益投保，則保險合同無效。

2. 保險利益應為經濟利益

由於保險保障是通過貨幣形式的經濟補償或給付來實現其職能的，如果投保人或者被保險人的利益不能用貨幣來反應，則保險人的承保和賠付就難以進行，因此，投保人對保險標的的保險利益在數量上應該可以用貨幣來計量，無法定量的利益不能成為可保利益。財產保險中，保險標的本身是可以估價的，保險利益也可以用貨幣來衡量。由於人身無價，一般情況下，人身保險合同的保險利益有一定的特殊性，只要投保人與被保險人具有利害關係，就認為投保人對被保險人具有保險利益；在個別情況下，人身保險的保險利益也可加以計算和限定，比如債權人對債務人生命的保險利益可以確定為債務的金額。

3. 保險利益應為確定的利益

確定的利益是指投保人或被保險人對保險標的在客觀上或事實上已經存在或可以確定的利益。這種利益不僅是可以確定的，而且是客觀存在的利益，不是當事人主觀臆斷的利益。這種客觀存在的確定利益包括現有利益和期待利益。現有利益是指在客觀上或事實上已經存在的經濟利益；期待利益是指在客觀上或事實上尚未存在，但根據法律、法規、有效合同的約定等可以確定在將來某一時期內將會產生的經濟利益。在投保時，現有利益和期待利益均可作為確定保險金額的依據；但在保險財產受損索賠時，這一期待利益必須已成為現實利益才屬索賠範圍，保險人的賠償或給付，以實際損失的保險利益為限。

（三）堅持保險利益原則的意義

1. 避免賭博行為的發生

保險和賭博都具有射幸性，若以與自己毫無利害關係的保險標的投保，被保險人就可能因保險事故的發生而獲得高於所交保險費若干倍的額外收益，而如果沒有發生事故則喪失保險費，這種以小的損失謀取較大的經濟利益的投機行為是一種賭博行為。堅持保險利益原則，就把保險與賭博從本質上的區分開。英國歷史上曾出現過保險賭博。投保人以與自己毫無利害關係的標的投保，一旦發生保險事故就可獲得相當於保險費千百倍的巨額賠款，一些人就像在賽馬場上下賭註一樣買保險，這就嚴重影響了社會的安定。英國政府於17世紀中葉通過立法禁止了這種行為，維護了正常的社會秩序，保證了保險事業的健康發展。

2. 防止道德風險

投保人以與自己毫無利害關係的保險標的投保，就會出現投保人為了謀取保險賠償而任意購買保險，並希望事故發生的現象；甚至為了獲得巨額賠償或給付，採用縱火、謀財害命等手段，製造事故，增加了道德風險事故發生的可能性。在保險利益原則之下，由於投保人與保險標的之間存在利害關係的制約，投保的目的是為了獲得一種經濟保障，在很大程度上可以防範道德風險。

3. 限制損失賠償金額

財產保險合同是補償性合同，保險合同保障的是被保險人的經濟利益，補償

的是被保險人的經濟損失，而保險利益以投保人對保險標的的現實利益以及可以實現的預期利益為限，因此是保險人衡量損失及被保險人獲得賠償的依據。保險人的賠償金額不能超過保險利益，否則被保險人將因保險而獲得超過其損失的經濟利益，這既有悖於損失補償原則，又容易誘發道德風險和賭博行為。再者，如果不堅持保險利益原則，還容易引起保險糾紛。

二、財產保險利益和人身保險利益之比較

（一）保險利益的認定

雖然一切保險利益均來源於法律、合同、習慣或慣例，但由於兩大險種保險標的性質不同，保險利益產生的條件也不同。

1. 財產保險利益的認定

一般來說，財產保險的保險利益主要產生於投保人或被保險人對保險標的的各項權利和義務。它主要包括現有利益、期待利益和責任利益。現有利益是投保人或被保險人對保險標的現在正享有的利益，包括所有利益、佔有利益、抵押利益、留置利益、債權利益等，是保險利益最為通常的形態；期待利益又稱希望利益，是指通過現有利益而合理預期的未來利益，如盈利收入利益、租金收入利益、運費收入利益等；責任利益主要針對責任保險而言，是指因民事賠償責任的不發生而享有的利益。基於財產保險保險標的的可估價性和保險合同的補償性特點，保險利益的成立要符合以下條件：①可以用金錢計算；②必須是合法利益；③必須是確定的利益，即無論是現有利益還是預期利益，都必須是在客觀上確定的，能夠實現的利益，而不是憑主觀臆測或推斷可能獲得的利益。

2. 人身保險利益的認定

各國保險立法對人身保險利益的規定有共同之處，即投保人對自己的壽命和身體具有保險利益。但當投保人為他人投保時，保險利益的認定卻有不同的方法：

第一，利益主義。以投保人和被保險人之間是否存在金錢上的利害關係或者其他利害關係為判斷標準，如英美的保險法以此方式認定保險利益。

第二，同意主義。不論投保人和被保險人之間有無利益關係，均以取得被保險人同意為判斷標準，如韓國、德國、法國等的保險法以此方式認定。

第三，折中主義。將以上二者結合起來，如臺灣地區以此法認定保險利益。

中國《保險法》第三十一條規定：「投保人對下列人員具有保險利益：

（一）本人；

（二）配偶、子女、父母；

（三）前項以外與投保人有撫養、贍養或者扶養關係的家庭其他成員、近親屬；

（四）與投保人有勞動關係的勞動者。

除前款規定外，被保險人同意投保人為其訂立合同的，視為投保人對被保險

人具有保險利益。

訂立合同時，投保人對被保險人不具有保險利益的，合同無效。」

從以上規定可以看出，中國《保險法》在人身保險保險利益的認定上將投保人與被保險人具有利害關係和被保險人同意二者結合起來，既可以有效地防範道德風險，也具有靈活性。

(二) 保險利益的量

1. 財產保險保險標的具有可估價性，決定了投保人或被保險人對保險標的的保險利益都有量的規定

投保人或被保險人對保險標的的保險利益，在量上表現為保險標的的實際價值，如果保險金額超過保險標的的實際價值，超過部分將因無保險利益而無效。這是因為財產保險合同是補償性合同，投保人以其財產向保險公司投保的目的在於財產因保險事故受損時能獲得補償。如果補償金額不受保險利益的限制，被保險人以較少的損失獲得較多的賠償，則與損失補償原則相悖，也易誘發道德風險。因此，財產保險的損失補償，以被保險人對保險標的具有的保險利益為限。

2. 人身保險的保險標的不可估價，因此保險利益一般沒有客觀的評判標準

投保人為自己投保，保險利益可以無限，但保險金額高低要受到繳費能力的限制；投保人為他人投保，保險利益的量取決於投保人與被保險人法律上的相互關係或經濟上的相互關係和依賴程度，但除法律或保險合同對保險金額有限制外，保險利益一般沒有嚴格的量的規定。在個別情況下，人身保險的保險利益也可加以計算和限定，比如債權人對債務人生命的保險利益可以確定為債務的金額加上利息及保險費。

(三) 保險利益存在的時間和歸屬主體

此問題既涉及保險利益是在簽約時存在，還是在保險合同有效期內和保險事故發生時皆應存在，也涉及保險利益是對誰的要求，是對投保人還是被保險人。

1. 在保險合同訂立時不一定嚴格要求投保人必須具有財產保險利益，但保險事故發生時被保險人必須具有財產保險利益

財產保險合同利益的規定，主要目的在於衡量是否有損失以及損失的大小，為賠償計算提供依據，並防止道德風險。因此財產保險強調保險事故發生時被保險人對保險標的的必須具有保險利益。如果簽約時投保人對保險標的具有保險利益，而保險事故發生時，被保險人對保險標的不具有保險利益，意味著被保險人無損失，依據補償原則保險人將不負賠償責任；反之，即使某些情況下簽約時投保人對保險標的沒有保險利益，但只要保險事故發生時被保險人對保險標的具有保險利益，保險人仍要承擔賠償責任。這種情況在海上保險中比較常見，在其他財產保險合同中也可能出現。比如，在國際貿易中以 CFR 條件進行貨物買賣時，買方在接到賣方的裝貨通知後即可投保海洋貨物運輸險。但此時買方並未取得作為物權憑證的提單，嚴格說來對貨物不具有保險利益，但只要保險事故發生時買

方對保險標的具有保險利益，保險人就要承擔賠償責任，這在世界各國基本上是一條公認的準則。

從另一個角度分析，多數情況下財產保險合同的投保人與被保險人為同一人，但在特殊的情況下投保人與被保險人不是同一人，比如在保險實務中出現的商場為購物顧客附贈財產保險、單位為職工購買家庭財產保險等。在這種投保人與被保險人不是同一人的情況下，投保人對於保險標的實際上並沒有保險利益，保險合同是否有效關鍵看被保險人對保險標的是否具有保險利益。因為在此情況下投保人只有繳納保險費的義務，一旦保險標的發生保險事故，投保人無從獲取非分之利。只要被保險人對保險標的具有保險利益，就可以有效地防範道德風險。

2. 人身保險著重強調簽約時投保人對保險標的具有保險利益，至於保險事故發生時這一條件是否存在，並不影響保單的效力和保險金的給付

投保人為自己買保險時，當然對保險標的具有保險利益，在保險合同有效期內也具有保險利益。但人身保險合同的投保人與被保險人不是同一人的情況比較多見，如丈夫為妻子投保，企業為職工投保等。如果投保人簽約時對被保險人具有保險利益，那麼保險合同生效後即使投保人與被保險人的關係發生了變化，如夫妻離婚、職工離開原單位等，投保人對被保險人沒有了保險利益，不影響保險合同的效力，保險事故發生時保險人應承擔保險金給付責任。因為：首先，人身保險合同不是補償性合同，因而不必要求保險事故發生時投保人對保險標的一定具有保險利益。人身保險保險利益的規定，其目的在於防止道德風險和賭博行為，如果簽約時做了嚴格的控制，道德風險一般較少發生於保險合同有效期內。其次，人身保險合同的保險標的是人，且壽險合同多數具有儲蓄性，被保險人受保險合同保障的權利不能因為投保人與被保險人保險利益的喪失而被剝奪，否則，既有違保險宗旨，也有失公平。

第三節　近因原則

一、近因和近因原則

任何一張保險單上保險人承擔風險責任範圍都是有限的，即保險人承擔賠付責任是以保險合同所約定的風險發生所導致的保險標的損失為條件，但在保險實務中，導致保險標的損失的原因有時錯綜複雜，為了維護保險合同的公正，近因原則應運而生。近因原則是判斷風險事故與保險標的損失之間的因果關係，從而確定保險賠付責任的一項基本原則。長期以來，它是保險實務中處理賠案時所遵循的重要原則之一。

保險損失的近因，是指引起保險損失最直接、最有效、起主導作用或支配作用的原因，而不一定是在時間上或空間上與保險損失最近的原因。近因原則是指保險賠付以保險風險為損失發生的近因為要件的原則，即在風險事故與保險標的損失關係中，如果近因屬於保險風險，保險人應負賠付責任，近因屬於不保風險，則保險人不負賠償責任。自從英國1906年《海上保險法》寫入這一原則至今，該原則被各國保險法規所採用。中國《保險法》只是在相關條文中體現了近因原則的精神，而未做明確的規定。

二、近因的判定

近因判定的正確與否，關係到保險雙方當事人的切身利益。前面雖然對近因原則在理論上做了表述，但由於在保險實務中，致損原因多種多樣，對近因判定也比較複雜，因此，如何確定損失近因，要根據具體情況做具體的分析。一般而言，在損失的原因有兩個以上，且各個原因之間的因果關係未中斷的情況下，其中最先發生並造成一連串事故的原因即為近因，保險人在分析引起損失的原因時應以最先發生的原因為近因。從近因的判斷看，可能會有以下幾種情況：

（一）單一原因造成的損失

單一原因致損，即造成保險標的損失的原因只有一個，那麼，這個原因就是近因。若這個近因屬於保險風險，保險人負賠付責任；若該項近因屬不保風險或除外責任，則保險人不承擔賠付責任。例如，某企業投保了企業財產保險，地震引起房屋倒塌，使機器設備受損。若該險種列明地震不屬於保險風險，保險人不予賠償；若地震被列為保險風險，則保險人應承擔賠償責任。

（二）同時發生的多種原因造成的損失

多種原因同時致損，即各原因的發生無先後之分，且對損害結果的形成都有直接與實質性的影響，那麼，原則上它們都是損失的近因。至於是否承擔保險責任，可分為兩種情況：

第一，**多種**原因均屬保險風險，保險人負責賠償全部損失。例如，暴雨和洪水均屬保險**風險**，其同時造成家庭財產損失，保險人負責賠償全部損失。

第二，**多種**原因中，既有保險風險，又有除外風險，保險人的責任根據損失的可分性如何而定。如果損失是可以割分的，保險人就只負責保險風險所致損失的賠償；如果損失難以割分，則保險人不予賠付或按比例賠付。

（三）連續發生的多種原因造成的損失

多種原因連續發生，即各原因依次發生，持續不斷，且具有前因後果的關係。若損失是由兩個以上的原因所造成，且各原因之間的因果關係未中斷，那麼最先發生並造成一連串事故的原因為近因。如果該近因為保險風險，保險人應負責賠償損失；反之則保險人不負責。具體分析如下：

第一，連續發生的原因都是保險風險，保險人承擔賠付責任。例如，財產保

險中，火災、爆炸都屬於保險風險，如爆炸引起火災，火災導致財產損失，保險人應賠償損失。

第二，連續發生的原因中既有保險風險又有除外風險，這又分為兩種情況：①若前因是保險風險，後果是除外風險，且後因是前因的必然結果，保險人承擔全部賠付責任；②前因是除外風險後因是保險風險，後果是前因的必然結果，保險人不承擔賠付責任。

（四）間斷發生的多項原因造成的損失

在一連串連續發生的原因中，有一項新的獨立的原因介入，導致損失。若新的獨立的原因為保險風險，保險人應承擔賠付責任；反之，則保險人不承擔賠付責任。

第四節　損失補償原則

一、損失補償原則的含義

財產保險合同本質上是一種補償性合同，損失補償原則是保險人理賠時應遵循的基本原則。

損失補償原則可以這樣表述：在財產保險合同中，當被保險人具有保險利益的保險標的遭受了保險責任範圍內的損失時，保險人要對被保險人的經濟損失給予補償，且補償的數額以恰好彌補被保險人因保險事故而造成的經濟損失為限，被保險人不能獲得額外利益。理解該原則應注意兩點：

1. 只有被保險人在保險事故發生時對保險標的具有保險利益，才能獲得補償，這是損失補償原則的前提

按照保險利益原則，投保人與保險人簽訂保險合同時，對保險標的具有保險利益是保險合同生效的前提條件。但對財產保險合同而言，不僅要求投保時投保人對保險標的具有保險利益，而且保險事故發生時，被保險人必須對保險標的具有保險利益，才能獲得保險賠償。因為投保人向保險人投保的目的是轉移財產未來的風險，以確保其不因保險事故發生而喪失對保險標的具有的經濟利益。當保險事故發生時，被保險人如果對保險標的無保險利益，對他來講就無經濟損失，也就不能從保險人那裡獲得經濟補償。因此，損失補償原則是以保險利益原則為依據的，保險人是否對被保險人進行補償，以保險事故發生時被保險人是否對保險標的具有保險利益為前提條件。

2. 保險人補償的數額以恰好彌補被保險人因保險事故造成的經濟損失為限

這包括兩層含義：①被保險人以其財產足額投保的話，其因保險事故所遭受的經濟損失，有權按照保險合同規定獲得充分的補償；②保險人對被保險人的補

償數額，僅以被保險人因保險事故造成的實際損失為限，通過補償使被保險人能夠保全其應得的經濟利益或使受損標的迅速恢復到損失前的狀態，任何超過保險標的實際損失的補償，都會導致被保險人獲得額外利益，就違背了損失補償原則。

二、損失補償原則量的規定

損失補償原則的基本含義如上所述。在保險實務中，要貫徹損失補償原則，保險人要對其賠償金額進行限制。保險理賠中賠償金額一般要受三個方面的限制。

(一) 以實際損失金額為限

衡量實際損失是多少，首先要確定保險標的發生損失時的市場價（實際價值）是多少，保險人的賠償金額不能超過損失當時的市場價（定值保險、重值價值保險例外），否則將導致被保險人獲得額外利益。由於保險標的的市場價在保險合同有效期內會發生波動，在市場價下跌的情況下，應以損失當時財產的市場價作為賠償的最高限額，如果保險人按照保險金額進行賠償，將會使被保險人獲得額外利益。例如，一臺空調年初投保時，當時的市場價為 7,000 元，保險金額定為 7,000 元。保險標的在年中因保險事故發生造成全損，這時的市場價已跌為 5,000 元。儘管保險單上的保險金額仍是 7,000 元，但如果保險單上沒有特別約定，保險人最多只能賠償被保險人 5,000 元。假如保險人賠償 7,000 元給被保險人，那麼被保險人用 5,000 元購買一臺同樣的空調後，還可賺得 2,000 元，其因保險事故發生而獲得額外利益，這顯然違背了損失補償原則。

(二) 以保險金額為限

保險金額是財產保險合同中保險人承擔賠償責任的最高限額，也是計算保險費的依據。保險人的賠償金額不能高於保險金額，否則，將擴大保險責任，使保險人收取的保險費不足以抵補賠償支出，影響保險人的經營穩定。例如，在上例中，如果年中空調全損時，市場價上漲為 8,000 元，由於保險單上的保險金額只有 7,000 元，被保險人最多也只能獲得 7,000 元的賠償。

(三) 以保險利益為限

被保險人在保險事故發生時對保險標的具有保險利益是其向保險人索賠的必要條件，保險人對被保險人的賠償金額要以被保險人對保險標的具有的保險利益為限。保險事故發生時，如果被保險人已喪失了對保險標的的全部保險利益，則保險人不予賠償；如果被保險人喪失了對保險標的的部分保險利益，那麼保險人對被保險人的賠償僅以仍然存在的那部分保險利益為限。

綜上所述，財產保險合同中約定的保險事故發生時，保險人對被保險人的賠償金額要受實際損失金額、保險金額和保險利益三個量的限制，而且當三者金額不一致時，保險人的賠償金額以三者中最小者為限。以上討論的內容中，以實際

損失金額為限僅對於不定值保險適用，對定值保險並不適用。因為定值保險是按照財產保險合同雙方當事人約定的價值投保，在保險事故發生時，無論該財產的市場價如何漲跌，保險人均應按約定的價值予以賠償，不再對財產重新進行估價。

三、被保險人不能獲得額外利益

財產保險合同適用損失補償原則，遵循該原則的實質是保險標的損失多少補償多少，其最終結果是被保險人不能通過保險人的賠償而獲得額外利益，關於此原則各國在法律上都有相應的規定。如果允許被保險人獲得大於其實際損失金額的賠償，將可能導致被保險人故意損毀保險財產以獲利，誘發道德風險，增加保險詐欺行為，不僅影響保險業務的正常經營，而且會對社會造成危害。因此，為了防止被保險人獲得額外利益，在法律上和保險合同中要做以下規定：

第一，超額保險中超額部分無效。中國《保險法》第五十五條第一、二、三款規定：「投保人和保險人約定保險標的的保險價值並在合同中載明的，保險標的發生損失時，以約定的保險價值為賠償計算標準。投保人和保險人未約定保險標的的保險價值的，保險標的發生損失時，以保險事故發生時保險標的的實際價值為賠償計算標準。保險金額不得超過保險價值。超過保險價值的，超過部分無效，保險人應當退還相應的保險費……」財產保險合同中，無論何種原因造成超額保險，除非合同上有特別約定，否則保險人在計算賠款時一律採取超過部分無效的做法。

第二，一個投保人雖然可以將其同一保險標的及其利益，同時向兩個或兩個以上的保險人投保同類保險，但在保險事故發生時，被保險人從各個保險人處獲得的賠償金額總和不得超過其保險財產的實際損失金額。

第三，因第三者對保險標的的損害而造成保險事故的，被保險人從保險人處獲得全部或部分賠償後，應將其向第三者責任方享有的賠償請求權轉讓給保險人。

第四，如果保險標的受損後仍有殘值，保險人要在賠款中作價扣除；或在保險人履行了全部賠償責任後，被保險人將損餘物資轉給保險人所有。

以上的第二、三、四條是下一節將要討論的分攤原則和代位原則。

第五節　代位原則和分攤原則

代位原則和分攤原則是損失補償原則的派生原則，也是遵循損失補償原則的必然要求和結果。

一、代位原則

代位原則的基本含義是指保險人對被保險人因保險事故發生遭受的損失進行賠償後，依法或按保險合同約定取得對財產損失負有責任的第三者進行追償的權利或取得對受損標的的所有權。代位原則包括權利代位和物上代位兩項內容。

（一）權利代位

權利代位，也叫代位求償權，是指保險事故由第三者責任方造成，被保險人因保險標的受損而從保險人處獲得賠償以後，應將其向第三者責任方享有的賠償請求權轉讓給保險人，由保險人在賠償金額範圍內代位行使被保險人對第三者請求賠償的權利。

權利代位是遵循損失補償原則的必然結果。被保險人因保險事故發生而遭受的損失固然應該得到補償，保險人對被保險人應承擔的賠償責任不應該因第三者的介入而改變。但若被保險人在得到保險金後又從第三者責任方獲得賠償，則其可能反因損失而獲利，這顯然與損失補償原則相違背。為了避免被保險人獲得雙重利益，同時，也為了維護保險人的利益，被保險人在獲得保險金後應將其對第三者責任方的賠償請求權轉讓給保險人，這正是權利代位的立法本意。基於此，中國《保險法》第六十條第一款規定：「因第三者對保險標的的損害而造成保險事故的，保險人自向被保險人賠償保險金之日起，在賠償金額範圍內代位行使被保險人對第三者請求賠償的權利。」

1. 權利代位的產生

權利代位的產生是有一定條件的，保險人要獲得代位求償權必須具備兩個條件：一是由於第三者的行為使保險標的遭受損害，被保險人才依法或按合同約定對第三者責任方有賠償請求權，也才會因獲得保險金而將該賠償請求權轉讓給保險人。因此，如果沒有第三者的存在，就沒有代位求償的對象，權利代位就失去了基礎。二是只有保險人按保險合同規定履行了賠償責任以後，才取得代位求償權。換言之，對第三者求償權的轉移是隨保險人賠償保險金而發生，而不是隨保險事故的發生而發生。因此，在保險人賠償保險金之前，被保險人可以行使此權利，從第三者處獲得全部或部分賠償，但他應該將此情況告知保險人，以減免保險人的賠償責任。《保險法》第六十條第二款規定：「前款規定的保險事故發生後，被保險人已經從第三者取得損害賠償的，保險人賠償保險金時，可以相應扣減被保險人從第三者已取得的賠償金額。」

2. 權利代位的範圍

保險人行使權利代位的範圍，即其向第三者責任方求償的金額，以其賠償的保險金為限。這是由權利代位與保險賠償之間的關係所決定的，保險人對被保險人賠償保險金是其獲得權利代位的條件，權利代位的目的是為了避免被保險人獲雙重利益，而非對被保險人享有保險標的權利的剝奪。所以，保險人從第三者那

裡可以得到的代位求償金額以賠償的保險金為限，超出保險金的部分仍歸被保險人所有。《保險法》第六十條第三款規定：「保險人依照本條第一款規定行使代位請求賠償的權利，不影響被保險人就未取得賠償的部分向第三者請求賠償的權利。」

   3. 第三者的範圍

如上所述，第三者責任方的存在是權利代位產生的前提條件。因此，應對第三者的範圍做出界定，以明確保險人代位求償的對象。這裡的第三者是指對保險事故的發生和保險標的損失負有民事賠償責任的人，既可以是法人，也可以是自然人。無論是法人或自然人，保險人都可以實施代位求償權。但對保險人代位求償的範圍，許多國家的保險立法都有限制，其共同的規定是保險人不得對被保險人的家庭成員或雇員行使代位求償權，中國法律上也有類似的規定。中國《保險法》第六十二條規定：「除被保險人的家庭成員或者其組成人員故意造成本法第六十條第一款規定的保險事故以外，保險人不得對被保險人的家庭成員或者其組成人員行使代位請求賠償的權利。」為什麼做這樣的限制？因為這些人與被保險人有一致的經濟利益關係，若因其過失行為導致保險財產損失，保險人對其有求償權的話，實際上意味著向被保險人求償。也就是說保險人一只手將保險金支付給被保險人，另一只手又把保險金收回，實質上保險人並未對被保險人履行賠償責任。

   4. 權利代位中被保險人的義務

保險人在權利代位中對第三者責任方的求償權是因履行保險賠償責任而從被保險人處轉移來的。也就是說，保險人對第三者的求償權始於被保險人，保險人只是代替被保險人行使此權利。被保險人是受害者也是知情者，被保險人有義務協助保險人向第三者責任方進行追償，以維護保險人的利益。中國《保險法》第六十三條規定：「在保險人向第三者行使代位請求賠償權利時，被保險人應當向保險人提供必要的文件和其所知道的有關情況。」

   5. 被保險人不得妨礙保險人行使代位求償權

代位求償權是保險人向被保險人履行賠償責任後所獲得的一項權利，此權利受法律保護，被保險人有義務協助保險人向第三者責任方進行追償，不得妨礙保險人行使該權利，以維護保險人利益。因此，中國《保險法》第六十一條規定：「保險事故發生後，保險人未賠償保險金之前，被保險人放棄對第三者請求賠償的權利的，保險人不承擔賠償保險金的責任。保險人向被保險人賠償保險金後，被保險人未經保險人同意放棄對第三者請求賠償的權利的，該行為無效。被保險人故意或者因重大過失致使保險人不能行使代位請求賠償的權利的，保險人可以扣減或者要求返還相應的保險金。」

（二）物上代位

物上代位是指所有權的代位。保險人對被保險人全額賠償保險金後，即可取

得對受損標的的權利。物上代位通常有兩種情況：一種情況是委付；另一種情況是受損標的損餘價值（即殘值）的處理。

委付是指放棄物權的一種法律行為。在財產保險合同中，當保險標的受損按推定全損處理時，被保險人以口頭或書面形式向保險人提出申請，明確表示願將保險標的的所有權轉讓給保險人，要求保險人按全損進行賠償。保險人如果接受這一要求，被保險人簽發委付書給保險人，委付即告成立。保險人一旦接受委付，就不能撤銷；被保險人也不得以退還保險金的方式要求保險人退還保險標的。由於委付是受損標的所有權的轉移，因此，保險人接受了委付後，可以通過處理受損標的獲得利益，而且所獲利益可以大於其賠償的保險金。但保險人如果接受了委付，就接受了受損標的的全部權利和義務。因此，保險人一般在接受委付前，要進行調查研究，查明損失發生的原因以及對受損標的可能承擔的義務，權衡利弊得失，慎重地考慮是否接受委付。

在保險實務中，物上代位的另一種情況是受損標的損餘價值（殘值）的處理。保險標的遭受損失後，有時尚有損餘價值存在，保險人對被保險人的損失進行全額賠償以後，受損標的的損餘價值應歸保險人所有。否則，被保險人將通過處置受損標的而獲額外利益。保險人通常的做法是將保險標的的損餘價值從賠款中扣除，保險標的仍留給被保險人。

中國《保險法》對物上代位的問題也做了相應規定。《保險法》第五十九條規定：「保險事故發生後，保險人已支付了全部保險金額，並且保險金額相等於保險價值的，受損保險標的的全部權利歸於保險人；保險金額低於保險價值的，保險人按照保險金額與保險價值的比例取得受損標的的部分權利。」

二、分攤原則

分攤原則的基本含義是指在重複保險存在的情況下，各保險人按法律規定或保險合同約定共同承擔賠償責任。但各保險人承擔的賠償金額總和不得超過保險標的的實際損失金額，以防止被保險人獲額外利益。

（一）重複保險的存在是分攤的前提

中國《保險法》第五十六條第四款規定：「重複保險是指投保人對同一保險標的、同一保險利益、同一保險事故分別與兩個以上保險人訂立保險合同，且保險金額總和超過保險價值的保險。」重複保險的存在是分攤的前提，因為只有在重複保險存在的情況下，才涉及各保險人如何分別對被保險人進行賠償的問題。中國《保險法》並未對重複保險行為加以禁止，但為了防止重複保險的存在所導致的不良後果，防止被保險人獲得額外利益，對各保險人如何承擔賠償責任做了規定，並對各保險人的賠償金額總和做了限制。

（二）重複保險的分攤方法

為了防止被保險人在重複保險存在的情況下獲得額外利益，明確各保險人的

責任，保險法律或保險合同上要對分攤方法做出具體的規定。重複保險的分攤的方法主要有以下三種：

1. 保險金額比例責任制

這種方法是以每個保險人的保險金額與各保險人的保險金額總和的比例來分攤損失金額。計算公式為：

$$某保險人的賠償金額 = \frac{某保險人的保險金額}{各保險人的保險金額總額} \times 損失金額$$

例：甲、乙二家保險公司同時承保同一標的、同一風險，甲保險單的保險金額為 4 萬元，乙保險單保險金額為 6 萬元，損失金額為 5 萬元。兩個保險人的保險金額總和為 10 萬元。

甲保險人的賠償金額 = $\frac{4}{10} \times 5 = 2$（萬元）

乙保險人的賠償金額 = $\frac{6}{10} \times 5 = 3$（萬元）

2. 賠償限額比例責任制

採用這種方法時，各保險人的分攤金額不是以保險金額為基礎，而是依照每個保險人在沒有其他保險人重複保險的情況下單獨承擔的賠償限額與各保險人賠償限額總和的比例來分攤損失金額。計算公式為：

$$某保險人的賠償金額 = \frac{某保險人的獨立責任限額}{各保險人獨立責任限額之和} \times 損失金額$$

比如，依照前面的例子，甲保險人的獨立責任限額為 4 萬元，乙保險人的獨立責任限額為 5 萬元，則：

甲保險人的賠償金額 = $\frac{4}{4+5} \times 5 \approx 2.22$（萬元）

乙保險人的賠償金額 = $\frac{5}{4+5} \times 5 \approx 2.78$（萬元）

3. 順序責任制

這種方法是按保險合同訂立的先後順序由各保險人分攤損失金額。即由先出具保險單的保險人首先負賠償責任，第二個保險人只有在承保的財產損失金額超出第一張保險單的保險金額時，才依次承擔超出部分的賠償責任，以此類推。用此方式計算上例，甲保險人的賠償金額為 4 萬元，乙保險人的賠償金額為 1 萬元。

中國《保險法》第五十六條第二款規定：「重複保險的各保險人賠償保險金的總和不得超過保險價值。除合同另有約定外，各保險人按照其保險金額與保險金額總和的比例承擔賠償保險金的責任。」顯然，中國《保險法》規定的重複保險的分攤方法採用的是保險金額比例責任制。

復習思考題

1. 簡述最大誠信原則的含義和主要內容。
2. 什麼是保險利益？堅持保險利益原則有何意義？
3. 財產保險利益與人身保險利益有哪些差異？
4. 什麼是近因和近因原則？保險實務中應如何判定近因？
5. 簡述損失補償原則質與量的規定。
6. 簡述權利代位的有關事項。
7. 權利代位與委付有什麼不同？
8. 什麼是重複保險？保險人如何分攤賠款？

第五章　保險業務經營

內容提要： 保險作為經營風險的特殊行業，其經營活動包括展業、承保、分保、理賠、投資等環節。本章在介紹保險經營原則和經營主體的基礎上，對直接保險業務經營環節、再保險和保險投資業務做了介紹。

第一節　保險業務經營概述

一、保險經營的基本原則

（一）風險大量原則

風險大量原則是指保險人在可保風險的範圍內，應根據自己的承保能力，爭取承保盡可能多的保險標的。風險大量原則是保險經營的首要原則。這是因為：

第一，保險的經營過程實際上就是風險管理過程，而風險的發生具有偶然、不確定的特點，保險人只有承保盡可能多的保險標的，才能建立雄厚的保險基金，以保證保險經濟補償職能的履行。

第二，保險經營是以大數法則為基礎的，只有承保大量保險標的，才能使風險發生的實際情形更接近預先計算的風險損失概率，以確保保險經營的穩定性。

第三，擴大承保數量是保險企業提高經濟效益的一個重要途徑。因為承保標的越多，保險費收入就越多，單位營業費用就相對下降。

（二）風險選擇原則

為了保證保險經營的穩定性，保險人對投保的標的和風險並非來者不拒，而是有所選擇。因為：

第一，任何保險合同對保險標的和可保風險範圍都做了規定，保險費率是在測定了面臨同質風險的同類標的損失概率的基礎上制定的，為了保證保險經營的穩定，保險人必然要進行選擇。

第二，防止逆選擇。所謂逆選擇，就是指那些有較大風險的投保人試圖以平

均的保險費率購買保險。逆選擇意味著投保人沒有按照應支付的公平費率去轉移自己的風險。如居住在低窪地區的居民按照平均費率選擇投保洪水保險。這樣一來，由於某些更容易遭受損失的投保人購買保險而無須支付超過平均費率的保險費，保險人就成了逆選擇的犧牲品，這樣會影響保險人的財務穩定。

因此，保險人要按照風險選擇原則，準確評價承保標的風險種類程度，以及投保金額的恰當與否，從而決定是否接受投保，以及以什麼費率承保。保險核保是風險選擇的重要環節。

（三）風險分散原則

風險分散原則是指保險人使承保風險的範圍盡可能擴大。因為風險單位過於集中，保險標的金額過大，一次保險事故發生可能使保險人支出巨額賠款，可能導致保險企業償付能力不足，從而損害被保險人利益，也威脅保險人的生存發展。因此，保險除了進行有選擇的承保外，還要遵循風險分散的原則，盡可能地將風險分散，以確保保險經營的穩定。保險人分散風險一般採用承保時的分散和承保後的分散兩種手段。

1. 承保時的風險分散

承保時的風險分散主要表現在保險人對風險的控制方面，即保險人對將承保的風險責任要適當加以控制。控制風險的目的是減少被保險人對保險的過分依賴，同時也是為了防止因保險而可能產生的道德風險。保險人控制風險的方法主要有以下幾種：

（1）控制保險金額

保險人在承保時對保險標的要合理劃分危險單位，按照每個危險單位的最大可能損失確定保險金額。例如，對於市區密集地段的建築群，應分成若干地段，並科學估測每一地段的最大可能損失，從而確定保險人對每一地段所能承保的最高限額。若保險價值超過保險人的承保限額，保險人對超出部分不予承保。這樣一來，保險人所承擔的保險責任就能控制在可承受的範圍之內。

（2）實行比例承保

即保險人按保險標的實際價值的一定比例確定保險金額，而不是全額承保。例如，在農作物保險中，保險人通常按平均收穫量的一定成數確定保險金額，如按正常年景的平均收穫量的6~7成承保，其餘部分由被保險人自己承擔責任。

（3）規定免賠額（率）

即對一些保險風險造成的損失規定一個額度或比率，由被保險人負責賠償。例如，在機動車輛保險中，對車輛損失險和第三者責任保險，每次保險事故發生，保險人賠償時要根據駕駛員在交通事故中所負責任實行絕對免賠，以起到分散風險和督促被保險人加強安全防範的作用。

2. 承保後的風險分散

承保後的風險分散以再保險為主要手段。再保險是指保險人將其所承擔的業

務中超出自己承受能力的風險轉移給其他保險人承擔。

二、經營保險業務的組織形式

(一) 股份有限保險公司

股份有限公司是世界各國保險業廣泛採取的一種組織形式，也得到各國保險法的認可。股份有限公司是指由一定數量的股東依法設立的，全部資本分為等額的股份，其成員以其認購的股份金額為限對公司的債務承擔責任的公司。股份有限公司因其具有集聚閒散資金為大規模資金的功能，易於籌集大規模資本金來組建大的企業，這樣不僅有利於規模經營，而且能夠有效地分散投資風險，因而為廣大的投資者所青睞。

股份有限保險公司的特點是：

(1) 保險股份有限公司是典型的合資公司

其股東的股權體現在股票上，並隨股票的轉移而轉移。股份具有有限性，股東擁有多少股份就承擔多少責任。若公司破產，股東僅以出資的股份承擔有限責任。

(2) 保險股份有限公司易於積聚資金

保險股份有限公司能積聚大量閒散資金，財力雄厚，經營規模較大經營效率較高，使保險風險在較廣的範圍內分散，能滿足保險基本的經營原則。

(3) 經營機制靈活

由於經營以盈利為目標，因而公司會不斷開發新產品，努力降低經營成本，具有較強的市場競爭力。

(4) 採用固定保費制

採用固定保費制使被保險人沒有增加額外負擔的憂慮，有利於保險業務的拓展。

由於保險業的特殊性，為防止因股份過於集中而導致少數大股東操縱或者控制股份有限保險公司，保護其他股東的利益和被保險人的利益，有些國家法律上規定了每個股東所持股份的最高限額。

(二) 國有獨資保險公司

國有獨資保險公司的股東只有一個——國家。它本質上是有限責任公司，其資本金來源於國家投資，因此是一種特殊形式的有限責任公司。根據中國《公司法》的規定，國有獨資公司是指國家授權的投資機構或者國家授權的部門，單獨投資設立的有限責任公司。

與股份有限保險公司相比，國有獨資保險公司具有以下特徵：

(1) 投資主體單一

國有獨資公司的投資主體只有國家或者國家的投資部門。除此之外，沒有其他任何投資者。

(2) 無股東大會

遵循誰投資誰受益和誰投資誰承擔投資風險的原則，國有獨資保險公司因無其他投資主體，一切投資利益和風險都應由投資者獨立享有和承擔，因此無股東大會。國有獨資保險公司只設立董事會、監事會等，董事會成員由國家授權的投資部門委派、變更，公司職工經選舉進入董事會。公司的最高權力歸於國家授權的投資部門。因此，有關公司的合併、分立、解散以及臨時性增減資本金、發行債券等都應由國家授權的投資部門決定。也就是說，凡是股份公司股東大會的權利，在獨資公司都歸於國家授權的投資部門。當然，國家為了維護獨資公司的獨立性，也可以將股份公司的股東大會的其他權利授予董事會行使。

(三) 相互保險公司

相互保險公司是保險業特有的一種公司形態，是一種非盈利保險組織。公司由具有相同保險需求的人員組成，每個成員既是投保人和被保險人，同時又是保險人。這種保險組織沒有股東，公司由保單持有人擁有，他們以繳付保險費為條件，只要繳付保險費，就可以成為公司成員，而一旦解除保險關係，也就自然脫離公司，成員資格隨之消失。

相互保險公司沒有資本金，以各成員繳付的保險費來承擔全部保險責任。各成員以繳付的保險費為依據，參與分配公司盈餘，如果發生虧空，也以所繳付的保險費為依據，計算各自的承擔額進行彌補。

相互保險公司的權力機關是會員大會或者會員代表大會。會員的一切權利與義務都建立在繳付保險費的基礎上，但其理事不限於會員，可以是非會員。以非會員為理事能夠充分利用非會員的關係開展業務。在設立相互保險公司時，由會員或者非會員出資，支付開業費用和擔保資金，但其性質屬於借入資金，以公司設立後所籌集的保險費歸還，在歸還時，應支付利息。早期的相互保險公司籌集保險費採取賦課方式，現在則改為固定方式。若經營結果有盈餘，以分紅方式分配給會員；如果營運結果發生虧空，因現在的保險費籌集已經改為固定保險費方式，不能採取追加方式彌補，因此，以減少保險金的方式彌補。

最初的相互保險公司充分體現了相互性，即會員直接管理公司，實行公司自治，由所有會員相互承擔風險責任。但是，隨著公司規模的擴大，會員很難真正參與管理，現在已經演變為委託具有法人資格的代理人營運管理，負責處理一切保險業務。代理人通常由會員大會選舉的指導委員會控制，但不承擔任何責任，實際責任仍由所有會員承擔。因此，相互保險公司的相互性已經部分消失，在內部組織機構的設置、保險業務的拓展、保險費率的擬定、保險基金的投資運用等方面，與股份制保險公司已無明顯的差異。

相互保險公司比較適宜於長期性的人壽保險業務，會員間的相互關係能夠較為長久地維繫。因此，現在世界上不少規模大的人壽保險公司都是相互保險公司。然而，由於股份制保險公司推出了分紅保單，相互保險公司的分紅優勢也日

漸消失。

（四）保險合作社

保險合作社也是一種非營利的保險組織。保險合作社由社員共同出資入股設立，被保險人只能是社員。社員對保險合作社的權利以其認購的股金為限。社員一方面作為保險合作社的股東，另一方面又作為保險合作社的被保險人，保險合作社是保險人。社員關係為社團關係，而保險依據保險合同產生。要成為保險合作社的社員才有可能成為被保險人，但社員可以不與保險合作社建立保險關係。也就是說，保險關係的建立必須以成為社員為條件，但社員卻不一定必須與合作社建立保險關係。保險關係的消滅既不影響社員關係的存在，也不影響社員身分。

（五）個人保險組織

個人保險組織就是個人充當保險人的組織。這種組織形式在各國都比較少見，迄今為止，只有英國倫敦的勞合社採用這種形式。勞合社至今仍是世界上最大的保險壟斷組織之一，它是從勞埃德咖啡館演變而來的，勞合社的每個社員就是一個保險人。他們常常組成承保小組，以組為單位對外承保，每個成員以其全部財產承擔保險責任。現在，勞合社開始接納法人作為保險人，並承擔有限責任。

雖然在中國《保險法》中未直接規定中國保險公司的組織形式，但從有關保險公司出資額變更應當經保險監管機構批准，從規定中可以看出，保險公司的組織形式應為有限責任公司或股份有限公司。

中國保險市場上的保險組織主要是股份有限公司。原有的幾家國有保險公司，除政策性保險公司外，國有保險公司通過股份制改造，逐步實現股權主體多元化、股權結構科學化和股份運作市場化，建立產權清晰、權責分明、政企分開、管理科學的規範的現代企業制度，成為真正意義上的市場競爭主體。在此基礎上，可以形成科學高效的公司治理結構，健全內部制度，創新管理體制，為公司的可持續發展提供制度保障。

第二節　直接保險業務的經營環節

一、保險展業

展業又稱推銷保險單，是保險經營活動的起點，是爭取保險客戶的過程。展業對於保險人來說意義重大，沒有穩定且日益擴大的保險客戶群體，保險公司就難以維持經營。任何一家保險企業都要投入大量的人力物力進行展業，力求擴大自己的業務量和佔有市場。

(一) 保險展業的主要內容

1. 加強保險宣傳

保險宣傳是保險展業的重要內容。保險宣傳的目的是為展業奠定基礎，使更多的人瞭解保險知識，樹立保險意識，並瞭解保險公司及保險公司提供的保險產品，最終促使其向保險公司投保。保險宣傳可以通過多種途徑，如銷售人員上門宣傳，在一些公共場所設點進行宣傳，利用網絡、電視、廣播、報刊等媒體進行宣傳等。

2. 幫助準客戶分析自己所面臨的風險

每個人或每個企業的生活狀況或工作狀況，健康狀況或生產狀況都會有所不同，所面臨的風險也會不同。例如，準客戶面臨著財產損失風險、責任風險、意外傷害風險、疾病風險、殘疾風險、死亡風險以及退休後的經濟來源風險等，保險銷售人員就要指導準客戶去分析自己所面臨的風險，應如何來應對這些風險。

3. 幫助準客戶確定自己的保險需求

準客戶確認自己所面臨的風險及其嚴重程度後，需要進一步確定自己的保險需求。保險銷售人員應當將準客戶所面臨的風險分為必保風險和非必保風險，那些對生產經營和生活健康將會產生嚴重威脅的風險，應當屬於必保風險。有些風險事故雖然會給企業和個人帶來一定的損失和負擔，但卻是企業和個人可以承受的，因此，如果有能力投保，就可以投保，如果沒有足夠的資金，也可以不投保。

4. 幫助準客戶估算投保費用和制定具體的保險計劃

對於準客戶來說，確定保險需求後，還需要考慮自己究竟能拿出多少資金來投保。資金充裕，便可以投保保額較高、保障較全的險種；資金不足，就先為那些必須保險的風險投保。在此基礎上，保險銷售人員應替準客戶安排保險計劃，確定的內容應包括：保險標的情況、投保的險種、保險金額的多寡、保險費率的高低、保險期限的長短、險種的搭配等。

(二) 保險展業方式

保險展業的方式主要有直接展業和間接展業兩種。

1. 直接展業

直接展業是保險公司業務部門的專職業務人員直接向準客戶推銷保險，招攬保險業務。這種展業方式的優點是保險業務的質量較高，缺點是受保險公司機構和業務人員數量的限制，保險業務開展的範圍較窄，數量有限。此外，採用這種方式支出的成本較高。所以，直接展業方式適用於那些規模較大，分支機構較為健全的保險公司。對團體保險業務和金額巨大的保險業務，也適合採用此方式。

2. 間接展業

間接展業是由保險公司利用保險專職業務人員以外的個人或單位，代為招攬保險業務。代保險公司展業的主要是保險仲介人，包括保險代理人和保險經紀

人。保險代理人是根據保險人的委託,向保險人收取代理手續費,並在保險人授權的範圍內代為辦理保險業務的單位或者個人,分為專業代理人、兼業代理人和個人代理人。保險代理人可以代保險人推銷保險產品和收取保險費。保險經紀人是基於投保人的利益,為投保人與保險人訂立保險合同提供仲介服務,並依法收取傭金的單位,他們為投保人擬定投保方案、選擇保險人、辦理投保手續等。保險經紀人在開展業務的過程中,客觀上為保險公司招攬了保險業務。間接展業的優點是:範圍廣,招攬的業務量大,而且費用比較少,成本低。其不足之處是由於仲介人的素質參差不齊,業務質量會受到一定的影響。

二、保險承保

承保是指保險人與投保人對保險合同的內容協商一致,並簽訂保險合同的過程,它包括核保、簽單、收費、建卡等程序,而核保是承保工作的重要組成部分和關鍵環節。

（一）保險核保的主要內容

所謂核保,也稱為風險選擇,是評估和劃分準客戶反應的風險程度的過程。根據風險程度,保險公司決定是拒保還是承保、怎麼承保和採用什麼保險費率。核保的目的在於通過評估和劃分準客戶反應的風險程度,將保險公司實際風險事故發生率維持在精算預計的範圍以內,從而規避風險,保證保險公司穩健經營。

1. 審核投保申請

對投保申請的審核主要包括對投保人的資格、保險標的、保險費率等項內容的審核。

（1）審核投保人的資格

審核投保人的資格主要是審核投保人對保險標的是否具有保險利益。一般來說,財產保險合同中,投保人對保險標的的保險利益來源於所有權、管理權、使用權、抵押權、保管權等合法權益;人身保險合同中,保險利益的確定是採取限制家庭成員關係範圍並結合被保險人同意的方式。保險人審核投保人的資格,是為了防範道德風險。

（2）審核保險標的

即對照投保單或其他資料核查保險標的的情況,如財產的使用性質、結構性能、所處環境、防災設施、安全管理等。例如,承保企業財產險時,要瞭解廠房結構、占用性質、建造時間、建築材料、使用年限以及是否屬於危險建築等,並對照事先掌握的信息資料核實,或對保險標的進行現場查驗後,保險人再決定是否承保。

（3）審核保險費率

根據事先制定的費率標準,按照保險標的風險狀況,使用與之相適應的費率。

2. 承保控制

控制保險責任就是保險人在承保時，依據自身的承保能力進行承保控制。

(1) 控制逆選擇

保險人控制逆選擇的方法是對不符合保險條件者不予承保，或者有條件地承保。事實上，保險人並不願意對所有不符合可保風險條件的投保人和投保標的一概拒保。例如，投保人以一棟消防設施較差的房屋投保火災保險，保險人就會提高保險費率承保。這樣一來，保險人既不失去該業務，又在一定程度上抑制了投保人的逆選擇。

(2) 控制保險責任

只有通過風險分析與評價，保險人才能確定承保責任範圍，才能明確對所承擔的風險應負的賠償責任。一般來說，對於常規風險，保險人通常按照基本條款予以承保，對於一些具有特殊風險的保險標的，保險人需要與投保人充分協商保險條件、免賠金額、責任免除和附加條款等內容後再特約承保。特約承保是在保險合同中增加一些特別約定，其作用主要有兩個：一是為了滿足被保險人的特殊需要，以加收保險費為條件適當擴展保險責任；二是在基本條款上附加限制條件，限制保險責任。通過保險責任的控制，將使保險人所支付的保險賠償金額與其預期損失額十分接近。

3. 控制人為風險

避免和防止逆選擇和控制保險責任是保險人控制承保風險的常用手段。但是有些風險往往是保險人在承保時難以防範的，如道德風險和心理風險。

(1) 道德風險

道德風險是指人們以不誠實或故意詐欺的行為促使保險事故發生，以便從保險活動中獲取額外利益的風險因素。投保人產生道德風險的原因主要有二：一是道德淪喪；二是遭遇財務上的困難。從承保的角度來看，保險人控制道德風險發生的有效方法就是將保險金額控制在適當的額度內。例如，在財產保險中應避免超額保險；在人壽保險的核保中，如果投保人為他人購買保險而指定自己為受益人時，應注意保險金額的多少是否與投保人的收入狀況相適應。

(2) 心理風險

心理風險是指由於人們的粗心大意和漠不關心，增加了風險事故發生的機會並擴大損失程度的風險因素。如投保了火災保險，就不再小心火災；投保了盜竊險，就不再謹慎防盜。從某種意義上說，心理風險是比道德風險更為嚴重的問題。任何國家的法律對道德風險都有懲罰的方法，而且保險人可針對道德風險在保險條款中規定，凡被保險人故意造成的損失不予賠償。但心理風險既非法律上的犯罪行為，而保險條款又難制定適當的規定限制它。因此，保險人在核保時常採用的控制手段有：

第一，實行限額承保。即對於某些風險，採用低額或不足額的保險方式，規

定被保險人自己承擔一部分風險。保險標的如果發生全部損失，被保險人最多只能夠獲得保險金額的賠償；如果只發生部分損失，則被保險人按保險金額與保險標的實際價值的比例獲得賠償。

第二，規定免賠額（率）。

這兩種方法都是為了刺激被保險人克服心理風險因素，主動防範損失的發生。

(二) 保險承保的程序

1. 填寫投保單

投保人購買保險，首先要提出投保申請，即填寫投保單，交給保險人。投保單是投保人向保險人申請訂立保險合同的依據，也是保險人簽發保險單的依據。投保單的內容包括：投保人的名稱、投保日期、被保險人名稱、保險標的名稱、種類和數量、投保金額、保險標的坐落地址或運輸工具名稱、保險期限、受益人以及保險人需要向投保人瞭解的事項等。

2. 審核驗險

審核是保險人收到投保單後，詳細審核投保單的各項內容；驗險是對保險標的風險進行查驗，以達到對風險進行分類的目的。

驗險的內容，因保險標的的不同而有差異。

(1) 財產保險的驗險內容

財產保險的驗險內容主要為以下幾個方面：①查驗投保財產所處的環境；②查驗投保財產的主要風險隱患和重要防護部位及防護措施狀況；③查驗有無正處在危險狀態中的財產；④查驗各種安全管理制度的制定和落實情況，若發現問題，應督促其及時改正；⑤查驗被保險人以往的事故記錄，包括被保險人發生事故的次數、時間、原因、損害後果及賠償情況。

(2) 人身保險的驗險內容

人身保險的驗險內容包括醫務檢驗和事務檢驗。醫務檢驗主要是檢查被保險人的健康情況，如檢查被保險人過去的病史，包括家庭病史，以瞭解各種遺傳因素可能給被保險人帶來的影響。有時也會根據投保險種的需要進行全面的身體檢查。事務檢驗主要是對被保險人的工作環境、職業性質、生活習慣、經濟狀況以及社會地位等情況進行調查瞭解。

3. 接受業務

保險人按照規定的業務範圍和承保權限，在審核驗險之後，有權做出拒保或承保的決定。如果投保金額或標的風險超出了保險人的承保權限，他只能向上一級主管部門提出建議，而無權決定是否承保或是否分保。

4. 繕製單證

繕製單證是在接受業務後填製保險單或保險憑證等手續的程序。保險單或保險憑證是載明保險合同雙方當事人權利和義務的書面憑證，是被保險人向保險人

索賠的主要依據。因此，保險單質量的好壞，往往影響保險合同能否順利履行。填寫保險單的要求有以下幾點：①單證相符；②保險合同要素明確；③數字準確；④復核簽章，手續齊備。

三、保險理賠

(一) 保險理賠的原則

保險理賠是指保險人在保險標的發生風險事故導致損失後，對被保險人提出的索賠請求進行賠償處理的過程。被保險人發生的經濟損失有的是由保險風險引起的，有的則是由非保險風險引起的。即使被保險人的損失是由保險風險引起的，因多種因素和條件的制約，被保險人的損失不一定等於保險人的賠償額和給付額。因此，保險理賠應遵循下列原則，以保證保險合同雙方行使權利與履行義務：

1. 重合同、守信用

重合同、守信用是保險在理賠過程中應遵循的首要原則。保險理賠是保險人對保險合同履行義務的具體體現。在保險合同中，明確規定了保險人與被保險人的權利與義務，保險合同雙方當事人都應恪守合同約定，保證合同順利實施。對於保險人來說，在處理各種賠案時，應嚴格按照保險合同的條款規定受理賠案，確定損失。計算賠償金額時，應提供充足的證據。

2. 實事求是

由於案發原因錯綜複雜，被保險人提出的索賠案件形形色色。因此，對於一些損失原因極為複雜的索賠案件，保險人除了按照條款規定處理賠案外，更應該實事求是、合情合理地處理，這樣做才是既符合條款規定，又遵循實事求是的原則。

3. 主動、迅速、準確、合理

「主動、迅速」，即要求保險人在處理賠案時積極主動，不拖延並及時深入事故現場進行查勘，及時理算損失金額，對屬於保險責任範圍內的災害事故所造成的損失，應迅速賠償。「準確、合理」，即要求保險人在審理賠案時，分清責任，合理定損，準確履行賠償義務。對不屬於保險責任的案件，應當及時向被保險人發出拒賠的通知書，並說明不予賠付的理由。

(二) 保險理賠的程序

1. 接受損失通知

保險事故發生後，被保險人或受益人應將事故發生的時間、地點、原因及其他有關情況，以最快的方式通知保險人，並提出索賠請求。發出損失通知書是被保險人必須履行的義務。發出損失通知書通常有時限要求，根據險種不同，被保險人在保險財產遭受保險責任範圍內的損失後，應當在規定的時間內通知保險人。

被保險人發出損失通知的方式可以是口頭方式，也可以是函電等其他方式，但隨後應及時補發正式的書面通知，並提供各種必備的索賠單證，如保險單、帳冊、發票、出驗證明書、損失鑒定書、損失清單、檢驗報告等。如果損失涉及第三者責任，被保險人在獲得保險賠償金後還需出具權益轉讓書給保險人，由保險人代為行使向第三者責任方追償的權益。

2. 審核保險責任

保險人收到損失通知書後，應立即審核該索賠案件是否屬於保險責任範圍，其審核的內容包括以下幾方面：①損失是否發生在保險單的有效期內；②損失是否由所承保的風險所引起；③損失的財產是否為保險財產；④損失是否發生在保險單所載明的地點；⑤請求賠償的人是否有權提出索賠等。

3. 進行損失調查

保險人審核保險責任後，應派人到出險現場進行實際勘查，瞭解事故情況，以便分析損害原因，確定損害程度，認定索賠權利。

4. 賠償給付保險金

保險事故發生後，經調查屬實並估算賠償金額後，保險人應立即履行賠償給付的責任。對於人壽保險合同，只要保險人認定壽險保單是有效的、受益人的身分是合法的、保險事故的確發生了，便可在約定的保險金額內給付保險金。對於財產保險合同，保險人則應根據保險單類別、損害程度、標的價值、保險利益、保險金額、補償原則等理算賠償金後，再予以賠付。保險人對被保險人請求賠償或給付保險金的要求應按照保險合同的規定辦理。賠償的方式通常以貨幣為多，在財產保險中，保險人也可與被保險人約定其他方式，如恢復原狀、修理、重置等。

第三節　再保險

一、再保險及其特徵

再保險又稱為分保，是指保險人將自己承擔的風險和責任向其他保險人進行保險的一種保險。從保險經營的角度看，保險人為了分散自己承保的風險，通過簽訂再保險合同，將其所保的風險和責任的一部分轉移給其他保險公司或再保險公司。分出業務的保險公司稱為分出公司、分保分出人或原保險人；接受再保險業務的保險公司稱為分入公司、分保接受人或再保險人。分保接受人將接受的再保險業務再分保出去，稱為轉分保，分出方為轉分保分出人，接受方為轉分保接受人。一個保險人既可以是分保分出人，又可以是分保接受人。

再保險的基礎是原保險，再保險的產生是基於原保險人經營中分散風險的需

要。再保險具有兩個重要特徵：①再保險是保險人之間的一種業務經營活動；②再保險合同是一種獨立合同。

在再保險業務中，分保雙方責任的分配與分擔是通過確定自留額和分保額來體現的，分出公司根據償付能力所確定的自己承擔的責任限額稱為自留額或自負責任額；經過分保由接受公司承擔的責任限額稱為分保額、分保責任額或接受額。自留額與分保額可以用百分率表示，如自留額與分保額分別占保險金額的25%和75%，也可以用絕對值表示，如超過100萬元以後的200萬元。而且，根據分保雙方承受能力的大小，自留額與分保額均有一定的控制線，如果保險責任超過自留額與分保額的控制線，則超過部分應由分出公司自負或另行安排分保。

自留額與分保額可以以保額為基礎計算，也可以以賠款為基礎計算。計算基礎不同，決定了再保險的種類不同。以保險金額為計算基礎的分保方式叫比例再保險；以賠款金額為計算基礎的分保方式叫非比例再保險。

自留額和分保額都是按危險單位來確定的。危險單位是指保險標的發生一次災害事故可能造成的最大損失範圍。危險單位的劃分既重要又複雜，應根據不同的險種和保險標的來決定。危險單位的劃分關鍵是要和每次事故最大可能損失範圍的估計聯繫起來考慮，而不一定和保單份數相等同。劃分危險單位並不是一成不變的。危險單位的劃分有時需要專業知識。對於每一危險單位或一系列危險單位的保險責任，分保雙方通過合同按照一定的計算基礎對其進行分配。

二、再保險的業務種類

（一）比例再保險

比例再保險是以保險金額為基礎來確定原保險人的自負責任和再保險人的分保責任的再保險方式。在比例再保險中，分出公司的自負責任和分入公司的分保責任都表示為保險金額的一定比例。分出公司與分入公司要按這一比例分割保險金額，分配保險費和分攤賠款。比例再保險包括成數再保險和溢額再保險兩種。

1. 成數再保險

成數再保險是指原保險人與再保險人在合同中約定保險金額的分割比率，將每一危險單位的保險金額，按照約定的比率在分出公司與分入公司之間進行分割的再保險方式。在成數再保險合同已經成立的前提下，不論原保險人承保的每一危險單位的保險金額有多大，只要該保險金額在合同規定的限額之內，都要按合同規定的比率來分割保險金額，每一危險單位的保險費和所發生的賠款，也按這一比率進行分配和分攤。總之，成數再保險的最大特徵是「按比率」的再保險，即原保險人與再保險人保險金額的分割、保險費的分配、賠款的分攤都是按照合同規定的同一比例來進行的。因此，成數再保險是最典型的比例再保險。下面舉例說明成數再保險的計算（見表5-1）。

表 5-1　　　　　　　　　成數再保險計算表　　　　　單位：萬元

船名	總額 100%			自留 30%			分出 70%		
	保險金額	保費	賠款	自留額	保費	自負賠款	分保額	分保費	攤回賠款
A	100	1	0	30	0.3	0	70	0.7	0
B	300	3	10	90	0.9	3	210	2.1	7
C	600	6	20	180	1.8	6	420	4.2	14
D	800	8	0	240	2.4	0	560	5.6	0
E	1,000	10	0	300	3.0	0	700	7.0	0
總計	2,800	28	30	840	8.4	9	1,960	19.6	21

2. 溢額再保險

溢額再保險是指原保險人與再保險人在合同中約定自留額和最高分入限額，將每一危險單位的保險金額超過自留額的部分分給分入公司，並按實際形成的自留額與分出額的比率分配保險費和分攤賠款的再保險方式。

由於在溢額再保險合同項下，原保險人與再保險人之間的保險費的分配、賠款的分攤都是按實際形成的保險金額的分割比率進行的，因此，溢額再保險也屬於比例再保險。

在溢額再保險合同中，分出公司首先要對保險金額確定自留額，對於每一筆業務，將超過自留額的部分轉移給再保險人，但以自留額的一定倍數為限。自留額和分出額與保險金額之間的比例分別稱為自留比例和分保比例。自留比例和分保比例隨不同保險標的保險金額的大小而變動。

例如：某一溢額分保合同的自留額為 50 萬元，現有三筆業務，保險金額分別為 50 萬元、100 萬元和 200 萬元。第一筆業務的保險金額在自留額之內，無須分保；第二筆業務的保險金額超過自留額，需要分保，實際自留額為 50 萬元，分出額為 50 萬元；第三筆業務的保險金額超過自留額，需要分保，實際自留額為 50 萬元，分出額為 150 萬元。本例第二筆業務的自留比例為 50%，分保比例為 50%；第三筆業務自留比例為 25%，分保比例為 75%。每筆業務按照實際形成的分保比例分配保險費和分攤賠款。

從以上可以看出，溢額再保險與成數再保險相比較，其最大區別是：如果某一業務的保險金額未超過分出公司的自留額，無須辦理分保，只有在保險金額超過自留額時，才將超過的部分分給再保險人。也就是說，溢額再保險的自留額，是一個確定的數額，不隨保險金額的大小變動，而成數再保險的自留額表現為保險金額的固定百分比，隨保險金額的大小而變動。

溢額再保險的分入公司不是無限度地接受分出公司的溢額責任，通常以自留額的一定倍數，即若干「線」數為限，一「線」相當於分出公司的自留額。如自

留額為 50 萬元，分保額為 5 線，則分入公司最多接受 250 萬元，即分保額最高為 250 萬元。對於分出公司承保的巨額業務，可以簽訂多個溢額再保險合同，按合同簽訂的順序，有第一溢額再保險、第二溢額再保險等。

（二）非比例再保險

非比例再保險是以賠款為基礎來確定再保險當事人雙方的責任的分保方式。當賠款超過一定額度或標準時，再保險人對超過部分的責任負責。

與比例再保險不同，在這種再保險方式中，分出公司和分入公司的保險責任和有關權益與保險金額之間沒有固定的比例關係，因此稱其為非比例再保險。非比例再保險有兩個限額：一是分出公司根據自身的財力確定的自負責任額，即非比例再保險的起賠點，也稱為免賠額；二是分入公司承擔的最高責任額。以上兩個限額需要在訂立再保險合同時由當事人雙方約定，一旦保險事故發生，便依照規定的限額進行賠付。如果損失額在自負責任額（再保險起賠點）以內，賠款由分出公司負責；損失額超過自負責任額，分入公司負責其超過部分，但不超過約定的最高限額。有時損失額可能超過分出公司的自負責任額和分入公司的最高責任限額之和，在此情況下，超過的部分由分出公司自己承擔，或依據分出公司與其他分入公司簽訂的再保險合同處理。

例如：分出公司的自負責任額為 1,000,000 元，分入公司的最高責任限額為 3,000,000 元。現以保險金額和賠款不等的五個保險標的為例，說明賠款責任的分攤情況（見表 5-2）。

表 5-2　　　　　　　　　　賠款責任的分配情況

單位：萬元

保險標的	保險金額	賠款	分出人自負額	接受人負責額	其他
A	700,000	500,000	500,000	0	0
B	900,000	700,000	700,000	0	0
C	2,000,000	1,400,000	1,000,000	400,000	0
D	4,000,000	4,000,000	1,000,000	3,000,000	0
E	4,800,000	4,200,000	1,000,000	3,000,000	200,000

非比例再保險分為超額賠款再保險和超額賠付率再保險。

1. 超額賠款再保險

這是由原保險人與再保險人簽訂協議，對每一危險單位損失或者一次巨災事故的累積責任損失，規定一個自負額，自負額以上至一定限度由再保險人負責。超額賠款再保險又稱為險位超賠再保險和事故超賠再保險。

（1）險位超賠再保險

這是以每一危險單位的賠款金額為基礎確定分出公司自負賠款責任限額即自

負額，超過自負額以上的賠款，由分入公司負責。

（2）事故超賠再保險

這是以一次巨災事故中多數危險單位的累積責任為基礎計算賠款，是險位超賠在空間上的擴展。其目的是要確保分出公司在一次巨災保險事故中的財務穩定。

無論是險位超賠再保險，還是事故超賠再保險，分入公司可接受分出公司的全部分出責任，也可只接受部分分出責任。超過分入公司接受部分的保險責任，仍由分出公司自己負責。

2. 超額賠付率再保險

超額賠付率再保險也稱損失中止再保險，是按年度賠款與保費的比率來確定自負責任和再保險責任的一種再保險方式。在約定的年度內，當賠付率超過分出公司自負責任比率時，超過的部分由分入公司負責。

與超額賠款再保險不同，在超額賠付率再保險合同項下，分出公司與分入公司的責任劃分並不以單個險位的賠款或一次事故的總賠款的絕對量為基礎，而是以一年中賠款的相對量，即賠款與保費的比率為基礎。其實質是對分出公司提供的財務損失的保障，以防止年度內某類業務的賠付率發生較大的波動而影響分出公司的經營穩定。

在超額賠付率再保險合同中，一般約定兩個限制性的比率：一個是分出公司自負責任比率，另一個是分入公司的最高責任比率。當實際賠付率尚未超過合同約定的自負責任比率時，全部賠款由分出公司負責；反之，當實際賠付率已經超過合同約定的自負責任比率時，分出公司只負責自負責任比率以內的賠款，超過自負責任比率以上的賠款由分入公司負責，直至其最高責任比率。如果實際賠付率超過分出公司自負責任比率與分入公司最高責任比率之和，超過部分的賠款由分出公司自己負責。通常，在實收保費中，營業費占25%，淨保險費占75%。因此，劃分分出公司和分入公司的責任可以以75%的賠付率為界線。當分出公司的賠付率在75%以下時，由分出公司自己賠償；當分出公司的賠付率超過75%時，超過部分由分入公司負責賠償。分入公司也有接受分入責任的限額，一般為營業費用率的兩倍，即已得保費的50%。這就是說，分入公司僅對賠付率在75%～125%的賠款負責，並有金額限制，在兩者中以低者為限。

例如有一超額賠付率再保險合同，約定分出公司的自負責任比率為70%，分入公司的最高責任比率為超過70%後的50%，即實際賠付率在70%以下的賠款由分出公司負責，超過70%～120%的賠款由分入公司負責。為了控制分入公司的絕對賠付責任，合同還規定分入公司的賠付責任以600,000元為限。

假設：

年淨保費收入　　　　　　　　　　　　　　　　　1,000,000元

已發生賠款　　　　　　　　　　　　　　　　　　800,000元

賠付率為 80%
賠款分擔　分出公司負責 70%　　　　　　　　　　700,000 元
　　　　　分入公司負責 10%　　　　　　　　　　100,000 元

如果當年已發生賠款為 1,350,000 元，賠付率為 135%，則分出公司負責其中的 70%，即 700,000 元的賠款，分入公司負責其中的 50%，即 500,000 元的賠款。剩下的 15%，即 150,000 元的賠款將仍由分出公司負責。

三、再保險業務的安排方式

在再保險經營實務中，有三種安排方式可以選擇。

（一）臨時再保險

臨時再保險是指對於保險業務的分入和分出，分出公司和分入公司均無義務約束的一種再保險安排方式。臨時再保險是產生最早的再保險安排方式，分出公司根據自己的業務需要將有關風險或責任進行臨時分出的安排，一般由分出公司或分保經紀人向其選定的分入公司提出再保險建議，開出臨時再保險要保書，分入公司接到要保書後，對分保的有關內容進行審查，以決定是否接受。該種再保險安排方式比較靈活，但由於每筆業務要逐筆安排，所以手續繁瑣，增加了營業費用開支。臨時再保險一般適合於新開辦的或不穩定的業務。

（二）合同再保險

合同再保險也稱為固定再保險，是指分出公司和分入公司對於規定範圍內的業務有義務約束，雙方均無權選擇的一種再保險安排方式。雙方簽訂再保險合同規定雙方的權利、義務、再保險條件和帳務處理等事項，凡經分出公司和分入公司議定，並在合同中明確規定的業務，分出公司必須按照合同的規定向分入公司辦理分保，分入公司必須接受，承擔相應保險責任。該種再保險合同沒有期限規定，是長期性合同。訂約雙方都有終止合同的權利，但必須在終止前的三個月向對方發出註銷合同的通知。

（三）預約再保險

預約再保險是指分出公司對合同規定的業務是否分出，可自由安排而無義務約束，而分入公司對合同規定的業務必須接受、無權選擇的一種再保險安排方式。該再保險安排方式是在臨時再保險基礎上發展起來的，介於臨時再保險與合同再保險之間。對分出公司而言，具有臨時再保險性質；對分入公司而言，具有合同再保險性質。

第四節　保險投資

一、保險投資及其意義

保險投資也稱為保險資金運用，是指保險公司將自有資本金和保險準備金，通過法律允許的各種渠道進行投資以獲取投資收益的經營活動。在此，保險公司是保險投資的主體，保險資金則構成了保險投資活動中的客體，保險公司投資的目標則是通過保險資金的有償營運，創造最大的投資價值。

在現代保險經營中，保險公司的業務大體分為兩類：一類是承保業務（直接保險業務）；另一類是投資業務。作為保險經營業務兩大支柱之一的保險投資，已經成為保險公司生存和發展的重要因素。在一個開放競爭的保險市場上，保險人想要依靠直接保險業務來獲得較多的收益顯然是一件相當難的事情。然而很多保險公司不僅生存下來了，而且發展勢頭還很好，其原因就在於保險人從保險投資活動中獲得了豐厚的回報。投資利潤不僅彌補了直接業務收益的減少甚至虧損，增加了保險基金的累積，而且使保險人降低保險費率成為可能，有利於減輕客戶的負擔，並為壽險公司開發諸如分紅保單、投資連結保險等業務創造了條件，從而直接推動了保險業務的發展。此外，投資業務的開展也使得保險人成了各國資本市場上舉足輕重的機構投資者，意味著保險公司通過資本市場向國民經濟的其他行業滲透，它既使保險公司分享了其他行業的利潤，也提升了保險業在國民經濟中的地位。

二、保險可運用資金的來源

保險可運用資金主要由保險公司的自有資本金、非壽險責任準備金和壽險責任準備金三部分構成。

（一）自有資本金

保險公司的自有資本金包括註冊資本（或實收資本）和公積金。註冊資本或實收資本一般由《保險法》規定，在開業時可視作初始準備金，在經營期間又是保險公司償付能力或承保能力的標誌之一。公積金是保險公司依照有關法律、行政法規及國家財務會計制度的規定以及《公司法》的規定從歷年的利潤中提存的，它和保險公司的註冊資本（或實收資本）共同構成保險公司的償付能力。

（二）非壽險責任準備金

非壽險的基本特點是短期保險，保險期限是一年或一年以內，保險業務從性質上具有補償性。非壽險責任準備金分為三大部分：保費準備金、賠款準備金和總準備金。

1. 保費準備金

保費準備金又稱未了責任準備金或未滿期責任準備金。保險公司在一個會計年度內簽發保單後入帳的保費稱作入帳保費。假定會計年度與日曆年度一致，那麼，在當年滿期的保單，其對應的入帳保費稱已賺保費，在當年未滿期的保單，其對應的入帳保費則稱未賺保費。未賺保費部分即為保費準備金。該項準備金一般由保險人按照《保險法》或保險監管部門規定的比例提取。

2. 賠款準備金

賠款準備金包括未決賠款準備金、已發生未報告賠款準備金和已決未付賠款準備金。

（1）未決賠款準備金

當會計年度結束時，被保險人已提出索賠，但在被保險人與保險人之間尚未對這些案件是否屬於保險責任、保險賠付額度等事項達成協議，稱為未決賠案。為未決賠案提取的責任準備金即為未決賠款準備金。未決賠款準備金的提取方法有逐案估計法和平均估計法。逐案估計法，即對未決賠案逐個估計在將來結案時需要支付的賠款數；平均估計法，即根據以往的保額損失經驗，預先估計出某類業務的每件索賠的平均賠付額，再乘以該類未決索賠的件數，即得到未決賠款準備金數額。

（2）已發生未報告賠款準備金

有些損失在年內發生，但索賠要在下一年才可能提出。這些賠案因為發生在本會計年度，仍屬本年度支出，故稱已發生未報告賠案。為其提取的責任準備金即為已發生未報告賠款準備金。由於已發生未報告的賠案件數和金額都是未知的，因而只能由每家保險公司根據不同業務的不同經驗來確定。最簡單的辦法是，用若干年該項賠款額占這些年份內發生並報告的索賠額的比例來確定提取數。

（3）已決未付賠款準備金

對索賠案件已經理算完結，應賠金額也已確定，但尚未賠付，或尚未支付全部款項的已決未付賠案，為其提取的責任準備金則為已決未付賠款準備金。該項準備金是賠款準備金中最為確定的部分，只需逐筆計算即可。

（三）壽險責任準備金

壽險的基本特點在於保險責任是長期性的，保險期間短則數年，長則數十年。保費或一次性躉繳，或分期均衡繳付。壽險責任準備金是指保險人把投保人歷年繳納的純保費和利息收入累積起來，作為將來保險給付和退保給付的責任準備金。

中國《保險法》第九十八條對各種準備金的提取做了原則規定。

三、保險投資的形式

保險投資應根據資金來源的不同性質、用途和結構，在遵循資金運用安全性、盈利性和流動性原則的基礎上，合理選擇投資對象和投資結構。基於保險可

運用資金的負債性，安全性是保險投資應遵循的首要原則，在符合安全性的前提下追求盈利性，保持合理的流動性。因此，《保險法》第一百零六條第一款規定：「保險公司的資金運用必須穩健，遵循安全性原則。」

一般而言，保險資金的運用有以下幾種形式：

（一）購買債券

保險資金一般有一定比例用於購買國庫券、地方政府債券、金融債券和公司債券等可在二級市場流通的債券。這類投資具有安全性強、變現能力強、收益相對穩定的優點。尤其是國庫券和地方政府債券基本上不存在不確定性風險，但其收益不如金融債券和公司債券。

（二）投資股票

股票投資的特點是：收益高、流動性好，但風險大。股票收益來自股息收入和資本利得，股息收入的多少完全取決於公司的盈虧狀況，資本利得則取決於未來股票價格的走向。因此，股票投資的風險比較大。

（三）投資不動產

保險資金進行不動產投資一般是用於直接建造、購買並自行經營的房地產。房地產投資的特點是：安全性好、收益高、項目投資額大、期限長、流動性差。因此，房地產投資比較適合長期性保險資金的運用。

（四）用於貸款

保險資金用於貸款是指向需要資金的單位或個人提供融資。貸款的收益率取決於市場利率。在不存在信貸資產的二級市場的情況下，信貸資產的變現能力不如有價證券，其流動性較差。貸款可分為信用放款和抵押放款兩種形式。信用放款（包括擔保放款）的風險主要是信用風險和道德風險，抵押放款的主要風險是抵押物貶值或不易變現的風險。

（五）銀行存款

存款是指保險公司將閒置資金存放於銀行等金融機構。存款具有良好的安全性和流動性，但與其他投資相比則收益率較低。正因為如此，存款主要用於保險公司正常的賠付或壽險保單滿期給付的支付準備金，一般不作為追求收益的投資對象。

各國政府基於經濟環境和歷史背景的差異，對保險資金運用的規定有所不同，採取了不同的監管方式，但總的來講對資金運用的渠道和運用的結構都做了規定，特別是對高風險的投資項目在投資總額中的比例做了規定。

中國對保險資金運用採取了較為嚴格的監管方式，對投資渠道的限制較多，這和中國的保險資金運用所走過的曲折道路有關。

1979 年恢復國內保險業務時，中國人民保險公司並未開展保險資金運用業務，1984 年年底才開始從事這項業務。當時，中國人民銀行對保險資金運用實行計劃控制，加之其他一些原因，保險資金運用效益較低。20 世紀 90 年代初，隨著保險資金運用渠道的全面放開，在投資權限分散、經驗缺乏、管理跟不上的情況下，保險公司的資金廣泛投入各個領域，產生了很大的投資風險，不良資產大

量增加。針對這種情況，1995 年頒布的《保險法》，對保險資金的運用做了嚴格規定，規定保險公司的資金運用，限於在銀行存款、買賣政府債券、金融債券和國務院規定的其他資金運用形式，並規定保險公司的資金不得用於設立證券經營機構和不得用於設立保險業以外的企業。

近年來，隨著壽險業務的快速發展，可運用資金大量增加，國務院開始逐步拓寬保險資金運用渠道，如允許保險公司進入全國銀行同業拆借市場，從事債券買賣業務；申請購買信用評級在 AA+以上的中央企業債券；參加滬、深兩家證券交易所債券交易；通過購買證券投資基金間接進入證券市場等。在 2009 年頒布的新《保險法》第一百零六條中，增加了保險資金「投資股票、證券投資基金份額等有價證券」「投資不動產」的規定，刪除了「保險公司的資金不得用於設立證券經營機構，不得用於設立保險業以外的企業」的條文。修訂後的《保險法》首次允許保險資金投資不動產，適當放寬了保險資金的運用渠道。

保險業的快速發展對保險資金運用提出了更高的要求：一是由於壽險產品結構的變化，兼有保障和投資功能的產品逐步成為壽險市場的主導產品，保險公司的資金運用收益與客戶的保單分紅或投資帳戶收益直接掛鉤，使得資金運用成為保險公司的重要業務。二是隨著競爭的加劇，財產保險公司承保利潤逐步下降，投資收益逐漸成為其重要利潤來源。

雖然新《保險法》適當放寬了保險資金的運用渠道，但與歐美和日本等國同行相比，仍顯不足。目前，美國和日本的保險公司不僅可開展政府債券、公司債券、股票、不動產投資、股權投資業務，而且還可進行抵押貸款、保單放貸等信貸業務。可見，新《保險法》為進一步拓寬保險資金運用渠道留下了不少的空間。

復習思考題

1. 簡述保險經營的基本原則。
2. 股份制保險公司與相互保險公司各有什麼特點？
3. 簡述保險核保的內容。
4. 再保險有何特徵？
5. 自留額、分保額與危險單位有什麼關係？
6. 簡述再保險的業務種類。
7. 再保險有哪些安排方式？
8. 保險投資有何意義？
9. 保險可運用資金來源於哪幾個方面？
10. 保險資金運用的一般形式有哪些？中國《保險法》對保險資金運用形式是如何規定的？

第六章　人身保險

內容提要：本章在簡要概述人身保險的概念、特徵及分類的基礎上，對人壽保險的基本形態和其發展、人壽保險的常用條款以及意外傷害保險和健康保險分別進行了介紹。

第一節　人身保險概述

一、人身保險的概念

人身保險是集合多數人共同醵金，而在任何人的生命或身體因不幸事件或疾病、衰老等原因，以致死、傷、殘、喪失工作能力或年老退休時，給付約定的保險金或年金的一種自願互助的保險。從上述定義中，我們可以看出：

第一，人身保險的保險標的是人的生命或身體。以生命作為保險對象，要區分生命的不同階段，生存或死亡表示人的生命的繼續或終止，因此對生命的保障就是承保人的生死。以身體作為保障對象，要區別身體的不同部位及各種機能，以人的健康、生理機能、勞動能力等形式表現，因此對身體的保障，就是承保人的健康及各種能力。

第二，人身保險的保險責任就是人們在日常生活中以及成長過程中可能遭受到的種種不幸事故，或因疾病、衰老等原因造成的人的生、老、病、死、傷、殘。

第三，人身保險的給付條件：一是保險期內保險事故發生，造成人的傷殘、死亡等；二是保險期滿，被保險人生存。

第四，人身保險金的給付形式大多是定額給付，即無論是期內保險事故發生，還是期滿被保險人生存，保險人都按訂約時雙方約定的金額進行給付。

通常人們將人身保險又叫作人壽保險，實際上兩者是不同的概念。人身保險的範圍要比人壽保險大得多，人身保險泛指一切以人為保險對象的保險；而壽險

僅以人的生命為保險對象。

二、人身保險的特徵

人身保險和財產保險是中國保險業務的兩大分類。兩類保險的基本職能都是對因不幸事件所造成的經濟損失給予一定的經濟補償，但由於人身保險的保險標的以及給付條件的不同，兩大險種又存在著許多差異。人身保險的特徵主要表現為：

（一）人身保險屬於給付性保險

人身保險是非補償性保險，人的生命或身體在遭受意外或疾病等造成傷殘時，難以用貨幣確定傷殘的程度，更難以用貨幣衡量被保險人死亡的價值量。因此人身保險事故發生時，保險人只能按合同約定的額度進行給付，不存在重複保險和超額保險，也不存在代位追償的問題。如果被保險人同時持有若干有效保單，保險事故發生時，可以從各家保險人處獲得約定的給付；如果事故是由第三方責任造成的，被保險人既可獲得保險人的給付，也可獲得責任方的賠償。但如果醫療費用保險採用補償方式進行給付，代位追償和分攤原則就可應用。

（二）保險金額確定方法的特殊性

人的生命和身體是無價的，顯然人身保險保險金額不能採用財產保險的確定方法。人身保險的保額確定的主要常用的方法是需要與可能確定法。需要是指投保人在人身保險事故發生時需要在經濟上得到幫助的程度；可能是指投保人繳納保費的能力。根據需要和可能由保險當事人雙方協商決定一個確切的額度作為保險金額。一般地，需要包括：喪葬費用、醫療費用、子女教育婚嫁費用、遺屬生活費用、債務、退休養老費用等。不同的需要，具體額度可能不同；同一種需要，不同的對象，其額度也可能不同。人們支付保費的能力一般要受收入水準、生活標準、社會工作地位、家庭負擔等因素的影響。

根據需要與可能確定保額，要恰如其分，既不能過高，也不能過低。過高，一方面可能產生「逆選擇」或引發道德風險，危及被保險人的生命安全，違背保險的宗旨；另一方面應交的保費也高，容易導致保險合同的失效、退保，不利於保險業務的穩定。過低，保險事故發生時，被保險人得不到需要的保障，失去保險的意義。因此保險人在承保過程中，應積極配合投保人，根據投保人的實際情況，做出合理正確的選擇。

除此之外，人身保險的保額確定方法還有「人的生命價值確定法」「新休曼式法」和「人身保險設計法」。「人身保險設計法」與「需要與可能法」大同小異，而「人的生命價值確定法」和「新休曼式法」由於其本身的局限性，在現實業務中極少運用。因此不再介紹。

（三）人身風險的特殊性

1. 風險的變動性和穩定性

人身保險承保的主要風險是人的生死。經驗顯示，人的死亡率隨年齡增長而

年年增大，不同年齡的死亡率絕不相同，特別是人到了一定年齡後，死亡率的上升呈加速增長的狀態，從此意義而言，人身風險具有變動性。但同時，對於整體的死亡率來講，死亡率因素較其他非壽險風險發生概率的波動而言，又具有相對穩定性。這是由許多專業機構對死亡率研究後得出的結論。因此，人身保險所承保的死亡風險在隨被保險人的年齡增長而增加的同時，整體而言具有相對穩定性。

因此在人身保險的經營上，如果採用與各年齡死亡率相一致的自然保費，人身保險的經營將不得不面臨下列困難：

（1）不利於保險人的逆選擇將不可避免地存在

隨著年齡的增長，費率也在不斷增長，只有那些身體健康狀況不斷惡化，體力衰退的人因考慮到生命的危險，才會願意繼續繳納越來越多的保險費，堅持投保。而那些健康的人則會由於逐年增加的保費負擔而中途退出保險。這樣保險人集中了大量的風險，使得正常情況下計算出來的費率難以維持。

（2）老年人保險成為不可能

按自然保費計算，年齡越大，應繳的保費越多，特別到了老年，應繳的保費相當於年輕人的幾倍。受收入的限制，老年人難以承擔高昂的保費，而往往老年人又最需要得到保險保障，因而最需要保險的老年人只能望保險而興嘆。對保險人而言，將大量的老年人排除在保險之外，不利於業務的發展。

（3）限制人身保險險種的發展

基於上述原因，採用自然保費經營人身保險，高齡人保險、永久性保險（終身保險）以及長期性保險都將受到極大的限制，阻礙了人身保險險種的發展和業務的擴大。

為了克服上述困難，在人身保險實務中採用了均衡保費，即將整個保險期內各年的自然保費進行加權平均，每期交付的保費相等。實行均衡保費的結果是：不僅克服了自然保費的局限性，而且由於初期多繳的部分計息，還可降低投保人應交保費的總水準，使人身保險經營在本質上區別於財產保險。

2. 人身風險的分散性

財產風險往往集中著大量的高額風險，如核電站、人造衛星以及高樓大廈等的承保。為了分散風險，分保是必須的。人身保險受人們交費能力的限制，單個人的保額一般不會很高，同時由於科技、醫療衛生保健的進步和發展，人身風險的發生往往是分散獨立的，因此，在同一時間段，人身風險的發生分散於不同的家庭及地區。只有意外的大型災害的出現，如火山爆發、特大洪災發生時，才可能導致大量保險標的同時遭受損害的情況。因而，分保對於人身保險而言就不那麼重要。

（四）人身保險保險期限的長期性

人身保險的保險期限大都是長期性的，特別是人壽保險，其保險的有效期限

往往可以持續幾年甚至幾十年、上百年。而且，保險的繳費期和領取期也可以長達幾十年。具體與保險險種和被保險人的年齡及投保人的選擇有關，視具體情況不同而不同。由於期限長，使得人身保險採用年度均衡保費制，保費按複利計息。這對保險人而言，年年都有較穩定的保費收入，形成一筆可供保險人進行中長期投資的資金來源，充分發揮保險組織資金與融通資金的作用；對投保人而言，可減輕躉繳保險費的經濟壓力以及降低保險費的總水準。人身保險的長期性也要求有一套完整而嚴密的管理制度，隨時記錄整個保險期間的一切動態，並且對有關的往來單證要有一套檔案管理制度，不能隨意散失，以免影響法律效力。

（五）人身保險的保障性與儲蓄性

財產保險一般只具保障性，人身保險則既有保障性，又具有儲蓄性，人身保險的儲蓄性表現如下：

第一，大多數人身保險本身就兼有儲蓄性。如兩全保險等，投保人投保的目的不僅是為了期內事故發生時獲得保障，而且也是為了期滿生存時得到一大筆儲金。從本質上看，被保險人期滿得到的保險金就是其儲蓄。

第二，長期性人身保險實行均衡保費的結果，前期多繳的部分實際上就是投保人的儲蓄，表現為保單上的現金價值。根據人身保險合同的規定，投保人可任意處置這部分現金價值。

第三，長期性人身保險分期交付保費，且保費按複利計息，這本身就是儲蓄的表現。

人身保險雖包含了儲蓄的內容，但並不等同於儲蓄，不能將兩者相提並論。首先，儲蓄是一種自助行為，依靠自身力量來解決自己的困難。保險則是互助與自助的結合，被保險人得到的保險金不僅包含了自己所繳的保費連同利息，而且也包含了他人的分攤。其次，儲蓄較為靈活自由，儲蓄者可隨時改變儲蓄計劃。人身保險一旦投保，被保險金不能隨意變更合同內容，因而人們往往稱人身保險是一種半強制性的儲蓄。

由於保單具有的儲蓄性，投保人可以用保單作抵押貸款，在中途退保時可以得到退保金。

此外，人身保險的保險利益也具有特殊性，保險費率的釐定和經營管理等方面與財產保險也存在差異。

三、人身保險的分類

人們需求的多樣性及可變性，決定了人身保險險種的多樣性及新險種的層出不窮。對於眾多的人身保險險種，如何進行科學的歸類，世界上還沒有形成一個固定原則和統一的標準。實際上，人身保險險種的分類，在不同的場合，根據不同要求，從各個角度，可以有不同的劃分方法。

（一）按能否分紅分類，人身保險可劃分為分紅保險和不分紅保險

1. 分紅保險

分紅保險是指保險人將其經營成果的一部分每隔一定時期以一定的方式分配給保單持有人。為了保證紅利的分配，分紅保險的費率一般高於不分紅保險。保單持有人所得紅利的高低，取決於壽險業務的盈虧，因此不穩定。

可分配的紅利主要來源於三個方面：

第一，利差益，即超過預期的利息收益；

第二，費差益，即業務開支的節餘；

第三，死差益，即實際死亡率與預計死亡率間存在著的有利差距。即保險人的實際業務中，死亡保險的死亡人數比預期的少；生存保險和年金保險的死亡人數比預期的多。

紅利的領取方式有領取現款、抵充保費、存儲生息、增額繳清保險和一年定期保險 5 種。實行分紅保險，既可以提供保障，又可以使投保人獲得高於銀行利率的收益，有利於吸引更多的保戶，促進保險業務的發展。

2. 不分紅保險

與分紅保險相對，投保人不分享保險人經營的成果。保單持有人所獲得的保險利益與保險人經營的效益無關。不分紅保險的費率低於分紅保險。

（二）按保障範圍分類，人身保險可劃分為人壽保險、意外傷害保險和健康保險

這部分的有關具體內容參見本章第二、三、四節。

（三）按投保方式分類，人身保險可劃分為個人人身保險和團體人身保險

1. 個人人身保險

個人人身保險是以個人為投保者，一張保險單承保一個被保險人的人身風險的人身保險。個人人身保險又分為普通人身保險和簡易人身保險。普通人身保險的保險金額一般高於簡易人身保險。

2. 團體人身保險

團體人身保險是以法人團體為投保人，一張保險單承保一法人團體的全部或大部分成員的人身風險的人身保險。團體人身保險又可分為團體人壽保險、團體年金保險、團體意外傷害保險和團體健康保險等。團體保險具有以團體的選擇代替被保險人的選擇、保額統一規定、保費較低且採用經驗計費法等特點。

（四）按風險程度分類，人身保險可劃分為標準體保險和次健體保險

1. 標準體保險

標準體保險的被保險人的風險程度與保險人訂立的正常費率相適應。標準體又稱為健康體或強體，是指身體、職業、道德等方面沒有明顯的缺陷，可以用正常費率來承保的被保險人。人身保險的大部分險種是標準體保險。

2. 次健體保險

次健體保險就是不能用正常費率來承保的人身保險。次健體又稱為弱體、非

標準體，是指被保險人存在超過風險，其風險程度超過了標準體的風險程度，因而只能用特殊的方法加以承保。次健體保險承保方法主要有：

（1）增齡法

它是指承保時，將被保險人的年齡依實際年齡再提高若干歲。如35歲的弱體投保，保險人承保時按40歲的標準費率徵收保費。這種方法簡單方便，但只能適用於超過風險顯然是遞增型的，而且是隨年齡增加而無限增大的情形，實際上呈現如此超過死亡的疾病或障礙是極為少見的。

（2）定額特別保費法

這種方法是按強體保險承保，但只要超過風險存在，另外收取定額特別保險費（如每千元保額徵收5元特別保險費），用以彌補各年超過風險的附加經費。這種方法適用於均衡型的超過風險。

（3）保額削減法

保險人按正常費率承保，但在合同中說明，從合同生效起的一定時期內，要削減保險金額，如果被保險人在削減期內死亡，保險人只能按削減後的保額進行給付，若超過了削減期死亡，保險人則按保險金額進行給付，削減的期間和削減的額度視被保險人的缺陷程度而定。這種方法適宜於遞減型的超過風險。

第二節　人壽保險的形態

一、人壽保險的概念

人壽保險是以被保險人的生命為保險標的，以生存和死亡為給付保險金條件的人身保險。人壽保險是人身保險的主要組成部分，被保險人在保險期內死亡或期滿生存，都可以作為保險事故，即當被保險人在保險期內死亡或達到保險合同約定的年齡、期限時，保險人按照合同約定給付死亡保險金或期滿生存保險金。

人壽保險的基本特徵如第一節所述，是定額給付性保險，保險期限長，風險具有變動性、穩定性和分散性，採用均衡保費等。

二、人壽保險的基本形態

人壽保險的基本形態通常包括三大險別：

第一，以生存為保險事故的生存保險；

第二，以死亡為保險事故的死亡保險；

第三，既可以生存又可以死亡為保險事故的生死混合保險。

（一）死亡保險

死亡保險是以被保險人在保險有效期內死亡或終身死亡為保險金給付條件的

人壽保險。保險人承擔的基本責任就是被保險人的死亡。死亡保險如果是有期限的為定期死亡保險，不限定期限的為終身死亡保險。

1. 定期死亡保險（一般又稱為定期壽險）

定期壽險是世界上出現得最早的壽險合同。1583 年 6 月 18 日承保的威廉·吉朋（Willian Gybbons）的 12 個月期的保單就屬於此種保險。

（1）定期壽險的概念

定期壽險提供的是一特定期間的死亡保障。特定期間有兩種表示法：①以特定的年數表示（如 5 年期死亡保險）；②以特定的年齡表示（如保至 50 歲）。無論以哪種方法表示期間，只要被保險人在保險有效期內死亡，保險人就給付保險金於受益人，如果被保險人生存至保險期滿，保險合同即告終止，保險人既不退還已交保費，也不給付任何金額。如想繼續獲得此種保障，必須重新投保。

（2）定期壽險的特點

定期壽險大多期限較短。除長期性定期壽險外，通常它沒有現金價值，不具備儲蓄因素。其保險費一般只含保障因素和最低限度的附加費開支，不計利息。根據生命表，在一定時期內，死亡概率小於生存概率，被保險人通常都較保險期間活得更久，其保費也較低。然而根據生命規律，越接近晚年，死亡概率增長的速度越快，從而導致保費的快速增長。因此，定期壽險較低的保費所代表的是較少的給付。事實上，由於定期壽險是以在期內死亡為條件給付保險金，顯然大多數投保此險種的被保險人在特定期內的死亡概率都較高。另外，定期壽險滿期時，被保險人有繼續投保或終止的權利，希望繼續投保而情願繳高額保費者，顯然不健康者居多。基於上述原因，定期壽期存在著較為嚴重的逆選擇，其費率必然也是較高的。

（3）定期壽險的適用範圍及局限性

定期壽險提供的是特定期內的死亡保障，且保費較低，因此它適宜於：①在特定的期間內對被保險人的生命具有合同上權益關係的人投保，以免被保險人在特定期間內死亡使投保人的利益遭受損失；②家庭負擔較重，經濟負擔能力較差，又有保險需求的人投保。除此之外，偏重死亡保障的人也適宜於投保定期壽險。

定期壽險的局限性表現為：①當投保人對保險保障的需求超過特定期間，而又需要保障時，可能因其變為不可保體而永遠喪失保險保障；也可能由於被保險人的年齡增大，費率過高，而交付不起高昂的保費，被排除在保險保障之外。②定期壽險大多不具備儲蓄性質，投保人不能獲得保險與儲蓄的雙重好處，對於偏重儲蓄的人則是一個限制。

2. 終身死亡保險（又稱終身壽險）

終身壽險是一種不定期限的死亡保險。保單簽發後，除非應繳的保費不繳，或因解約而早期停效，被保險人在任何時候死亡，保險人都得給付保險金。由於

人固有一死，因此終身壽險的給付是必然要發生的，受益人始終會得到一筆保險金。終身壽險屬長期性保險，保單都具有現金價值，帶有一定儲蓄性質，因而適宜於需要終身保障和中度儲蓄的人投保。

(二) 生存保險

生存保險是以被保險人於保險期滿或達到某一年齡時仍然生存為給付條件的一種人壽保險。生存保險的保費可以躉繳，也可以分期繳付。保險金的給付可以一次付清，也可以分期給付。因此生存保險有兩種形態：單純的生存保險和年金保險。

1. 單純的生存保險

單純的生存保險與定期死亡保險恰好相反，在單純的生存保險中，保險金的給付是以被保險人在期滿時生存為條件，如果被保險人中途死亡，保險人既不給付保險金，也不退還已交的保費。這種純粹的生存保險如果不加以限制，就會使不幸者更加不幸，有利者更加有利，最後可能導致與賭博性質差不多的結果，因而在現實業務中一般不以單純的生存保險作為單獨的保險形式推行，而是附加死亡保險和其他人身保險。如中國目前開辦的獨子險以及子女教育婚嫁保險等，都是以生存保險作為基本險而附加了死亡或意外傷害保險。

2. 年金保險

(1) 年金保險的概念

年金保險就是在被保險人生存期間，按合同的規定，每隔一定的週期向被保險人支付一定的保險金的一種生存保險。簡言之，以年金的方式支付保險金的生存保險就是年金保險。

習慣上，人們常把年金保險稱為年金，實際上兩者是不同的。年金是大概念，年金保險只是年金的一種，年金的收付有確定的期間，與收付人的生命無關；年金保險的給付期則取決於被保險人的生命因素，人的生死是事先不能預料的偶然事件，因而其給付期是不確定的。為了區別兩者，一般稱前者為確定年金，後者為不確定年金。

在年金保險中，領取年金額的人為年金受領人，保險人定期給付的金額為年金領取額（或年金收入），投保人交付的保費又叫年金購進額或（年金現價）。

(2) 年金保險的特點

年金保險的特點主要有：①年金保險是生存保險的特殊形態，其特殊之處在於保險金的給付採取了年金方式，而非一次性給付。②年金保險保單上仍有現金價值。其現金價值與普通生存保險保單上的現金價值一樣，隨保單年度的增加而增加，至繳費期結束（而非保險期滿）時，現金價值為最高。③年金保險的保險期間包括繳費期和給付期（有的包括等待期）。繳費期指年金保險的投保人分次交納（年金現價）保費的期間，給付期指保險人整個給付年金額的期間。如某人30歲投保終身年金，要在60歲時開始領取年金額，繳費至60歲，即從30歲投

保開始至60歲為繳費期，60歲至終身為年金領取期。等待期指繳費期結束後需等待一段時期後，再進入年金的領取期。如30歲的人投保交費至50歲，60歲開始領取年金，從50歲至60歲這段時期就是等待期。無論以何種方式交付，必須繳清全部保費後，才能進入年金的領取期。

(3) 年金保險的作用

首先，年金保險最通常的用途就是提供老年生活保障。用年金保險的方式提供老年生活保障至少有兩大優點：①可以降低保費，提高老年生活水準，因為年金收入中不僅包括了投保人交付的本金及其利息，而且還包括了生存者的利益；②用於養老所需的年金保險一般支付週期為月，每月支付一定年金額，保證生活需要，可避免老人的浪費或使用不當，造成最後年月中生活無保障的局面。作為解決老有所養的年金保險，人們一般是在年輕時投保交費，年老退休時開始領取年金額。

其次，年金保險的另一作用就是可用來作為子女教育基金。如子女教育金保險就是一種年金保險。父母在子女年幼時投保，待子女滿一定年齡時（如高中或大學時），開始領取年金額，作為子女上學的費用，至畢業時停止給付。這種類型的年金保險一般支付週期為年，給付期為子女就學期間，並且一般都附加了意外傷害或死亡保險。另外，一般保單還附有保費支付者條款。

最後，年金保單上具有現金價值，投保人可在交費期內退保領取現金價值。因此有人也把年金保險作為一種安全投資的方式，而且還可獲得稅法上的優惠。如美國某些處於高稅率等級的人把投保年金保險作為一種策略來延緩現金價值累積中利息收入的納稅，直到他們退保獲得年金的總付款價值時為止。

(三) 兩全保險（又稱混合保險、儲蓄保險、養老保險）

1. 兩全保險的概念

兩全保險是被保險人無論在保險期內死亡還是生存至期滿，保險人都給付保險金的一種人壽保險。兩全保險都規定有期間，仍以特定的年數和特定的年齡來表示。人非生即死，被保險人不是在保險期內死亡，就是生存至期滿，因此，與終身壽險相似，受益人始終會得到一筆保險金。

2. 兩全保險的特點

兩全保險具有如下特點：

(1) 兩全保險是壽險業務中承保責任最全面的一個險種。

它不僅可以保障被保險人由於生存而導致的收支失衡的需要，而且可以排除由於本人死亡給家庭經濟生活帶來的困難或與其有經濟利害關係的人的經濟影響的後顧之憂。兩全保險是生存保險和死亡保險結合的產物，因而從精算角度來講，兩全保險的保費等於定期壽險與生存保險兩者保費之和。

(2) 兩全保險費率最高。

在定期死亡保險和生存保險中，保險人承擔的責任要麼是死亡，要麼是生

存。保險金的給付也存在兩種可能：或給付或不給付。兩全保險則既保生存又保死亡，且一旦投保，給付就必然要發生。因此，除了長期的兩全保險與終身壽險的費率差不多外，短期兩全保險比其他壽險的費率高很多，不適宜於經濟負擔能力差的人投保。

（3）兩全保險的保費當中，既有保障的因素，又有儲蓄的因素，而且儲蓄因素占主要。

保費中儲蓄因素的多少與保險期限的長短密切相關，保險期限長的，保費當中儲蓄所占的比重小，保險期限短的，儲蓄所占的比重大。

（4）兩全保險的保額分為危險保額（或保障保額）和儲蓄保額。

危險保額隨保單年度的增加而減少，直至期滿消失；儲蓄保額則隨保單年度的增加而增加，到期滿全部為儲蓄，即「保障遞減，儲蓄遞增」。因此只有需要低度保障和高度儲蓄的人才適宜於投保兩全險。

3. 兩全保險的用途

兩全保險高度的儲蓄性，使其常被作為半強迫性的儲蓄方法或當作一項投保，以防止儲蓄期間因死亡所帶來的風險。一般地，投保人將其用於：

（1）教育基金

這是兩全險最普遍的用途之一。通常此種情況下，附有保費支付者條款，即支付保費者（通常為雙親）如果在繳費期內死亡，可免繳以後的保費而保單繼續有效的條款。

（2）老年退休基金

這是兩全保險另一個普遍用途，就是提供老年退休時所需的資金。此種情況下，其保險期間通常至退休年齡為止，到退休時可獲大筆保險金供老年生活所需。從此意義而言，兩全保險又稱為養老保險。

三、壽險形態的發展

為了滿足人們對各種特定的不同的保險需求，增強壽險產品的競爭能力，可對壽險的基本形態進行修訂和組合或增加其功能，形成內容更為複雜的現代壽險品種。這些產品與傳統產品相比較，通常具有投資功能，是投資連結產品，或稱為投資理財類保險產品。在保費繳納方式、保單的現金價值或保險金額等方面是可以單獨或共同變動的。其主要種類有變額人壽保險、萬能人壽保險和變額萬能人壽保險。

（一）變額人壽保險

1. 變額人壽保險的基本含義

變額人壽保險是一種保額隨其保費分離帳戶的投資收益的變化而變化的終身壽險，於20世紀70年代在美國壽險市場上出現。這種產品可有效抵消通貨膨脹給壽險帶來的不利影響。變額壽險在各國的稱謂有所不同。英國稱為單位基金連

結產品（Unit-linkedpolicy），加拿大稱為權益連結產品（Equity-linkpolicy），美國稱其為變額人壽保險，新加坡稱為投資連結保險（Investment-linkedlifeinsurance）。中國也稱為投資連結保險。如中國平安保險公司銷售的「平安世紀理財投資連結保險」，但需注意的是，該保險產品為定期險。

變額壽險在許多方面與傳統終身壽險類似。保費仍然為均衡保費，如投保人沒繳納保費，保單就會失效；也可對保單進行某種方式的選擇，如可以選擇減額繳清保險或展期保險；失效的保單可按復效條款進行復效。

變額壽險有分紅型和不分紅型兩種。由於其利差益扣除投資管理費用後，用於增加保單的現金價值，所以分紅型的變額壽險其紅利來源為死差益和費差益兩部分。

2. 變額人壽保險的特點

變額人壽保險通常具有以下特點：

第一，保費是固定的，但保單的保險金額在保證一個最低限額的條件下，是可以變動的。

第二，變額壽險通常開立有分離帳戶，在將保費減去費用及死亡給付分攤額後被存入投資帳戶。保險人根據資產運用狀況，對投資帳戶的資產組合不斷進行調整；保單所有人也可以在各種投資產品中自由選擇調整組合。

第三，保單的現金價值隨著保險人投資組合和投資業績的狀況而變動，某一時刻保單的現金價值決定於該時刻、該險種的保費投資帳戶資產的市場價值。

在該種保單的死亡給付中，一部分是保單約定的固定的最低死亡給付額，一部分是其分離帳戶的投資收益額。

(二) 萬能人壽保險

1. 萬能人壽保險的基本含義

萬能人壽保險簡稱萬能壽險。它是為了滿足那些要求保費支出較低且方式靈活的壽險消費者的需求而設計的，最早於1979年在美國壽險市場出現。萬能壽險的保費繳納方式很靈活，保險金額也可以調整。投保人在繳納首期保費後可選擇在任何時候繳納任何數量的保費，只要保單的現金價值足以支付保單的相關費用。有時可以不用繳納保費，投保人還可以在具有可保性的前提下，提高保額或降低保額。

萬能壽險的基本做法是：從投保人繳納的首期保費中，扣除首期的各種費用、死亡給付分攤、附加優惠條件的費用等後的剩餘部分為保單最初的現金價值。該部分價值按新投資率計息累積到期末，成為期末現金價值，同時也是下一週期的起初價值額。在第二週期，投保人根據自己的情況繳納或不繳納保費，若該週期的期初價值額足以支付第二期的費用及死亡給付分攤額，投保人就不用繳費；若現金價值額不足，投保人繳納的保費不夠，則保單會因此而失效。若投保人在第二期期初繳納了保費，則第二期的期初現金價值額為上期末現金價值加第

二期保費減去費用和死亡給付額。第二期的期初現金價值額按新的投資利率累積到期末，成為第二期的期末現金價值額。該過程不斷重複，一旦其保單的現金價值額不足以支付保單的死亡給付分攤額和費用，又未有新的保費繳納，則保單失效。

2. 萬能人壽保險的特點

和其他壽險相比，萬能壽險有下面一些特點：

(1) 死亡給付模式的可選擇性

萬能壽險為投保人提供了兩種可供選擇的給付模式（通常稱為 A 方式和 B 方式）。A 方式為一種均衡給付方式，與傳統的具有現金價值的給付方式類似：在保險有效期內發生保險事故，受益人得到約定的死亡給付金。該方式的死亡給付金是淨風險保額和保單的現金價值之和。但淨風險保額每期都可能變化，通過調整，使淨風險保額與現金價值之和保持均衡，成為均衡的死亡受益額。當保單的現金價值增加，風險保額相應減少，對應的所需繳納的保費額減少。在 B 方式中，死亡給付額為均衡的淨風險保額與現金價值之和。現金價值的變化直接影響到死亡給付額的大小，如現金價值的增加將會使死亡給付額等額增加，但對淨風險保額的大小沒有影響。

(2) 保費交納方式的靈活性

萬能壽險的保單持有人可在保險公司規定的幅度內，選擇任何一個數額，在任何時候交納保費。通常情況下，保險人規定的首期保費較高，以支付足夠的費用和死亡給付，同時也為了避免保單由於對保費繳納沒有嚴格的限制而導致過早終止。有時，保險人按保單簽訂時投保人的意願建立目標繳費額，按照繳費目標進行開支計劃，利用銀行自動劃撥的方式引導投保人繳費。有些保險人在保單中列入了基於繳納最低保費時保單不失效條款，即在此條款下，即使保單已無現金價值，只要投保人繳納年保單規定的最低保費，保單繼續有效。

(3) 現金價值的特殊性

萬能壽險的現金價值為保費扣除各種分攤額後的累積價值。保單通常都規定一個最低的現金價值累積利率，通常為 4% 或 5%，在長期累積下，保單所有者仍有較大的收益。有的保險人提供滾動式利率，如外界的某一移動平均利率（如 5 年期國債利率）為最低利率；也有的保險人的萬能壽險保單的利率基於其投資利率或投資組合收益率而定。

(三) 變額萬能人壽保險

變額萬能人壽保險簡稱變額萬能壽險，針對將壽險保單的現金價值視為投資的保單所有人設計。變額萬能壽險遵循萬能壽險的保費繳納方式，而其投保人也可以根據規定和自己的意願降低保單保額，或在具備可保性的條件下，提高保額；但其資產由分離帳戶保存，其現金價值的變化與變額壽險相同，且沒有現金價值的最低承諾。因此，該類壽險是繳費靈活的萬能壽險和投資靈活的變額壽險

相結合的壽險。

變額萬能壽險的投資與變額壽險一樣,是多種投資基金的集合。保單所有人可以在一定時期內將其現金價值從一個帳戶轉移到另一個帳戶。但其死亡給付採取與萬能壽險相同的方式。在 B 方式下,死亡給付隨投資資產價值的大小不同而不同;在 A 方式下,為均衡死亡給付額,投資收益的大小只反應保單的現金價值。

在變額萬能壽險中,保單所有人承擔了保險人管理的投資帳戶上資產的投資風險。當投資帳戶的投資收益減少,保單的現金價值可能減少為零,若沒有足夠的保費繳納,保單可能會失效。但是,保單的分離帳戶與保險公司的一般帳戶的資產分開,可以增加分離帳戶的變額萬能壽險的保單的安全。

變額萬能壽險與傳統的保險產品完全不同,具有很強的投資功能,因此,在國外對其最高保額有限制,以區別於其他的金融投資工具,否則將得不到稅收上的優惠。此類保險為高級投資連結產品。

第三節　人壽保險的常用條款

一、寬限期條款

(一) 條款內容

寬限期條款的內容是:投保人如沒有按時繳納續期保險費,保險人給予一定時間的寬限(通常為 31 天,中國保險法規定為 60 天)。在寬限期內,保險合同仍然有效,若保險事故發生,保險人應按規定承擔給付保險金的責任,但應從中扣除所欠繳的保險費連同利息。超過寬限期,仍未繳付保險費,保險合同即告停效。寬限期終了日若遇星期例假日,或法定休息日,或遇天災地變,期限順延。

(二) 規定寬限期的目的

規定寬限期的目的在於避免合同非故意失效,保全保險人業務。人身保險的投保人在分期繳費方式下,繳納首期保險費是合同生效的前提,按時繳納續期保險費是維持合同效力的條件。在長期的繳費期間內,大多數投保人並非故意不按時繳納保險費,而是因偶爾遺忘或暫時經濟困難等客觀原因未能按時繳費,如果保險人不給予一定時間的寬限,必然導致許多合同於中途停效,進而失效終止,這對被保險人而言,會因其客觀原因(並非主觀願望)而使保障毀於一旦。因此寬限期的規定於合同雙方都有利而無害。

二、復效條款

(一) 條款內容

復效條款的基本內容是:投保人在停效以後的一段時期內,有權申請恢復保

單效力，復效是對原合同法律效力的恢復，不改變原合同的各項權利和義務。

(二) 復效的條件

復效須經投保人提出復效申請，並與保險人達成復效協議方可。為了防止逆選擇，保險人對於申請復效，一般都規定了條件。主要有：

首先，申請復效的時間。任何民事法律權利都有時效限制，投保人申請恢復保單效力的權利也應有時效的限制。人身保險合同申請復效的時間一般規定為停效後的 2 年或 3 年內，中國保險法規定為 2 年，超過了這個期限，就不能復效，保單終止，保險人向受益人支付保單上的現金價值或退還已繳保費。

其次，申請復效應盡告知義務。與申請投保一樣，申請復效仍要盡告知義務，提供可保性證明（生存類保險除外），此時只需告知保險人，被保險人在停效期間和復效當時的健康狀況。只要能證明被保險人的健康狀況在停效後未曾惡化，很少有保險人拒絕復效的情況。

再次，復效時，應補繳停效期間的保險費及利息，但保險人不承擔停效期間發生的保障責任。因為：①從法律上講，復效是從復效之日起恢複合同的法律效力，並不追溯以往。②從保險原理上講，保險承保的只能是未發生的不確定事件，停效期內發生的保險事故屬於已發生的確定事件，保險人不能負責。③從保險經營上講，如果保險人要承擔停效期間的保險責任，那麼申請復效者大多是停效期間發生了保險事故的被保險人，因為這些人為了取得較多的保險金給付，寧願補繳少量的保費和利息，這顯然於保險人的經營不利。

最後，復效時須還清保單上的一切借款，或重新辦理借款手續。

(三) 復效與重新投保

人身保險合同停效後，被保險人要想重新獲得保險保障，有兩條途徑：一是申請復效，二是重新投保。比較二者，各有適應情形。復效時保險費與原合同保持一致，停效期間連續計算在保險期間內，要補繳停效期間的保費和利息，不能獲得此期間的保障。重新投保是投保人終止原合同——退保，與保險人重新訂立新的人身保險合同。重新投保按投保時被保險人的年齡計算保險費，保費必然高於原合同，但保險期間從新訂約時開始。因此，對於年輕的被保險人而言，終止原合同，重新訂立新合同更為有利。復效一般適宜於年齡較大的被保險人，因這時重新投保的保費可能比原合同的保費高得多，在經濟上不合算或者這時被保險人的年齡已超過了保險人可以承保的年齡而不能重新投保。另外，復效也適宜於保險人已經停止發售的險種。

三、貸款條款

(一) 條款內容

貸款條款又稱為保單貸款條款或保單質押貸款條款。其基本內容為：人身保險合同在保費繳滿一定時期後（一般是 1 年或 2 年），投保人可憑保單向保險人

申請貸款，其貸款的額度連同利息不得超過該保單上的現金價值。如果貸款本息達到保單上現金價值的數額時，合同終止。

保單質押貸款實際上是投保人處置保單的方式之一，其具體做法是：

第一，只有保單上積存有現金價值時，投保人才能申請貸款。保單貸款實際上是投保人以保單上的現金價值為抵押的貸款。保險人在訂立合同之初，投入了大量的原始費用，為了盡快收回投入的原始費用，發展新業務，保險人將訂約初1年或2年內收取的保險費，在扣除了分攤死亡給付後的餘額部分，全部用來攤銷這些原始費用，因而保單訂約後的一兩年內保單上沒有積存現金價值，在此期限內，投保人不能向保險人申請貸款。

第二，貸款的數目連同截至下一個繳費日的貸款利息，不能超過保單在那時用作保證的現金價值。如果貸款本息超過了保單上的現金價值，保險人向保單持有人發出歸還貸款期限（一般為31天）的通知，屆時如還未歸還貸款，保險合同即行終止。合同終止後，無論是否發生保險事故，投保人都不能通過償還貸款本息恢復其效力；合同終止後，保險人須註銷保險合同，向投保人或被保險人發出終止合同的書面通知。

第三，保單貸款應按雙方約定的利率計算，如果到結息日沒有支付利息，該項利息並入貸款數目內一併計息。

第四，貸款期間保險合同為有效合同，在此期內發生的保險事故，保險人給付保險金；投保人退保，保險人應支付退保金。不過，保險事故的發生或退保的提出，並不免除投保人償還債務的義務，所以應從保險金或退保金中扣還貸款本息。

（二）規定貸款條款的目的

規定貸款條款的主要目的是維持保單的繼續率，解決投保人暫時資金緊張的困難。長期性人身保險合同都採用均衡保險費制，在此保費制下，每張保單上積存有現金價值，現金價值主要是投保人超繳的保費以及所生的利息，具有不沒收的性質，投保人可根據其需要處置它。如果不允許投保人憑藉保單向保險人借款，在投保人資金暫時困難，需要現金而又無其他解決途徑時，只有通過退保，領取保單上的現金價值予以解決，這顯然對保險人和投保人都不利。因此，為了維持保單的繼續率，解決投保人的暫時經濟困難，長期性人身保險合同都有貸款條款的規定。

四、自動墊繳保費貸款條款

（一）條款內容

自動墊繳保費貸款條款的基本內容是：投保人如在寬限期內尚未繳付保險費，除非投保人有反對聲明，保險人得在保單的現金價值中自動提供貸款，用以抵繳保險費，使合同繼續有效，直到累計的貸款本息達到保單上現金價值的數額

為止。屆時，投保人如再不繳付保險費，保險合同效力即行終止。

自動墊繳保費貸款是保單貸款方式之一，適宜於分期繳費的長期性人身保險合同。自動墊繳保費貸款條款的具體內容可分述如下：

第一，自動墊繳保費貸款意指不需投保人提出貸款申請，保險人自動提供貸款的目的在於墊繳保險費。自動墊繳保費貸款條款的實施，以訂約時投保人的書面同意為條件，這是因為：自動墊繳保險費貸款經過一定時期後，投保人退保所得的退保金要扣除墊繳的本息。不徵得投保人的同意，保險人就自動墊繳保費，如果墊繳保費期間未發生保險事故，投保人可能否認保險人的墊繳，在退保或期滿領取退保金或滿期保險金時，可能在其金額上與保險人產生糾紛，因此，只有在訂約時，投保人出具了書面同意書的情況下，保險人方能實施這一條款。

第二，自動墊繳保費貸款的前提是保單上積存有現金價值。貸款仍需按一定的利率（一般是以當時國家銀行的貸款利率）計息。當累計的貸款本息達到保單上現金價值的數額時，停止貸款，如果此時投保人再不繳付保險費，保險合同即告終止。

第三，自動墊繳保費期間，保險合同仍然有效，如果保險事故發生，保險人要從給付的保險金中扣除墊繳的本息。

(二) 規定自動墊繳保費貸款條款的目的

此條款的目的與寬限期條款的目的一樣，都是為了防止保單非故意停效，維持保單的有效率，保全保險人的業務。

五、不喪失價值任選條款

(一) 條款內容

不喪失價值就是保單上的現金價值。不喪失價值任選條款的基本內容就是：規定投保人有權在合同有效期內選擇有利於自己的方式處置保單上的現金價值。

(二) 不喪失價值的處置方式

不喪失價值的處置方式通常有：

1. 解約退保，領取退保金

投保人採用這種方式，雖可得到解約退保金，但解約退保後，保險合同終止，被保險人失去保險保障，也可能會因為以後成為不可保體而永遠失去保險保障；再者，投保人在領取退保金時要扣除解約費用，這對投保人而言也是不利的。

解約退保對於保險人而言，更是有弊而無利，因為：①解約退保可能意味著嚴重的逆選擇。眾所周知，解約退保者中極少屬體弱多病、健康欠佳或從事較危險行業的被保險人。只有那些身體健康較佳者才會解約退保，這就可能導致實際死亡率較預期的增大的逆選擇現象。②減少保險人的投資收益。解約退保，保險人從其責任準備金中支付退保金，可能影響保險人的投資規模，降低投資收益

率。③影響保險人費用成本的收回。人身保險合同的初年成本和費用往往超過第1年的保費收入，這些費用除了在合同最初一二年度，由修正制責任準備金中收回一部分外，其餘的要分攤到以後各年度才能收回，投保人的中途退保解約，使這部分成本費用難以收回。④解約退保過多會影響保險人的聲譽和形象，失去潛在的投保人。因此，保險人在經營中，如何防止解約為一重大課題，唯有高的合同繼續率，才能維持經營的安全。

2. 減額繳清保險

投保人如不願繼續繳納保險費，可以減額繳清保險的方式處置保單上的現金價值。減額繳清保險就是投保人利用保單上的現金價值將原合同改變為一次繳清保險費的同類保險，改保後，保險期限和保險內容保持不變，只是保險金額比原合同有所減少。「減額」，是指保險金額的減少。「繳清」，是指保險費交付完畢，即投保人以當時保單上的現金價值作為躉繳保費投保與原合同種類相同的保險。改保後，投保人不再繳付保險費，但所享受的保障程度降低。這種方式適宜於被保險人身體健康狀況良好，需要長期保障而又無力繳付保險費的保險合同。

3. 展延定期保險

展延定期保險指投保人利用保單上的現金價值將保險合同改為一次繳清保險費的定期保險，改保後，保險金額不變，只是保險期限要根據保單上的現金價值進行推算。這種方式對被保險人身體健康狀況衰退或職業風險有所增加，而無力繳付保險費的保險合同適用。

上述三種方式的共同之處是：①以保單上積存有現金價值為前提；②必須於保險合同有效期內申請；③以當時保單上的現金價值作為躉繳保費（僅限於後兩種方式）；④變更或退保時，如有保單貸款或自動墊繳保費貸款均需先扣除貸款本利。

六、保單轉讓條款

（一）條款內容

長期性人身保險合同都具有現金價值，類似於有價證券，保單持有人可作各種處置。保單轉讓條款的基本內容就是允許保單持有人在需要時轉讓保單，保單轉讓時須書面通知保險人，否則不生效力，保險人收到轉讓通知後，即受其約束。在此之前，保險人對轉讓合同是否生效不負責任。例如，某甲向乙貸款5萬元，同意以其面額為5萬元的定期死亡保單轉讓給乙，雙方於2017年5月6日簽訂轉讓合同並於同日通知保險人，結果5月8日被保險人死亡，而保險人於5月9日才收到轉讓通知，這時保險人應將保險金支付給保險合同上的原受益人，而不是受讓人乙。

保單轉讓後，受讓人享有對保險金的請求權，實際上就是在變更受益人，因此，保單的轉讓應限於被保險人本人。

（二）保單轉讓的種類

保單轉讓通常分兩種：

1. 絕對轉讓

絕對轉讓指受讓人承受了保單的全部權利，成為新的保單持有人。如發生保險事故，全部保險金歸受讓人。

2. 相對轉讓

相對轉讓指受讓人僅承受保單的部分權利。相對轉讓情況下，受讓人於保險事故發生時，收到的只是已轉讓權益的那部分保險金，其餘的仍歸原受益人所有。

七、共同災難條款

共同災難條款是解決共同災難發生時，受益權歸屬的依據。

（一）條款產生的原因

共同災難，是指被保險人和第一受益人同死於共同的意外事故而言。例如，被保險人與第一受益人同死於一次災難事故，可能出現下列三種情形：

第一種，明確知道兩者死亡的先後順序；

第二種，明確知道兩者為同時死亡；

第三種，無法知道兩者死亡的先後順序。

第一種情況，保險金如何處理，較為明確：如果被保險人先於第一受益人死亡，保險金應歸第一受益人；如果相反，保險合同應作為無受益人合同處理，保險金歸被保險人，由其繼承人領取。

第二、三種情況則較麻煩，容易引起許多法律上的糾紛。為了避免爭端，美國大部分州通過了統一同時死亡法案，該法案認定在第二、三種情況下，第一受益人先死，被保險人後死，在無指定第二受益人的情況下保險金歸被保險人所有，如有則歸第二受益人。但是，只要稍能證明第一受益人後死於被保險人，此法案就無法運用。因此，為了解決上述複雜的法律關係，保險人設計了共同災難條款，作為共同災難發生時，解決保險金歸屬問題的法律依據。

（二）條款內容

共同災難條款規定：只要第一受益人與被保險人同死於一次事故中，不論誰先死，誰後死，還是同時死亡，都認定第一受益人先死，被保險人後死，保險金不是歸第二受益人（保單指定有第二受益人情況下），就是歸被保險人，由被保險人的繼承人享有。共同災難條款的產生使問題得以簡化，避免了許多無謂的糾紛。

八、不否定條款

（一）條款內容

不否定條款又稱為兩年後不否定條款、不可爭條款、不可抗辯條款。其基本

內容是：在被保險人生存期間，從保險合同生效之日起滿一定時間後（通常為兩年），保險人將不得以投保人在投保時違反誠信原則，未如實履行告知義務為理由，主張解除合同。

不可爭條款的除外情況一般包括下列幾種：

（1）投保人停繳保險費。

投保人超過了寬限期未繳付保險費，保險合同效力處於停止狀態。

（2）被保險人年齡誤告。

年齡是計算保險費的主要因素，如果誤報的年齡不予更正，不根據實際情況調整保險待遇，就會出現合同雙方權利義務不對等的情況。

（3）永久完全殘疾、喪失工作能力的給付。

這是為了防止已殘疾者為了獲得保險金而投保。

（4）意外死亡加倍給付。

如果被保險人在保險合同成為不可爭文件後，由於意外事故死亡，保險人只按約定的保險金額給付，加保部分不予給付。

此外，投保人在訂立合同時不具備法律要求的基本條件（如投保人與被保險人不存在保險利益），或由於其他原因（如被保險人被冒名頂替）致使合同從訂立開始就無效的，保險人可在任何時間提出該合同是無效的。實際上因為這些合同本身就是無效合同，也就無所謂解除與否的問題，因此不可爭條款對上述情況不起作用。

（二）條款產生的原因

不可爭條款的規定，是為了防止保險人濫用權利，保護投保人的正當權益。根據誠信原則，要求投保人在投保時應據實告知被保險人有關健康的一切情況，如果投保人沒有履行告知義務，法律賦予保險人有解除合同的權利。如果對此權利不加以限制，會損害投保方的正當權益，其表現在：

首先，如果被保險人在訂立合同多年後才主張解除合同，這時被保險人可能由於健康狀況的變化而成為不可保體，喪失獲得保險保障的機會，也可能這時被保險人年齡較大，重新投保需要繳付較多的保險費。

其次，如果保險事故發生時，保險人借口告知不實，故意為難，拒付保險金，使被保險人失去應有的保障。因此為了保護投保人的正當權益，維持保險人的信譽，制定了此條款。

九、年齡誤告條款

（一）條款內容

年齡誤告條款是如何處理被保險人年齡申報錯誤的依據。條款的基本內容是：如果投保時，誤報了被保險人的年齡，保險合同仍然有效，但應予以更正和調整。如果被保險人的真實年齡已不符合保險合同規定的年齡限制，保險合同無

效，退還已繳保險費。中國《保險法》第三十二條規定：「投保人申報的被保險人年齡不真實，並且其真實年齡不符合合同約定的年齡限制的，保險人可以解除合同，並按照合同約定退還保險單的現金價值。」由此，被保險人的年齡不符合承保年齡限制而訂立的保險合同屬於不可爭條款的範圍。

（二）調整方法

被保險人年齡誤報可能出現兩種情況：一是年齡報大了，二是年齡報小了。可能導致的結果也有兩種：一是實繳保費多於應繳保費，即溢繳保險費，二是實繳保費小於應繳保費。前者如死亡類保險合同的被保險人申報年齡大於真實年齡，後者則是相反的情況。對上述兩種情況應分別進行調整：

1. 溢繳保費時的調整

被保險人年齡誤報導致溢繳保費時，其調整方法有兩種：

第一種，在保險事故發生或期滿生存給付保險金時，如果發現了誤報年齡時一般應按真實年齡和實際已繳保費調整給付金額。調整公式為：

$$應付保險金 = 約定保險金額 \times \frac{應繳保險費}{實繳保險費}$$

公式中的實繳保險費指投保人按錯報年齡實際已繳納的保險費，應繳保險費是按被保險人真實年齡計算應該繳納的保險費。

第二種，在保險合同有效期間，如果發現了被保險人的年齡誤報，既可以按前式調整保險金額，也可以退還溢繳保險費。一般地，保險人都按第一種方式調整保險金額，只有在調整後的保險金額超過了保險合同規定的限度時，才運用退還溢繳保費方式進行調整。中國保險法規定，溢繳保險費時，應當退還多收的保險費。

2. 保險費少繳時的調整

一般分兩種情況：

第一，在合同有效期間，可要求投保人補交少交的保險費；

第二，在保險事故發生時，則只能按實交保費調整給付金額，調整公式如上。

十、自殺條款

在人壽與健康保險合同中，自殺都是作為除外責任。

（一）條款內容

自殺條款規定：在人壽與健康保險合同有效期內，如果被保險人自殺，保險人不承擔責任。這裡有兩種情況：

1. 有時間限制

對被保險人的自殺作了時間上的限制，即從保險合同生效日或復效日起的一定時間內（通常為兩年），如果被保險人自殺保險人不承擔給付責任，但如果超

過了這個時間限制，被保險人自殺，則屬於保險人的責任範圍。

2. 無時間限制

指合同生效後，在合同有效期內，無論被保險何時自殺，保險人都不承擔給付保險金的責任。

(二) 條款規定的原因

第一，保險人承保的風險應該是非本意的，被保險人自殺是人為的故意行為造成的，保險人不能承保責任。

第二，自殺是違反自然規律的，是社會不提倡的行為，因此保險人不能為社會所反對的行為提供保障。

第三，保險人規定自殺條款的另一大原因在於防止有人利用自殺謀得保險金，防止道德風險的發生。

(三) 自殺條款的限制

自殺條款不適用於被保險人為無行為能力人的保險合同中。這要分兩種情況：①訂立合同時被保險人就沒有行為能力，這種合同僅限於一些包含死亡責任的險種（如中國開辦的中小學生平安險等）。這些險種的死亡給付額要受法律的限制。②訂立合同時被保險人是有行為能力人，而在合同持續期間喪失了行為能力（指精神病患者）。對於前者，合同中不應列入自殺條款，對於後者，則應取消此條款。因為：

1. 無行為能力人的自殺並非真正含義上的自殺

按《法學辭典》的解釋：構成自殺必須具備兩個條件：一是要有主觀願望，即需要有結束自己生命的願望；二是要有足以實施結束自己生命的行為，兩者缺一不可。顯然，無行為能力的人由於其認識能力等各種能力的限制，不能認識死亡的含義，也不能意識到自己行為的真正後果，缺乏判斷是非的能力，即使實施了結束自己生命的行為，其主觀願望也難以成立（如精神病患者跳樓自殺），因此對這些人不存在自殺的問題。

2. 保險人規定自殺除外責任的一個重要原因是防止有人利用自殺騙取保險金

如果無行為能力為未成年人，就其行為能力而言是不可能有利用自殺謀取保險金的動機的。如果被保險人是精神病患者，則更談不上謀取保險金的動機了。因此自殺條款不適用於這類保險合同。

《保險法》第四十四條規定：「以被保險人死亡為給付保險金條件的合同，自合同成立或者合同效力恢復之日起二年內，被保險人自殺的，保險人不承擔給付保險金的責任，但被保險人自殺時為無民事行為能力人的除外。保險人依照前款規定不承擔給付保險金責任的，應當按照合同約定退還保險單的現金價值。」

第四節　意外傷害保險

一、意外傷害保險的概念和特徵

（一）意外傷害保險的概念

1. 什麼是傷害

首先應明確什麼是傷害？通常認為，任何一種因素使人的身體遭受到損害以致危害健康甚至引起死亡，就可以稱為傷害，按人們習慣的稱呼有時也叫損傷。傷害不僅是指機械性損傷，也包括燙傷、凍傷、中毒、潰瘍、驚悸等。即使是「電氣傷害」「精神傷害」「生物傷害」「化學傷害」「原子核對人體的輻射」等，也可視為傷害。在現代社會中，風險日益增多，傷害的種類也不斷增多。

但是從法醫學的觀點來看，傷害僅僅指由於客觀外因所致的各種傷害，而不包括人體內部由於疾病所致的傷害。下面討論的傷害和保險公司在實際業務中承保的傷害基本上沿用法醫學上所稱的傷害，但有時也對其外延加以擴大（如中毒等）。

2. 什麼是意外傷害

意外是指傷害發生時被保險人事先沒有預見到，或傷害的發生非被保險人的主觀願望，或傷害的發生對被保險人而言突然出現，即意外事件的發生必須具備非本意、外來、突然這三要素，此三要素互相統一，互相聯繫，缺一都不能構成意外事件。三要素中尤其以非本意的偶然為核心，外來、突然僅僅是對非本意的限定。現將三要素的含義分別解釋如下：

（1）非本意

非本意是指意外事件的發生非被保險人的主觀願望，也不是被保險人所能預見的。例如，一正常航行的飛機因機械失靈墜毀發生空難，這種結果違背乘客乘坐飛機的主觀願望，也不是乘客在搭乘飛機時能夠預見的，故屬於意外事件。

特別是有的意外事件，儘管本人能夠預見到事件將要發生，也可以採取防範措施加以避免，但基於法律的規範或遵守職業道德不能躲避。例如，一銀行職工面對持刀搶錢的歹徒，為保護國家財產挺身與歹徒搏鬥受傷，仍屬於意外事件導致的傷害。

（2）外來

這裡所謂「外來」，是強調與前述法醫學定義傷害的含義保持一致，即出現意外事件的原因是由被保險人身體外部的因素所引起的。例如，車禍、摔傷、食物中毒等，只要是人體以外的因素所導致的事件均視為意外。

（3）突然

突然是指事件的發生對被保險人來講，來不及預防，即指事件發生的原因和

結果之間僅具有直接瞬間的關係。例如，爆炸、飛機失事、空中墜落物體等引起的人身傷亡均屬於意外。在生產勞動中發生的鉛中毒和矽肺，儘管也屬於非本意，是因外來的因素所造成的，但由於上述兩種情況均屬於長期接觸有毒物質而形成的職業病，結果和原因之間不具有瞬時聯繫，故不屬於意外事件。

值得注意的是，有些事件造成的結果不一定立即顯示，即由於傷害後發生繼發症所致，而對人體的損傷卻是外來劇烈因素所造成的，亦可稱為意外事件。例如，發生墜落以致出現內出血，雖然當時沒有發現，後來因內傷致死也可作為意外事件。

綜上所述，所謂意外傷害是指由於外來的、劇烈的、突然的事故所造成的人身傷害，它包括意外和傷害兩個必要條件。例如，爆炸、倒塌、燙灼、碰撞、扭折、雷擊、觸電、中暑、凍傷、淹溺、窒息、急性中毒、墜跌、被人獸襲擊、車船飛機失事以及勞動操作使用機器時發生的工傷事故等。

3. 什麼是意外傷害保險

意外傷害保險的概念可定義為：當被保險人因遭受意外傷害使其身體殘疾或死亡時，保險人依照合同規定給付保險金的人身保險。在意外傷害保險中，保險人承保的風險是意外傷害風險，保險人承擔責任的條件是被保險人因意外事故導致殘疾和死亡。

4. 意外傷害保險的分類

意外傷害保險按不同的分類方法可以分成不同的類別，如按投保的對象不同，可以分為個人意外傷害保險和團體意外傷害保險等。這裡給大家介紹的是按承保的風險不同，將意外傷害保險分為普通意外傷害保險和特種意外傷害保險。

（1）普通意外傷害保險

該類意外傷害保險是指在保險期限內由於普通的一般風險而導致的各種意外傷害事件。在實際業務中，許多具體險種均屬此類意外傷害保險，如中國現開辦的團體人身意外傷害保險、個人平安保險等。

（2）特種意外傷害保險

該類意外傷害保險是指特定時間、特定地點或特定原因導致的意外傷害事件。由於「三個特定」，相對於普通意外傷害保險而言，後者發生保險風險的概率更大些，故稱之為特種意外傷害保險。例如在游泳池或遊樂場所發生的意外傷害，在江河漂流、登山滑雪等激烈的體育比賽或活動中發生的意外傷害等。實際開辦此類業務時，大多採取由投保方和保險方協商一致後簽訂好條款，投保方只需做出「是」與「否」的附合。

（二）意外傷害保險的特徵

意外傷害保險的特徵可以從它與人壽保險的比較中得出：

意外傷害保險和人壽保險兩者都是採取定額保險的形式，即在投保時，由投保人和保險人約定一定數額，作為保險金額，當保險事故發生時，由保險人依照

保險金額承擔給付責任；在保險合同主體方面，二者的投保人與被保險人可以是同一人，亦可以不是同一人，兩者都可以指定受益人。

它們的區別主要表現為：

第一，就可保風險而言，人壽保險承保的是人的生死，或死亡給付，或養老金的領取，或滿期領取等，屬人體新陳代謝自然規律，與人的年齡大小密切相關。而意外傷害保險承保的則是由於外來的、劇烈的、突然的事故對人體造成的傷害殘疾或死亡，對每個人來說，無論年齡大小如何，其危險程度大體是相同的，因此其風險的發生與年齡關係不大而與被保險人從事的職業與生活環境密切相關。

第二，就費率制定而言，人壽保險在厘訂費率時按人的生死概率，選擇不同的生命表進行計算；而意外傷害保險費率的厘定則是根據過去各種意外傷害事件發生概率的經驗統計計算，比較注重職業危險。不同的職業，發生意外傷害事故的概率不同，因此，其費率的大小也不同。

第三，就責任準備金提取來看，人壽保險一般均屬長期性業務，保險人收取的保費是按均衡辦法計算的。照這種計算模式，其保費一部分是作為當年死亡給付的危險保費，另一部分則是專門積存起來作為將來的死亡給付或期滿給付的儲蓄保險費。儲蓄保費連同其按複利方式所產生的利息構成人壽保險的責任準備金，以保證將來履行保險責任。而意外傷害保險的保險期限最長一般為1年，屬短期性業務，責任準備金的提取是從當年自留保險費中提取未到期責任準備金。

此外，意外傷害保險還具有季節性、短期性以及靈活性較強的特點。就季節性來看，春秋季節，相對而言是旅遊人身意外傷害保險的旺季；炎熱的夏季，游泳池人身意外傷害保險必然集中。就出險的概率而言，臺風季節，輪船事故導致的人身意外傷害相對較多；寒冬臘月，北國冰封，導致跌倒摔傷的人身意外傷害相對較多。就其靈活性來看，實際業務中，許多意外傷害保險保單的訂立，大多數是經當事人雙方簽訂協議書，雙方協商一致約定一個最高限額，作為保險金額，保險責任範圍也顯得相對靈活。就其期限來看，意外傷害保險除最長的保險期限為1年以外，多數意外傷害保險的期限均屬於較短時間。如乘坐火車、輪船、飛機等各種運輸工具的旅客，其參加的旅客意外傷害保險，保險期限為一次旅程；游泳池人身意外傷害保險，其保期只限定為一個場次對應的時間。

二、意外傷害保險的保險責任及給付方式

（一）意外傷害保險的保險責任

1. 意外傷害保險的責任範圍

意外傷害保險的保險責任是指，在保險期限內，當被保險人因遭受意外傷害而造成死亡或殘疾，由保險人履行全部或部分保險金的給付。意外傷害保險的保險責任範圍分為兩大類：

第一類，由意外傷害造成的死亡，其對應所給付的保險金為死亡保險金；

第二類，由意外傷害造成的殘疾（全部殘疾或部分殘疾），所給付的保險金為殘疾保險金。

2. 保險人承擔責任的條件

在意外傷害保險中，保險人承擔責任的條件包括：

第一，在保險有效期內被保險人發生意外傷害事故；

第二，在責任期限內被保險人殘疾或死亡；

第三，被保險人的殘疾或死亡與意外事故之間存在因果關係。

3. 關於責任期限的規定

責任期限是意外傷害保險特有的概念，是指自被保險人遭受意外傷害之日起的一定時間期限（如90天、180天、1年），有時亦稱觀察期。意外傷害保險中有關責任期限的規定，是指被保險人在自遭受意外傷害起多長時間內造成死亡或殘疾才構成保險責任。如被保險人先受到傷害，然後導致死亡，這種以傷害為直接原因的被保險人死亡，必須發生於傷害之日起的180天之內。這種情況下，即或被保險人死亡時間已超出保險期限，保險方仍應承擔死亡保險的給付。

特別來講，在意外傷害保險中，由於意外傷害事件導致被保險人失蹤，為了維護投保方的利益，可以在意外傷害保險條款中附失蹤條款或在保單中註明有關失蹤的特別約定，保險效力應繼續至宣告死亡之日，而不受保險期限的約束。

對於意外傷害造成的殘疾，所謂責任期限實際上是確定殘疾程度的時間界限。當被保險人遭受意外傷害後，往往需要經過一段時間的治療，才能確定是否造成殘疾以及造成何種程度的殘疾。如被保險人在保險期限內遭受意外傷害，責任期限尚未結束，治療過程已終結並被確定為殘疾時，保險方應當根據已確定的殘疾程度給付殘疾保險金。但若被保險人在保險期限內遭受意外傷害，責任期限結束時而治療過程尚未終結，那麼無論被保險人的組織殘缺或器官機能的喪失程度將來如何，應當推定責任期限結束時這一時刻，被保險人的殘疾程度是永久性的，並據以給付殘疾保險金。之後無論是被保險人的程度減輕或加重，保險人均不再承擔殘疾保險金的追償或給付。

4. 除外責任

除外責任就是保險人不承擔的風險責任。意外傷害保險的除外責任分為以下幾類：

第一，危險的發生是被保險人故意行為造成的，並非出於偶然，如自殺；

第二，違反法律和社會公德的，如被保險人因犯罪致死；

第三，事故的發生以及後果是難以估計的，如戰爭致死。

5. 特別約定

意外傷害保險的特別約定是指：許多傷害事件，從保險原理上來講並不是不能承保，而是保險人考慮到此類意外傷害事件發生時，其保險責任不易確定，或

此類意外傷害事件的或然率不易把握，限於保險方的技術原因一般不予以承保。只有經過合同雙方對此類意外傷害事件的互相協商，遵循公平、等價有償的準則，考慮到此類危險的特殊性，有時還要加收保險費，做到權利義務對等，方能承保。特別約定承保的意外傷害事件分為以下幾類：

第一，戰爭使被保險人遭受的意外傷害事件；

第二，被保險人在激烈的體育活動或比賽中遭受的意外傷害；

第三，核輻射造成的意外傷害等。

(二) 意外傷害保險的給付

如前所述，意外傷害保險合同屬定額保險合同，所以，當發生保險事件後，保險人是按定額保險合同的方式承擔保險責任。意外傷害保險的保險責任不外乎是死亡保險金和殘疾保險金的給付，其中以殘疾保險金的給付較為複雜。現分別介紹如下：

1. 死亡保險金的給付

一般意外傷害保險條款中，均應明確規定死亡保險金的數額或死亡保險金占保額的比例。例如，規定被保險人因意外傷害死亡時給付保險金額 5,000 元、10,000 元，或規定被保險人因意外傷害死亡時給付保險金額全數或 80%、50% 等。

2. 殘疾保險金的給付

殘疾保險金的給付較死亡保險金的給付更為複雜，因此在處理上一定要慎重。在意外傷害保險合同中，均以「永久完全失明」「永久完全殘疾」或「局部永久殘疾」作為確定殘疾保險金的給付依據。「永久完全失明」是指永久不能恢復的失明，「永久完全殘疾」是指人體完全喪失生理機能或身體功能狀態，「局部永久殘疾」是指機體一部分（如目、耳、鼻或其他機體）處於喪失工作能力或生活能力的狀態。此二者是有所區別的。

殘疾保險金的給付金額是由保險金額和殘疾程度兩個因素確定的。殘疾程度是指人體永久完全喪失生理機能或身體功能狀態的程度，通常用百分比表示。殘疾保險金的給付金額由下式計算：

$$殘疾保險金 = 保險金額 \times 殘疾程度百分比$$

可見，一份意外傷害保險合同，在保險金額一定的情況下，發生意外傷害事件後，依照殘疾程度的高低，我們可以很方便地計算出殘疾保險金。

第五節　健康保險

一、健康保險的概念和特徵

（一）健康保險的定義

健康保險是為人類健康提供保障的保險。這是以人的身體作為保險標的，在被保險人因疾病或意外事故所致醫療費用支出或收入損失時，保險人承擔賠償責任的一種人身保險。對上述定義須知：

第一，健康保險是人身保險的一大分類，它所提供的保障事故包括意外傷害和疾病兩種。

意外傷害和疾病兩者發生的原因和性質是不同的。意外傷害是指突發的、非預期的、身體外部原因造成的；疾病的發生是由身體內在原因間接引起的，雖然疾病多起於外來原因，但必須於身體內部經一定時間的醞釀，才形成疾病。健康保險將這兩者作為其保險事故。

第二，健康保險的責任是意外事故或疾病所致的醫療費用或收入損失。

在保險給付處理上，意外事故所致的給付與疾病所致的給付有所不同，前者較後者寬大。這是由於傷害事故發生較為確定，如四肢殘缺、失明、死亡等，甚為明顯；疾病則不然，可能存在一部分或全部的心理因素，疾病的發生、持續或其嚴重性，道德風險因素存在的可能性較大，小疾大醫、一人保險、全家受益的情況也時有發生，因此疾病的保險給付必須審慎。

（二）健康保險的特徵

健康保險和意外傷害保險同屬於短期性保險，二者的基本情況具有共同的特徵，在國外將兩者歸類為非壽險。在保險期限、保險事故、保費計算及要素、責任準備金性質等方面，兩者共同區別於人壽保險（參見「意外傷害保險」一節）。這裡僅就健康保險和意外傷害保險進行比較，以進一步認識健康保險。

1. 保險責任不同

健康保險和意外傷害保險都將意外傷害作為保險事故，但兩者的責任範圍不同。意外傷害保險的責任限於被保險人因意外事故所致的死亡或殘疾，而健康保險則承擔因意外事故所致的醫療費用或收入損失的賠償責任。例如：某被保險人發生車禍受傷住院治療後殘疾，如果此人投保的是意外傷害保險，保險人只承擔殘疾給付而不負責賠償醫療費用；如果此人投保的是健康保險，保險人則承擔受傷住院的醫療費用和住院期間以及殘疾後不能工作的收入損失的賠償（具體責任視健康保險的險種不同而有別）。

2. 合同性質不同

意外傷害保險大多是定額給付，屬給付性合同，保險事故發生後，保險人按

合同約定的金額進行給付。健康保險合同大多屬於補償性合同，其保險金的給付基礎有三：①定額給付。類似於壽險和意外傷害保險。②實際補償。按實際發生的費用給付，但有最高額的限制。③預付服務。由保險人直接支付醫療費用。

因此，在健康保險中，存在著重複保險和代位追償的問題。如果保險事故是由第三方責任引起的，保險人既可以在給付了保險金後，要求被保險人將向第三方追償的權力轉交於保險人，也可以在第三方進行了賠償後，不予給付或補足差額（限於補償性的健康保險合同）。如果存在重複保險，也應按重複保險下的賠償方式進行給付。

二、健康保險的種類

健康保險主要有醫療保險和收入損失保險兩大類。

（一）醫療保險

1. 醫療保險的概念

醫療保險又稱為醫療費用保險，是健康保險的一大險種。醫療費用保險是指被保險人因意外事故或疾病所需的醫療費用由保險人進行補償的健康保險。醫療保險既可以單獨承保，也可以附加於人壽保險和意外傷害保險，例如中國中小學生平安險中就附加了醫療費用保險。

在醫療保險中，保險事故為意外事故和疾病，保險人的責任為負責被保險人支出的醫療費用補償。醫療費用是被保險人在醫療機構接受各種醫治而發生的費用，如醫療費、手術費、住院費、護理費、醫院設備費等。按醫療服務的特性劃分可將醫療費劃分為門診費、藥費、住院費、護理費、醫院雜費、手術費用、各種檢查費用等。不同的健康保險單保障的項目不同。

2. 醫療費用保險中的常見規定

（1）觀察期，又叫試保期間

為了防止預有疾病（即帶病投保）的存在，在醫療費用保險中一般都有觀察期的規定。觀察期是指從保險合同生效日開始後的一定時期內（一般為半年），被保險人因疾病所致的醫療費用，保險人不承擔責任；觀察期過後，保險人才承擔責任。但觀察期內意外事故所致的醫療費仍在保險人的責任範圍內，保險人應承擔給付保險金的責任。觀察期的規定同樣適用於後面所講的收入損失保險。

（2）免賠額

為了避免小額的經常性的醫療費用賠款的支出，節省費用，醫療保險一般都有免賠額的規定，即只有被保險人的實際醫療費用超過一定的額度時，保險人才開始給付。醫療費用保險一般採取絕對免賠額的賠款方式。

（3）保險限額

醫療保險的賠償總限額是合同上約定的保險金額。除此之外，醫療保險對單項醫療費用也規定了限額。其內容主要是：①規定住院費用的給付限額，包括每

天的給付限額和住院天數的限制。②規定外科手術費用的給付限額。對於外科手術費用，在醫療保單中常列表規定各項手術的給付限額，此表稱為外科費用表。③規定每次門診費用的給付限額。醫療費用保險對每次門診的醫療費用規定給付限額，並要規定給付的門診的次數。大額的醫療費用保險還對一定時期內的總的醫療費用給付實行限額控制，如每年的醫療費1,000元，超過1,000元部分自負。④規定各種疾病的給付限額，即對每種疾病的醫療費用（包括門診、住院、手術等費）規定一個給付限額。

（4）共保條款

大多數大額醫療費用保險都有共保條款。共保條款的內容是，被保險人要按一定的比例自負一定的醫療費用，如共保比例為80%，意指被保險人自負20%的醫療費用，其餘80%由保險人賠償。如果同一張保單既有免賠額又有共保比例，一般是超過免賠額部分的醫療費用按共保比例給付。共保條款運用的目的在於促使被保險人在發生意外事故或生病時，只支出必要合理的醫療費用，是保險人控制成本的手段。

（5）除外責任

醫療費用保險都有除外責任的規定，不同的保險具體的除外責任有所差異，但總的說來，醫療費用保險的除外責任包括：①被保險人在投保前患有的疾病不屬於保險責任。②戰爭或戰爭行為。③除了作為定期航班上的乘客以外的空難。④自我傷害。不論被保險人精神正常與否，自我傷害均屬於除外責任。⑤各種整容外科手術、牙科治療、視聽檢查及眼鏡、助聽器、懷孕及產科費用。⑥其他社會保險支付的醫療費用。

3. 醫療保險的主要險別

（1）普通醫療保險

普通醫療保險，又稱為普通醫療費用保險，是指保險人對被保險人因意外事故或疾病所致的一般性醫療費用（外科除外），承擔給付責任的醫療保險。普通醫療費用保險的給付以在醫院的醫療費用為主，同時也可以包括因疾病在家療養或在私人診所治療的費用。這些費用主要包括門診費用、醫藥費用、檢查費用等。由於醫藥費用和檢查費用的支出難以控制，因此此險種都規定有免賠額和共保比例。

（2）住院保險

住院保險，又稱為住院費用保險，是指保險人承擔被保險人因住院而發生的各項費用的疾病保險。住院費用主要包括每天醫療房間的費用、住院期間醫生費用、利用醫院設備費用、手術費用、醫藥費用等。由於住院時間的長短直接影響費用的高低，一般此險種都對每次住院的時間做了限制，並且也有每日給付限額以及共保比例的規定。

（3）總括醫療費用保險

保險人對於被保險人因疾病或意外事故所致的醫藥費、住院費、手術費、檢查費、化驗費等，不分項目，規定一個總的給付限額，在限額內給付。由於保險責任包括一切醫療費用，因此此險種的保險費率較高，一般都要確定一個免賠額和共保比例。

（4）手術保險

手術保險中，保險人承擔的責任是被保險人因病或意外事故需做必要的手術而發生的所有的手術費用。一般都規定了給付限額和給付期間。

（5）特種疾病保險

特種疾病保險中，保險人僅以保險合同中訂明的疾病為依據給付醫療保險金。例如癌症保險，僅負責給付被保險人因患癌症而支付的各種醫療費用。特種疾病一般是指較為嚴重的、難以治療的疾病。通常這種保險的保險金額較高，以滿足特種疾病對各種醫療費用支出的需求，特種疾病保險的給付方式一般是在確診為特種疾病後，立即一次性支付保險金。

（二）收入損失保險

1. 收入損失保險的概念

收入損失保險又稱為工作能力喪失收入保險或收入保障保險。收入損失保險是指在保險合同有效期內，如果被保險人因意外事故或疾病喪失工作能力以致不能獲得正常收入或收入減少時，由保險人分期給付保險金的一種健康保險。

在收入損失保險中，保險人承擔的責任事故仍舊是意外事故和疾病，保險人的責任是被保險人因保險事故所致的收入喪失或減少。

2. 收入損失保險中的常見規定

（1）保險對象

收入損失保險對被保險人的規定一般是：①要有正當職業，而且工作能力喪失時，必須使收入中斷；②年齡一般不得小於18歲，最高不得大於55歲或60歲。

（2）試保期間

試保期間指被保險人在投保開始後的一定時期內，因疾病所致的收入損失，保險人不承擔給付責任。

（3）免責期間

免責期間又叫等待期間，通常指被保險人於工作能力喪失開始日後的一定時間內（通常為7~365天），保險人不負給付責任，待免責期結束後，保險人才視被保險人喪失工作能力的情況給付保險金。規定免責期間的目的是：①觀察被保險人喪失工作能力的持續狀態，以判定是否為全部或部分工作能力喪失；②消除許多短暫的完全喪失工作能力的收入保險金給付。

（4）給付期限

在收入損失保險中，給付期限是指保險人對於不能正常工作或需要治療的被保險人負責給付停工收入損失保險金的最長時間，一般規定為 90 天、180 天、360 天等。當被保險人因疾病或意外事故不能工作或需治療時，保險人按日或按周定額給付收入損失保險金，給付的日數或周數以給付期限為限。給付期限結束時，即使被保險人仍不能工作或仍需治療，保險人也不再負責。給付期限自給付收入損失保險金開始時起算。

（5）除外責任

收入損失保險的除外責任與醫療保險的除外責任差不多，參見前述內容。

（6）附加特約

在收入損失保險中，可採用附加特約的形式增加合同責任或調整合同的某些內容。附加特約的內容範圍有：①免繳保險費。②雙倍保險金給付。③按生活費用變化調整保險金。上述三種特約附加的內容與人壽保險合同中的這些附加特約相同。④意外死亡和致殘的一次性保險金給付的責任。這種特約附加中，一般規定意外死亡的一次性保險金給付金額不超過完全喪失工作能力的月收入保險金的200 倍，如完全喪失工作能力的月收入保險金為 200 元，則意外死亡的附加一次給付的保險金為 40,000 元以下。意外致殘的一次性保險金給付金額為完全喪失工作能力月收入保險金的幾倍（半殘）或 24 倍（全殘）。⑤沒有造成喪失工作能力的意外傷害按傷殘程度給付一定數額的保險金，並報銷其醫療費用。

3. 收入損失保險的給付方式

收入損失保險的給付有定額給付或按收入比例給付兩種方式。其給付的額度視喪失工作能力的程度而定。

（1）定額給付

定額給付指不論被保險人喪失工作能力前的收入如何，只要喪失工作能力，就視喪失工作能力的程度，按合同約定的額度分期給付保險金。例如，合同規定全部工作能力喪失，每月給付 200 元收入損失保險金，某被保險人事故發生前月收入為 1,500 元，保險人仍按 200 元每月進行給付。

（2）比例給付

比例給付指收入保險金視被保險人工作能力喪失的程度，按其原收入的一定比例進行給付。

全部工作能力喪失，其給付的保險金一般為工資的一定比例（一般為工資的75% 或 80%）。例如，某被保險人喪失工作能力前的正常收入為每月 800 元，傷害發生後，其工作能力全部喪失，不能獲得任何收入。這時保險人每月給付給他的保險金為 640 元（800×80% = 640）。

部分工作能力喪失，保險人給付全部殘疾時保險金的一部分。其計算式為：

$$月度補償額 = \frac{月度收入損失額}{以前月收入金額} \times 月度完全喪失工作能力的收入保險金$$

續上例,如果此人是部分喪失工作能力,每月還能掙得 400 元收入,此時,他每月能領得的保險金為 320 元。

大多數的收入損失保險為定額給付。

復習思考題

1. 什麼是人身保險?簡述其保額確定的方法。
2. 人身風險具有哪些特點?其對壽險經營的影響如何?
3. 什麼是兩全保險?其經濟性質如何?
4. 什麼是年金和年金保險?其特點有哪些?
5. 弱體承保的方法主要有哪些?
6. 什麼是萬能壽險?有何特點?
7. 試討論這句話:「定期壽險為最廉價的壽險形態。」
8. 什麼是寬限期、停效及復效?簡述申請復效必備的條件。
9. 年齡誤報條款的內容是什麼?簡述其調整方法。
10. 什麼是意外傷害保險?
11. 構成意外傷害事件的三要素是什麼?三者的關係如何?
12. 意外傷害保險保險人承擔責任的條件是什麼?
13. 什麼是健康保險?它與意外傷害保險有什麼區別?
14. 什麼是醫療保險?它與收入損失保險有何區別?

第六章附錄 1

華夏人壽保險股份有限公司
彩色人生終身壽險（至尊版）條款

在本條款中，「您」指投保人，「我們」和「本公司」指華夏人壽保險股份有限公司，「本合同」指您與我們之間訂立的「華夏彩色人生終身壽險（至尊版）合同」。

1 您與我們訂立的合同

1.1 合同構成

本合同是您與我們約定保險權利義務關係的協議，包括本保險條款、保險單或其他保險憑證、投保單、與保險合同有關的投保文件、合法有效的聲明、健康告知書、變更申請書、批註、批單及其他您與我們共同認可的書面協議。

1.2 合同成立與生效

(1) 您提出保險申請，我們同意承保，本合同成立。

(2) 本合同生效日在保險單上載明。保單年度、保單週年日、保險費約定支付日均以該日期計算。

1.3 投保年齡

投保年齡是指投保時被保險人的年齡，投保年齡以週歲計算，本合同接受的投保年齡為 0 週歲（出生且出院滿 28 日）至 80 週歲（含 80 週歲）。

1.4 猶豫期

(1) 您收到本合同並書面簽收之日起 10 日內（含第 10 日，保險監督管理機構對猶豫期天數另有規定，從其規定）為猶豫期，在此期間請您仔細審閱本合同的各項內容，特別是責任免除條款、合同解除條款以及如實告知等內容。若您認為本合同與您的需求不相符，您可以在此期間提出解除本合同，我們將在扣除不超過 10 元的工本費後無息退還您所交納的保險費。

(2) 您在猶豫期內提出解除合同時需填寫解除合同申請書，並提供保險合同及您的有效身分證件。自我們收到解除合同申請書時起，本合同即被解除，對於合同解除前發生的保險事故，我們不承擔保險責任。

2 我們提供的保障

2.1 保險責任

在本合同有效期間內，我們按照以下約定承擔保險責任：

身故保險金

(1) 若被保險人身故，且被保險人身故時未滿 18 週歲，我們按以下兩項相

比較大者給付身故保險金，同時本合同終止：

①被保險人身故時本合同的已交保險費；

②被保險人身故時本合同的現金價值。

（2）若被保險人於交費期滿日之前（不含交費期滿日）身故，且被保險人身故時已滿18週歲，我們按以下兩項相比較大者給付身故保險金，同時本合同終止：

①若被保險人身故時未滿65週歲，本合同已交保險費的160%；若被保險人身故時已滿65週歲，本合同已交保險費的120%；

②被保險人身故時本合同的現金價值。

（3）若被保險人於交費期滿日之後（含交費期滿日）身故，且被保險人身故時已滿18週歲，我們按以下三項相比最大者給付身故保險金，同時本合同終止：

①被保險人身故時本合同當年度的保險金額；

②若被保險人身故時未滿65週歲，本合同已交保險費的160%；若被保險人身故時已滿65週歲，本合同已交保險費的120%；

③被保險人身故時本合同的現金價值。

分期支付保險費的，「已交保險費」按照身故時本合同的基本保險金額確定的年交保險費與交費年度數計算。一次性交納保險費的，「已交保險費」按照身故時本合同的基本保險金額確定的一次性交納的保險費計算。

2.2 責任免除

（1）因下列情形之一在本合同有效期間內導致被保險人身故的，我們不承擔給付身故保險金的責任：

①投保人對被保險人的故意殺害、故意傷害；

②被保險人故意犯罪或抗拒依法採取的刑事強制措施；

③被保險人自本合同成立或復效之日起2年內自殺，但被保險人自殺時為無民事行為能力人的除外；

④被保險人主動吸食或注射毒品；

⑤被保險人酒後駕駛、無合法有效駕駛證駕駛或駕駛無有效行駛證的機動車；

⑥戰爭、軍事衝突、暴亂或武裝叛亂；

⑦核爆炸、核輻射或核污染。

（2）發生上述第②種情形導致被保險人身故的，本合同終止，您已交足2年以上保險費的，我們向其他權利人退還本合同的現金價值。

（3）發生上述其他情形導致被保險人身故的，本合同終止，我們向您退還本合同的現金價值。

2.3 保險金額

（1）本合同基本保險金額由您和本公司在投保時約定，但須符合本公司當時

的投保規定，約定的基本保險金額將在保險單上載明，若基本保險金額發生變更，則以變更後金額為準。

（2）本合同首個保單年度內，當年度保險金額等於基本保險金額；從第二個保單年度起，年度保險金額每年按基本保險金額的 3.5%以年複利增加，即當年度保險金額等於上一個保單年度的保險金額×（1+3.5%）。

（3）若您申請減少基本保險金額，當年度保險金額與基本保險金額須同比例減少，具體比例計算公式如下：

$$減少比例 = \frac{您申請減少的基本保險金額}{您申請時的基本保險金額}$$

（4）基本保險金額減少後，我們將向您給付基本保險金額減少部分對應的現金價值，本合同自基本保險金額減少後的各期保險費按減少後的基本保險金額計算，我們將按減少後的保險金額承擔保險責任，下一個保單年度的保險金額按減少後保險金額計算。

2.4 未成年人身故保險金限制

為未成年子女投保的人身保險，因被保險人身故給付的保險金總和不得超過國務院保險監督管理機構規定的限額，身故給付的保險金額總和約定也不得超過前述限額。

2.5 保險期間

本合同的保險期間為終身，自本合同生效日零時起算。

3 保險金的申請

3.1 受益人

（1）您或被保險人可以指定一人或多人為身故保險金受益人。身故保險金受益人為多人時，可以確定受益順序和受益份額；未確定受益順序和受益份額的，各受益人按照相同順序和相等份額享有受益權。

（2）被保險人為無民事行為能力人或限制民事行為能力人的，可以由其監護人指定受益人。

（3）您或被保險人可以變更身故保險金受益人並書面通知我們。我們收到變更受益人的書面通知後，在保險合同上批註或附貼批單。

（4）您在指定和變更身故保險金受益人時，必須經被保險人同意。

（5）被保險人身故後，遇有下列情形之一的，保險金作為被保險人的遺產，由我們依照《中華人民共和國繼承法》的規定履行給付保險金的義務：

①沒有指定受益人，或者受益人指定不明無法確定的；
②受益人先於被保險人身故，沒有其他受益人的；
③受益人依法喪失受益權或放棄受益權，沒有其他受益人的。

（6）受益人與被保險人在同一事件中身故，且無法確定身故先後順序的，推定受益人先於被保險人身故。

（7）受益人故意造成被保險人身故、傷殘、疾病的，或故意殺害被保險人未遂的，該受益人喪失受益權。

3.2　保險事故通知

您、被保險人或受益人應於知道保險事故發生之日起 10 日內通知我們。若故意或因重大過失未及時通知，致使保險事故的性質、原因、損失程度等難以確定的，我們對無法確定的部分，不承擔給付保險金的責任，但我們通過其他途徑已經及時知道或應當及時知道保險事故發生或雖未及時通知但不影響我們確定保險事故的性質、原因、損失程度的除外。

3.3　保險金申請

（1）在本合同有效期間內，若發生符合本合同約定的保險金給付情形，根據發生情形的不同，受益人或被保險人的繼承人可向我們申請給付保險金，但應當按照下列約定的程序和條件進行：

身故保險金申請

申請身故保險金的，申請人須填寫保險金給付申請書，並向我們提供下列資料：

①保險合同；

②申請人的有效身分證件；

③國家衛生行政部門認定的醫療機構、公安部門或其他相關機構出具的被保險人死亡證明；

④被保險人的戶籍註銷證明；

⑤所能提供的與確認保險事故的性質、原因等有關的其他資料。

（2）保險金作為被保險人遺產時，申請人還須提供可證明合法繼承權的相關權利文件。

（3）上述申請資料不完整的，我們將及時一次性通知申請人補充提供有關資料。

3.4　宣告死亡的處理

（1）若被保險人在本合同有效期間內被人民法院宣告死亡，保險金申請人在申請身故保險金時還須提供人民法院出具的具有最終法律效力的宣告死亡證明文件。

（2）被保險人在本合同有效期間內被人民法院宣告死亡的，我們將以人民法院出具的具有最終法律效力的宣告死亡證明文件所確定的死亡日期為被保險人身故日。

（3）若被保險人在人民法院宣告死亡之後重新出現或確知其沒有死亡，保險金申請人應於知道或應當知道被保險人生還消息之日起 30 日內將已領取的身故保險金一次性返還給我們。

3.5　保險金的給付

（1）我們在收到保險金給付申請書及本合同約定的資料後，將在 5 日內做出

核定；情形複雜的，在 30 日內做出核定。對屬於保險責任的，我們在與受益人達成給付保險金的協議後 10 日內，履行給付保險金義務。

(2) 我們未及時履行前款規定義務的，除支付保險金外，應當賠償受益人因此受到的損失。

(3) 對不屬於保險責任的，我們自做出核定之日起 3 日內向受益人發出拒絕給付保險金通知書並說明理由。

(4) 我們在收到保險金給付申請書及本合同約定的資料之日起 60 日內，對給付保險金的數額不能確定的，根據已有資料可以確定的數額先予支付；我們最終確定給付保險金的數額後，再給付相應的差額。

3.6 訴訟時效

申請人向我們請求給付保險金的訴訟時效期間為 5 年，自其知道或應當知道保險事故發生之日起計算。

4 保險費的交納

4.1 保險費的交納

(1) 本合同的交費方式和交費期間由您和我們約定並在保險單上載明。

(2) 分期支付保險費的，您在支付首期保險費後，應當在每個保險費約定支付日之前交納當期保險費。

4.2 寬限期

(1) 分期支付保險費的，您在支付首期保險費後，除本合同另有約定外，若您到期未支付保險費，自保險費約定支付日的次日零時起 60 日為寬限期。寬限期內發生的保險事故，我們仍會承擔保險責任，但在給付保險金時會扣減您欠交的保險費。

(2) 若您寬限期結束之後仍未支付保險費，則本合同自寬限期滿的次日零時起中止。

5 現金價值權益

5.1 本合同現金價值

本合同保單年度末的現金價值會在保險合同中載明，保單年度之內的現金價值您可以向我們查詢。

5.2 保單質押借款

(1) 在本合同有效期間內，若本合同具有現金價值且不存在包含保單質押借款、自動墊交的保險費在內的未還款項及其利息，經您書面申請且我們審核同意後，您可在猶豫期後向我們辦理保單質押借款。借款金額以借款時本合同現金價值的 80% 為最高限額，每次借款期限最長不超過 180 日。

(2) 借款及利息應在借款到期時一併歸還。若您到期未能足額償還借款及利息，則所欠的借款及利息將作為新的借款按我們最近一次宣布的利率計息。

(3) 借款本息達到本合同及保險單內其他保險合同的現金價值時，本合同及

保險單內其他保險合同終止，本合同及保險單內其他保險合同的現金價值將全部用於償還借款本息。

（4）您申請保單質押借款須填寫申請書及其他相關文件，並憑保險合同原件、您的有效身分證件辦理。

5.3 保險費自動墊交

（1）您在投保時選擇保險費自動墊交方式的，若分期交付的保險費超過寬限期仍未交付，且此時**本合同及保險單內其他保險合同的現金價值扣除未還款項及其利息後的餘額足以墊交當期保險費**，我們將以本合同及保險單內其他保險合同的現金價值扣除未還款項及其利息後的餘額自動墊交應交付的保險費，本合同及保險單內其他保險合同繼續有效。墊交的保險費視作您從本公司的保單質押借款。若本合同及保險單內其他保險合同的現金價值扣除未還款項及其利息後的餘額不足以墊交當期保險費，本合同及保險單內其他保險合同自寬限期滿的次日零時起中止。

（2）在保險費自動墊交期間，若發生合同解除或保險金給付，我們將在您償清墊交的保險費及利息後給付本合同及保險單內其他保險合同的現金價值或保險金。

5.4 減額交清

（1）**在本合同有效期內**，若本合同生效滿兩年且有現金價值，您可以以書面形式向我們申請減額**交**清且我們審核同意後，我們將以本合同寬限期開始前一日的現金價值扣除您尚未償還各項欠款之後的餘額作為一次交清的保險費，重新計算本合同的**基本保險金額**。

（2）減額交清後，本合同的基本保險金額會相應調整。您不需要再支付保險費，本合同其他條款繼續有效。

6 合同中止和復效

6.1 合同中止

在本合同中止期間，我們不承擔保險責任。

6.2 合同復效

（1）**本合同中止後 2 年內**，您可以申請恢復合同效力（即復效）。經我們與您協商並達成協議，自您補交復效時應交納的全部保險費及其利息、借款本息和其他未還款項及其利息的次日零時起，本合同效力恢復。

（2）**自本合同中止之日起滿 2 年**您和我們未達成協議的，我們有權解除合同。我們解除合同的，向您退還合同中止時的現金價值。

7 合同解除和變更

7.1 您解除合同的手續及風險

（1）若您在猶豫期後申請解除本合同，請填寫解除合同申請書並向我們提供下列資料：

①保險合同；

②您的有效身分證件。

(2) 自我們收到解除合同申請書時起，本合同終止。我們自收到解除合同申請書之日起30日內退還本合同的現金價值。

(3) 您在猶豫期後解除合同可能會遭受一定損失。

7.2　合同變更

本合同生效後，您和我們可以協商變更本合同的內容。變更本合同時，您應當向我們提出變更合同的申請，經我們審核同意後，由我們在保險單或者其他保險憑證上批註或者附貼批單，或者由您和我們訂立變更的書面協議。

7.3　聯繫方式變更

為保障您的合法權益，您的住所、通訊地址或電話等聯繫方式變更時，請及時以書面形式或雙方認可的其他形式通知我們。若您未以書面形式或雙方認可的其他形式通知我們，我們按本合同載明的最後住所或通訊地址發送有關通知，均視為已送達給您。

8　明確說明與如實告知

8.1　明確說明

(1) 訂立本合同時，我們應向您說明本合同的內容。

(2) 對保險條款中免除我們責任的條款，我們在訂立合同時應當在投保單、保險單或其他保險憑證上做出足以引起您注意的提示，並對該條款的內容以書面或口頭形式向您做出明確說明，未做提示或明確說明的，該條款不產生效力。

8.2　如實告知

(1) 我們就您和被保險人的有關情況提出詢問的，您應當如實告知。

(2) 若您故意或因重大過失未履行前款規定的如實告知義務，足以影響我們決定是否同意承保或提高保險費率的，我們有權解除本合同。

(3) 若您故意不履行如實告知義務，對於本合同解除前發生的保險事故，我們不承擔給付保險金的責任，並不退還保險費。

(4) 若您因重大過失未履行如實告知義務，對保險事故的發生有嚴重影響的，對於本合同解除前發生的保險事故，我們不承擔給付保險金的責任，但應當退還保險費。

(5) 我們在合同訂立時已經知道您未如實告知的情況的，我們不得解除合同；發生保險事故的，我們承擔給付保險金的責任。

8.3　本公司合同解除權的限制

前款約定的合同解除權，自我們知道有解除事由之日起，超過30日不行使而消滅。

自本合同成立之日起超過2年的，我們不得解除合同；發生保險事故的，我們承擔給付保險金的責任。

9 其他需要關注的事項

9.1 年齡錯誤

您在申請投保時，應將與有效身分證件相符的被保險人的出生日期在投保單上填明，若發生錯誤按照下列方式辦理：

(1) 您申報的被保險人年齡不真實，並且其真實年齡不符合本合同約定的投保年齡限制的，在保險事故發生之前我們有權解除合同，並向您退還本合同的現金價值。我們行使合同解除權適用「本公司合同解除權的限制」的約定。

(2) 您申報的被保險人年齡不真實，致使本合同載明的基本保險金額多於真實年齡對應的基本保險金額，我們有權更正基本保險金額。若已經發生保險事故，我們將根據真實年齡對應的基本保險金額計算並給付保險金。

(3) 您申報的被保險人年齡不真實，致使本合同載明的基本保險金額少於真實年齡對應的基本保險金額，我們將在您認可後根據真實年齡更正基本保險金額。若已經發生保險事故，我們將根據真實年齡對應的基本保險金額計算並給付保險金。

9.2 未還款項

我們在給付各項保險金、退還現金價值或返還保險費時，若您有欠交的保險費（包含寬限期內欠交的保險費）及其利息、未償還的保單質押借款及其利息或其他未還款項及其利息，我們將在您償清上述款項及相關利息後支付保險金、退還現金價值或返還保險費。

9.3 爭議處理

在本合同履行過程中發生任何爭議，當事人應根據本合同約定選擇下列兩種方式之一予以解決：

(1) 因履行本合同發生的爭議，由當事人協商解決，協商不成的，提交雙方共同選定的仲裁委員會，按其當時有效的仲裁規則仲裁解決。

(2) 因履行本合同發生的爭議，由當事人協商解決，協商不成的，依法向有管轄權的人民法院起訴。

10 釋義

10.1 保單年度

從本合同生效日或保單週年日零時起至下一年度的保單週年日零時止為一個保單年度。

10.2 保單週年日

保單週年日是指本合同生效日在合同生效後每年的對應日，不含本合同生效日當日。若當月沒有對應的同一日，則以該月最後一日為對應日。

10.3 保險費約定支付日

保險費約定支付日是指本合同生效日在每月、每季、每半年或每年（根據交費方式確定）的對應日。若當月無對應的同一日，則以該月最後一日為對應日。

10.4 週歲

週歲是指按法定身分證明文件中記載的出生日期計算的年齡，自出生之日起為零週歲，每經過一年增加一歲，不足一年的不計。

10.5 有效身分證件

有效身分證件是指由政府主管部門規定的證明其身分的證件，如居民身分證及按規定可使用的有效護照、軍官證、警官證、士兵證、戶口簿等證件。

10.6 現金價值

現金價值是指本合同所具有的價值，通常體現為解除合同時，根據精算原理計算的，由我們退還的那部分金額。

10.7 交費年度數

交費年度數是指本合同自交納首期保險費後所在的保單年度數與保險單載明的交費期間的較小值。

10.8 毒品

本合同中的毒品是指中華人民共和國刑法規定的鴉片、海洛因、甲基苯丙胺（冰毒）、嗎啡、大麻、可卡因以及國家規定管制的其他能夠使人形成癮癖的麻醉藥品和精神藥品，但不包括由醫生開具並遵醫囑使用的用於治療疾病但含有毒品成分的處方藥品。

10.9 酒後駕駛

酒後駕駛是指經檢測或鑒定，發生事故時車輛駕駛人員每百毫升血液中的酒精含量達到或超過一定的標準，公安機關交通管理部門依據《道路交通安全法》的規定認定為飲酒後駕駛或醉酒後駕駛。

10.10 無合法有效駕駛證駕駛

無合法有效駕駛證駕駛是指下列情形之一：

（1）沒有駕駛證駕駛；

（2）駕駛與駕駛證准駕車型不相符合的車輛；

（3）持審驗不合格的駕駛證駕駛；

（4）持學習駕駛證學習駕車時，無教練員隨車指導，或不按指定時間、路線學習駕車。

10.11 無有效行駛證

無有效行駛證是指下列情形之一：

（1）機動車被依法註銷登記的；

（2）未依法按時進行或通過機動車安全技術檢驗。

10.12 機動車

機動車是指以動力裝置驅動或牽引，上道路行駛的供人員乘用或用於運送物品以及進行工程專項作業的輪式車輛。

10.13　醫療機構

醫療機構是指經中華人民共和國衛生部門正式評定的二級或以上之公立醫院，但不包括上述醫院的分院、聯合病房或聯合病床，精神病院、專供康復、休養、戒毒、戒酒、護理、養老等非以直接診治病人為目的之醫療機構。

10.14　利息

本合同保單質押借款的利息按我們收到保單質押借款申請書時已宣布的借款利率計算，我們在每年的1月1日和7月1日根據監管規定和市場情況宣布兩次借款利率。

借款利率適用於本合同自動墊交的保險費和補交保險費的利息計算。

華夏人壽保險股份有限公司
彩色人生終身壽險（至尊版）基本保險金額表（男性）
（保險期間為終身，年交保險費1,000元）

表6-1　　　　　　　　　　　　　　　　　　　　　　　單位：元

投保年齡＼交費期間	一次交清	3年交	5年交	10年交	15年交	20年交
0	859	2,487	4,009	7,380	10,175	12,513
1	859	2,487	4,009	7,380	10,174	12,512
2	859	2,488	4,009	7,380	10,174	12,511
3	859	2,488	4,009	7,379	10,172	12,508
4	859	2,488	4,009	7,379	10,172	12,508
5	859	2,488	4,009	7,378	10,170	12,506
6	859	2,487	4,009	7,378	10,169	12,504
7	859	2,487	4,008	7,377	10,167	12,502
8	859	2,487	4,008	7,375	10,166	12,500
9	859	2,487	4,008	7,374	10,163	12,498
10	858	2,486	4,007	7,372	10,161	12,495
11	858	2,486	4,006	7,371	10,159	12,493
12	858	2,485	4,005	7,369	10,157	12,490
13	858	2,485	4,004	7,367	10,155	12,488
14	858	2,484	4,003	7,366	10,153	12,486
15	857	2,483	4,001	7,364	10,151	12,483
16	857	2,482	4,000	7,363	10,149	12,481
17	857	2,482	4,000	7,362	10,147	12,478
18	857	2,481	3,999	7,361	10,146	12,476
19	857	2,481	3,999	7,359	10,144	12,473
20	856	2,481	3,998	7,358	10,142	12,470
21	856	2,481	3,998	7,357	10,140	12,467
22	856	2,480	3,996	7,356	10,137	12,463

表6-1(續)

投保年齡\交費期間	一次交清	3年交	5年交	10年交	15年交	20年交
			男性			
23	856	2,480	3,996	7,354	10,134	12,459
24	856	2,479	3,996	7,352	10,131	12,454
25	856	2,479	3,995	7,350	10,128	12,449
26	856	2,478	3,994	7,348	10,124	12,443
27	856	2,478	3,993	7,345	10,119	12,437
28	855	2,477	3,991	7,342	10,114	12,429
29	855	2,476	3,990	7,339	10,108	12,421
30	855	2,475	3,988	7,336	10,102	12,412
31	855	2,475	3,987	7,331	10,095	12,402
32	854	2,473	3,985	7,327	10,087	12,391
33	854	2,472	3,983	7,322	10,078	12,378
34	853	2,471	3,980	7,316	10,068	12,365
35	853	2,469	3,977	7,309	10,058	12,351
36	852	2,468	3,974	7,302	10,046	12,335
37	852	2,466	3,971	7,294	10,034	12,318
38	851	2,463	3,967	7,286	10,020	12,300
39	850	2,461	3,963	7,277	10,005	12,280
40	850	2,458	3,958	7,267	9,989	12,257
41	849	2,456	3,953	7,256	9,972	12,232
42	848	2,456	3,953	7,244	9,953	12,211
43	847	2,449	3,942	7,231	9,932	12,194
44	845	2,445	3,935	7,217	9,912	12,182
45	844	2,441	3,928	7,202	9,896	12,176
46	843	2,437	3,921	7,187	9,884	12,176
47	841	2,432	3,913	7,174	9,875	12,181
48	840	2,427	3,904	7,163	9,872	12,191
49	838	2,422	3,896	7,155	9,873	12,205
50	836	2,417	3,890	7,151	9,880	12,222
51	834	2,413	3,885	7,150	9,894	12,238
52	833	2,410	3,882	7,152	9,910	12,255
53	832	2,408	3,880	7,159	9,926	12,272
54	831	2,407	3,881	7,170	9,941	12,289
55	831	2,408	3,883	7,184	9,955	12,305
56	831	2,409	3,888	7,199	9,969	
57	832	2,412	3,894	7,214	9,980	
58	833	2,416	3,901	7,227	9,990	
59	835	2,421	3,909	7,238	9,997	
60	836	2,426	3,919	7,247	10,001	

表6-1(續)

投保年齡\交費期間	男性					
	一次交清	3年交	5年交	10年交	15年交	20年交
61	838	2,432	3,931	7,253		
62	841	2,440	3,940	7,256		
63	844	2,449	3,946	7,254		
64	847	2,454	3,948	7,246		
65	851	2,455	3,945	7,231		
66	849	2,450	3,935			
67	848	2,444	3,923			
68	846	2,436	3,909			
69	843	2,427	3,892			
70	840	2,416	3,872			
71	837					
72	832					
73	827					
74	820					
75	812					
76	802					
77	790					
78	773					
79	746					
80	689					

華夏人壽保險股份有限公司

彩色人生終身壽險（至尊版）基本保險金額表（女性）

（保險期間為終身，年交保險費1,000元）

表6-2　　　　　　　　　　　　　　　　　　　　　　　　　　　單位：元

投保年齡\交費期間	婦女性					
	一次交清	3年交	5年交	10年交	15年交	20年交
0	884	2,561	4,128	7,599	10,477	12,886
1	884	2,561	4,128	7,599	10,477	12,885
2	884	2,561	4,128	7,599	10,477	12,885
3	884	2,561	4,128	7,599	10,476	12,884
4	884	2,561	4,128	7,599	10,476	12,883
5	884	2,561	4,128	7,598	10,475	12,883
6	884	2,561	4,128	7,598	10,474	12,882
7	884	2,561	4,128	7,597	10,473	12,881
8	884	2,561	4,127	7,597	10,472	12,880

表6-2(續)

投保年齡 \ 交費期間	一次交清	3年交	5年交	10年交	15年交	20年交
			婦女性			
9	884	2,561	4,127	7,596	10,472	12,878
10	884	2,561	4,127	7,595	10,471	12,877
11	884	2,560	4,126	7,594	10,470	12,876
12	884	2,560	4,126	7,593	10,469	12,875
13	884	2,560	4,125	7,593	10,468	12,874
14	884	2,559	4,125	7,592	10,467	12,873
15	883	2,559	4,124	7,591	10,466	12,872
16	883	2,559	4,124	7,591	10,466	12,871
17	883	2,558	4,123	7,590	10,465	12,870
18	883	2,558	4,123	7,590	10,464	12,869
19	883	2,558	4,123	7,590	10,464	12,869
20	883	2,558	4,123	7,589	10,463	12,867
21	883	2,558	4,123	7,589	10,462	12,866
22	883	2,558	4,122	7,589	10,461	12,865
23	883	2,558	4,122	7,588	10,460	12,863
24	883	2,558	4,122	7,587	10,459	12,861
25	883	2,557	4,122	7,587	10,458	12,859
26	883	2,557	4,121	7,586	10,456	12,857
27	883	2,557	4,121	7,585	10,454	12,854
28	883	2,557	4,120	7,583	10,452	12,851
29	883	2,556	4,120	7,582	10,449	12,847
30	882	2,556	4,119	7,580	10,447	12,843
31	882	2,556	4,119	7,579	10,443	12,838
32	882	2,555	4,118	7,577	10,440	12,834
33	882	2,555	4,117	7,574	10,436	12,828
34	882	2,554	4,116	7,572	10,432	12,822
35	882	2,553	4,114	7,569	10,427	12,816
36	881	2,553	4,113	7,566	10,422	12,809
37	881	2,552	4,111	7,562	10,416	12,801
38	881	2,551	4,110	7,558	10,410	12,792
39	881	2,550	4,108	7,554	10,403	12,783
40	880	2,549	4,106	7,550	10,396	12,772
41	880	2,547	4,103	7,545	10,388	12,761
42	879	2,546	4,101	7,539	10,379	12,749
43	879	2,544	4,098	7,533	10,369	12,740
44	878	2,543	4,095	7,527	10,359	12,733
45	878	2,541	4,092	7,520	10,350	12,729
46	877	2,539	4,089	7,512	10,343	12,728

保險學基礎

表6-2(續)

交費期間 投保年齡	一次交清	3年交	5年交	10年交	15年交	20年交
			婦女性			
47	876	2,537	4,085	7,505	10,337	12,730
48	876	2,534	4,081	7,499	10,334	12,734
49	875	2,532	4,077	7,494	10,334	12,740
50	874	2,529	4,073	7,491	10,336	12,749
51	873	2,527	4,070	7,489	10,342	12,758
52	872	2,525	4,068	7,489	10,350	12,767
53	872	2,524	4,066	7,492	10,358	12,776
54	871	2,523	4,066	7,496	10,366	12,786
55	871	2,523	4,067	7,503	10,373	12,794
56	871	2,523	4,068	7,510	10,380	
57	871	2,524	4,071	7,517	10,385	
58	872	2,526	4,074	7,532	10,390	
59	873	2,528	4,078	7,529	10,393	
60	873	2,531	4,083	7,532	10,395	
61	874	2,534	4,089	7,535		
62	875	2,537	4,093	7,535		
63	877	2,542	4,095	7,533		
64	878	2,544	4,096	7,528		
65	880	2,545	4,094	7,519		
66	880	2,542	4,088			
67	879	2,538	4,081			
68	878	2,534	4,073			
69	876	2,529	4,064			
70	875	2,524	4,053			
71	873					
72	871					
73	868					
74	865					
75	861					
76	856					
77	850					
78	842					
79	832					
80	820					

第六章附錄2

華夏人壽華夏紅年金保險（2017）

在本條款中，「您」指投保人，「我們」和「本公司」指華夏人壽保險股份有限公司，「本合同」指您與我們之間訂立的「華夏紅年金保險合同」。

1. 您與我們訂立的合同

1.1 合同構成

本合同是您與我們約定保險權利義務關係的協議，包括本保險條款、保險單或其他保險憑證、投保單、與保險合同有關的投保文件、合法有效的聲明、健康告知書、變更申請書、批註、批單及其他您與我們共同認可的書面協議。

1.2 合同成立與生效

（1）您提出保險申請，我們同意承保，本合同成立。

（2）本合同生效日在保險單上載明。保單年度、保單週年日、保險費約定支付日均以該日期計算。

1.3 投保年齡

投保年齡是指投保時被保險人的年齡，投保年齡以週歲計算，本合同接受的投保年齡為0週歲（出生且出院滿5日）至70週歲（含70週歲）。

1.4 猶豫期

（1）您收到本合同並書面簽收之日起10日內（含第10日，保險監督管理機構對猶豫期天數另有規定的，從其規定）為猶豫期，在此期間請您仔細審閱本合同的各項內容，特別是責任免除條款、合同解除條款以及如實告知等內容。

若您認為本合同與您的需求不相符，您可以在此期間提出解除本合同，我們將在扣除不超過10元的工本費後無息退還您所交納的保險費。

（2）您在猶豫期內提出解除合同時需填寫解除合同申請書，並提供保險合同及您的有效身分證件。自我們收到解除合同申請書時起，本合同即被解除，對於合同解除前發生的保險事故，我們不承擔保險責任。

2. 我們提供的保障

2.1 保險責任

在本合同有效期間內，我們按照以下約定承擔保險責任：

2.1.1 關愛金

自第5個保單週年日起至第9個保單週年日，若被保險人在任一保單週年日零時仍生存，我們將於該保單週年日按總保險費的6%給付一次關愛金。

分期支付保險費的，「總保險費」按照關愛金給付時本合同的基本保險金額

確定的年交保險費與交費期間計算。一次性交納保險費的,「總保險費」按照關愛金給付時本合同的基本保險金額確定的一次性交納的保險費計算。

2.1.2 年金

自第10個保單週年日起,若被保險人在任一保單週年日零時仍生存,我們將於該保單週年日按本合同基本保險金額的一定比例給付一次年金。本合同約定的給付比例如下:

①若被保險人未滿60週歲,則約定的給付比例為20%;

②若被保險人年滿60週歲,則約定的給付比例為40%。

2.1.3 身故保險金

若被保險人在本合同有效期間內身故,我們按以下二項的較大者給付身故保險金,同時本合同終止:

①被保險人身故時的已交保險費;

②被保險人身故時本合同的現金價值。

2.1.4 全殘保險金

若被保險人在本合同有效期間內全殘,我們按以下二項的較大者給付全殘保險金,同時本合同終止:

①被保險人全殘時的已交保險費;

②被保險人全殘時本合同的現金價值。

分期支付保險費的,「已交保險費」按照身故或全殘時本合同的基本保險金額確定的年交保險費與交費年度數計算。一次性交納保險費的,「已交保險費」按照身故或全殘時本合同的基本保險金額確定的一次性交納的保險費計算。

身故保險金與全殘保險金,我們僅給付其中一項。

2.1.5 投保人意外身故豁免保險費

(1) 若投保人在本合同交費期內因意外傷害導致身故,且同時滿足下列兩個條件的,我們將豁免本合同自投保人身故之日起的各期保險費,同時本合同繼續有效:

①投保人與被保險人不為同一人;

②投保人身故時未滿60週歲。

(2) 上述豁免的保險費不包含以下款項:

①投保人身故之日前所欠交的保險費和利息;

②續期保險費交費寬限期內的應交未交保險費;

③保險單載明的其他保險合同的保險費。

2.1.6 投保人意外全殘豁免保險費

(1) 若投保人在本合同交費期內因意外傷害導致全殘,且同時滿足下列兩個條件的,我們將豁免本合同自投保人全殘之日起的各期保險費,同時本合同繼續有效:

①投保人與被保險人不為同一人；
②投保人全殘時未滿60週歲。
（2）上述豁免的保險費不包含以下款項：
①投保人全殘之日前所欠交的保險費和利息；
②續期保險費交費寬限期內的應交未交保險費；
③保險單載明的其他保險合同的保險費。

以上各項保險金或豁免保險費的申請與給付請參考「3.3 保險金申請」和「3.5 保險金的給付」。當您申請保險金給付時，如您存在「9.2 未還款項」中所列情形，我們將在您將所有欠款（含關愛金和年金給付當日應交未交的保險費）償還完畢後，再給付保險金或豁免保險費。

2.2 責任免除
（1）因下列情形之一在本合同有效期間內導致被保險人身故或全殘的，我們不承擔給付身故保險金或全殘保險金的責任：
①投保人對被保險人的故意殺害、故意傷害；
②被保險人故意犯罪或抗拒依法採取的刑事強制措施；
③被保險人自本合同成立或復效之日起2年內自殺，但被保險人自殺時為無民事行為能力人的除外；
④被保險人主動吸食或注射毒品；
⑤被保險人酒後駕駛、無合法有效駕駛證駕駛或駕駛無有效行駛證的機動車；
⑥戰爭、軍事衝突、暴亂或武裝叛亂；
⑦核爆炸、核輻射或核污染。
（2）發生上述第①種情形導致被保險人身故或全殘的，本合同終止。您已交足2年以上保險費的，我們向其他權利人退還本合同的現金價值。
（3）發生上述其他情形導致被保險人身故或全殘的，本合同終止，我們向您退還本合同的現金價值。

2.3 保險金額
本合同保險金額按本條款第2.1條規定，根據基本保險金額進行計算確定。基本保險金額由您和本公司在投保時約定，但須符合本公司當時的投保規定，約定的基本保險金額將在保險單上載明，若基本保險金額發生變更，則以變更後金額為準。

2.4 保險期間
本合同的保險期間為終身，自本合同生效日零時起算。

3. 保險金的申請

3.1 受益人
（1）您或被保險人可以指定一人或多人為身故保險金受益人。身故保險金受

益人為多人時，可以確定受益順序和受益份額；未確定受益順序和受益份額的，各受益人按照相同順序和相等份額享有受益權。

(2) 被保險人為無民事行為能力人或限制民事行為能力人的，可以由其監護人指定受益人。

(3) 您或被保險人可以變更身故保險金受益人並書面通知我們。我們收到變更受益人的書面通知後，在保險合同上批註或附貼批單。

(4) 您在指定和變更身故保險金受益人時，必須經被保險人同意。

(5) 被保險人身故後，遇有下列情形之一的，保險金作為被保險人的遺產，由我們依照《中華人民共和國繼承法》的規定履行給付保險金的義務：

①沒有指定受益人，或者受益人指定不明無法確定的；
②受益人先於被保險人身故，沒有其他受益人的；
③受益人依法喪失受益權或放棄受益權，沒有其他受益人的。

(6) 受益人與被保險人在同一事件中身故，且無法確定身故先後順序的，推定受益人先於被保險人身故。

(7) 受益人故意造成被保險人身故、傷殘、疾病的，或故意殺害被保險人未遂的，該受益人喪失受益權。

(8) 除另有約定外，關愛金、年金和全殘保險金的受益人為被保險人本人。

3.2 保險事故通知

您、被保險人或受益人應於知道保險事故發生之日起10日內通知我們。若故意或因重大過失未及時通知，致使保險事故的性質、原因、損失程度等難以確定的，我們對無法確定的部分，不承擔給付保險金的責任，但我們通過其他途徑已經及時知道或應當及時知道保險事故發生或雖未及時通知但不影響我們確定保險事故的性質、原因、損失程度的除外。

3.3 保險金申請

(1) 在本合同有效期間內，若發生符合本合同約定的保險金給付情形，根據發生情形的不同，受益人或被保險人的繼承人可向我們申請給付保險金，但應當按照下列約定的程序和條件進行：

3.3.1 關愛金申請

申請關愛金的，申請人須填寫保險金給付申請書，並向我們提供下列資料：
①保險合同；
②申請人的有效身分證件；
③所能提供的其他與本項給付相關的資料。

3.3.2 年金申請

申請年金的，申請人須填寫保險金給付申請書，並向我們提供下列資料：
①保險合同；
②申請人的有效身分證件；

③所能提供的其他與本項給付相關的資料。

3.3.3 身故保險金申請

申請身故保險金的，申請人須填寫保險金給付申請書，並向我們提供下列資料：

①保險合同；

②申請人的有效身分證件；

③國家衛生行政部門認定的醫療機構、公安部門或其他相關機構出具的被保險人死亡證明；

④被保險人的戶籍註銷證明；

⑤所能提供的與確認保險事故的性質、原因等有關的其他資料。

3.3.4 全殘保險金申請

申請全殘保險金的，申請人須填寫保險金給付申請書，並向我們提供下列資料：

①保險合同；

②申請人的有效身分證件；

③國家有關機關認可或具有合法資質的傷殘鑒定機構出具的被保險人全殘鑒定證明；

④所能提供的與確認保險事故的性質、原因等有關的其他資料。

3.3.5 投保人意外身故豁免保險費申請

申請投保人意外身故豁免保險費的，申請人須填寫豁免保險費申請書，並向我們提供下列資料：

①保險合同；

②申請人的有效身分證件；

③國家衛生行政部門認定的醫療機構、公安部門或其他相關機構出具的投保人死亡證明；

④相關意外傷害的證明和材料；

⑤投保人的戶籍註銷證明；

⑥所能提供的與確認保險事故的性質、原因等有關的其他資料。

3.3.6 投保人意外全殘豁免保險費申請

（1）申請投保人意外全殘豁免保險費的，申請人須填寫豁免保險費申請書，並向我們提供下列資料：

①保險合同；

②申請人的有效身分證件；

③國家有關機關認可或具有合法資質的傷殘鑒定機構出具的投保人全殘鑒定證明；

④相關意外傷害的證明和材料；

⑤所能提供的與確認保險事故的性質、原因等有關的其他資料。

(2) 保險金作為被保險人遺產時，申請人還須提供可證明合法繼承權的相關權利文件。

(3) 上述申請資料不完整的，我們將及時一次性通知申請人補充提供有關資料。

3.4　宣告死亡的處理

(1) 若被保險人在本合同有效期間內被人民法院宣告死亡，保險金申請人在申請身故保險金時還須提供人民法院出具的具有最終法律效力的宣告死亡證明文件。

(2) 被保險人在本合同有效期間內被人民法院宣告死亡的，我們將以人民法院出具的具有最終法律效力的宣告死亡證明文件所確定的死亡日期為被保險人身故日。

(3) 若被保險人在人民法院宣告死亡之後重新出現或確知其沒有死亡，保險金申請人應於知道或應當知道被保險人生還消息之日起30日內將已領取的身故保險金一次性返還給我們。

3.5　保險金的給付

(1) 我們在收到保險金給付申請書及本合同約定的資料後，將在5日內做出核定；情形複雜的，在30日內做出核定。對屬於保險責任的，我們在與受益人達成給付保險金的協議後10日內，履行給付保險金義務。

(2) 我們未及時履行前款規定義務的，除支付保險金外，應當賠償受益人因此受到的損失。

(3) 對不屬於保險責任的，我們自做出核定之日起3日內向受益人發出拒絕給付保險金通知書並說明理由。

(4) 我們在收到保險金給付申請書及本合同約定的資料之日起60日內，對給付保險金的數額不能確定的，根據已有資料可以確定的數額先予支付；我們最終確定給付保險金的數額後，再給付相應的差額。

3.6　訴訟時效

申請人向我們請求給付保險金的訴訟時效期間為5年，自其知道或應當知道保險事故發生之日起計算。

4. 保險費的交納

4.1　保險費的交納

(1) 本合同的交費方式和交費期間由您和我們約定並在保險單上載明。

(2) 分期支付保險費的，您在支付首期保險費後，應當在每個保險費約定支付日之前交納當期保險費。

4.2　寬限期

(1) 分期支付保險費的，您在支付首期保險費後，除本合同另有約定外，若

您到期未支付保險費，自保險費約定支付日的次日零時起60日為寬限期。寬限期內發生的保險事故，我們仍會承擔保險責任，但在給付保險金時會扣減您欠交的保險費。

（2）若您寬限期結束之後仍未支付保險費，則本合同自寬限期滿的次日零時起中止。

5. 現金價值權益

5.1　本合同現金價值

本合同保單年度末的現金價值會在保險合同中載明，保單年度之內的現金價值您可以向我們查詢。

5.2　保單質押借款

（1）在本合同有效期間內，若本合同具有現金價值且不存在包含保單質押借款、自動墊交的保險費在內的未還款項及其利息，經您書面申請且我們審核同意後，您可在猶豫期後向我們辦理保單質押借款。借款金額以借款時本合同現金價值的80%為最高限額，每次借款期限最長不超過180日。

（2）借款及利息應在借款到期時一併歸還。若您到期未能足額償還借款及利息，則所欠的借款及利息將作為新的借款按我們最近一次宣布的利率計息。

（3）借款本息達到本合同及保險單內其他保險合同的現金價值時，本合同及保險單內其他保險合同終止，本合同及保險單內其他保險合同的現金價值將全部用於償還借款本息。

（4）您申請保單質押借款須填寫申請書及其他相關文件，並憑保險合同原件、您的有效身分證件辦理。

5.3　保險費自動墊交

（1）您在投保時選擇保險費自動墊交方式的，若分期交付的保險費超過寬限期仍未交付，且此時本合同及保險單內其他保險合同的現金價值扣除未還款項及其利息後的餘額足以墊交當期保險費，我們將以本合同及保險單內其他保險合同的現金價值扣除未還款項及其利息後的餘額自動墊交應交付的保險費，本合同及保險單內其他保險合同繼續有效。墊交的保險費視作您從本公司的保單質押借款。若本合同及保險單內其他保險合同的現金價值扣除未還款項及其利息後的餘額不足以墊交當期保險費，本合同及保險單內其他保險合同自寬限期滿的次日零時起中止。

（2）在保險費自動墊交期間，若發生合同解除或保險金給付，我們將在您償清墊交的保險費及利息後給付本合同及保險單內其他保險合同的現金價值或保險金。

6. 合同中止和復效

6.1　合同中止

在本合同中止期間，我們不承擔保險責任。

6.2 合同復效

(1) 本合同中止後 2 年內，您可以申請恢復合同效力（即復效）。經我們與您協商並達成協議，自您補交復效時應交納的全部保險費及其利息、借款本息和其他未還款項及其利息的次日零時起，本合同效力恢復。

(2) 自本合同中止之日起滿 2 年您和我們未達成協議的，我們有權解除合同。我們解除合同的，向您退還合同中止時的現金價值。

7. 合同解除和變更

7.1 您解除合同的手續及風險

(1) 若您在猶豫期後申請解除本合同，請填寫解除合同申請書並向我們提供下列資料：

①保險合同；

②您的有效身分證件。

(2) 自我們收到解除合同申請書時起，本合同終止。我們自收到解除合同申請書之日起 30 日內退還本合同的現金價值。

(3) 您在猶豫期後解除合同可能會遭受一定損失。

7.2 合同變更

本合同生效後，您和我們可以協商變更本合同的內容。變更本合同時，您應當向我們提出變更合同的申請，經我們審核同意後，由我們在保險單或者其他保險憑證上批註或者附貼批單，或者由您和我們訂立變更的書面協議。

7.3 聯繫方式變更

為保障您的合法權益，您的住所、通訊地址或電話等聯繫方式變更時，請及時以書面形式或雙方認可的其他形式通知我們。若您未以書面形式或雙方認可的其他形式通知我們，我們按本合同載明的最後住所或通訊地址發送有關通知，均視為已送達給您。

8. 明確說明與如實告知

8.1 明確說明

(1) 訂立本合同時，我們應向您說明本合同的內容。

(2) 對保險條款中免除我們責任的條款，我們在訂立合同時應當在投保單、保險單或其他保險憑證上做出足以引起您注意的提示，並對該條款的內容以書面或口頭形式向您做出明確說明，未做提示或明確說明的，該條款不產生效力。

8.2 如實告知

(1) 我們就您和被保險人的有關情況提出詢問的，您應當如實告知。

(2) 若您故意或因重大過失未履行前款規定的如實告知義務，足以影響我們決定是否同意承保或提高保險費率的，我們有權解除本合同。

(3) 若您故意不履行如實告知義務，對於本合同解除前發生的保險事故，我們不承擔給付保險金的責任，並不退還保險費。

（4）若您因重大過失未履行如實告知義務，對保險事故的發生有嚴重影響的，對於本合同解除前發生的保險事故，我們不承擔給付保險金的責任，但應當退還保險費。

（5）我們在合同訂立時已經知道您未如實告知的情況的，我們不得解除合同；發生保險事故的，我們承擔給付保險金的責任。

8.3　本公司合同解除權的限制

前款約定的合同解除權，自我們知道有解除事由之日起，超過30日不行使而消滅。自本合同成立之日起超過2年的，我們不得解除合同；發生保險事故的，我們承擔給付保險金的責任。

9. 其他需要關注的事項

9.1　年齡錯誤

您在申請投保時，應將與有效身分證件相符的被保險人的出生日期在投保單上填明，若發生錯誤按照下列方式辦理：

（1）您申報的被保險人年齡不真實，並且其真實年齡不符合本合同約定的投保年齡限制的，在保險事故發生之前我們有權解除合同，並向您退還本合同的現金價值。我們行使合同解除權適用「本公司合同解除權的限制」的約定。

（2）您申報的被保險人年齡不真實，致使本合同載明的基本保險金額多於真實年齡對應的基本保險金額，我們有權更正基本保險金額。若已經發生保險事故，我們將根據真實年齡對應的基本保險金額計算並給付保險金。

（3）您申報的被保險人年齡不真實，致使本合同載明的基本保險金額少於真實年齡對應的基本保險金額，我們將在您認可後根據真實年齡更正基本保險金額。若已經發生保險事故，我們將根據真實年齡對應的基本保險金額計算並給付保險金。

9.2　未還款項

我們在給付各項保險金、退還現金價值或返還保險費時，若您有欠交的保險費（包含寬限期內欠交的保險費）及其利息、未償還的保單質押借款及其利息或其他未還款項及其利息，我們將在您償清上述款項及相關利息後支付保險金、退還現金價值或返還保險費。

9.3　爭議處理

在本合同履行過程中發生任何爭議，當事人應根據本合同約定選擇下列兩種方式之一予以解決：

（1）因履行本合同發生的爭議，由當事人協商解決，協商不成的，提交雙方共同選定的仲裁委員會，按其當時有效的仲裁規則仲裁解決。

（2）因履行本合同發生的爭議，由當事人協商解決，協商不成的，依法向有管轄權的人民法院起訴。

10. 釋義

10.1 保單年度

從本合同生效日或保單週年日零時起至下一年度的保單週年日零時止為一個保單年度。

10.2 保單週年日

保單週年日是指本合同生效日在合同生效後每年的對應日，不含本合同生效日當日。若當月沒有對應的同一日，則以該月最後一日為對應日。

10.3 保險費約定支付日

保險費約定支付日是指本合同生效日在每月、每季、每半年或每年（根據交費方式確定）的對應日。

若當月無對應的同一日，則以該月最後一日為對應日。

10.4 週歲

週歲是指按法定身分證明文件中記載的出生日期計算的年齡，自出生之日起為零週歲，每經過一年增加一歲，不足一年的不計。

10.5 有效身分證件

有效身分證件是指由政府主管部門規定的證明其身分的證件，如：居民身分證、按規定可使用的有效護照、軍官證、警官證、士兵證、戶口簿等證件。

10.6 現金價值

現金價值是指本合同所具有的價值，通常體現為解除合同時，根據精算原理計算的，由我們退還的那部分金額。

10.7 全殘

本合同所定義的全殘是指至少滿足下列情形之一者：

(1) 雙目永久完全（註①）失明（註②）；
(2) 兩上肢腕關節以上或兩下肢踝關節以上缺失；
(3) 一上肢腕關節以上及一下肢踝關節以上缺失；
(4) 一目永久完全失明及一上肢腕關節以上缺失；
(5) 一目永久完全失明及一下肢踝關節以上缺失；
(6) 四肢關節機能永久完全喪失（註③）；
(7) 咀嚼、吞咽機能永久完全喪失（註④）；
(8) 中樞神經系統機能或胸、腹部臟器機能極度障礙，終身不能從事任何工作，為維持生命必要的日常生活活動，全需他人扶助的（註⑤）。全殘的鑒定應在治療結束之後由醫療機構（或鑒定機構）進行。若自被保險人遭受意外傷害之日起180日後治療仍未結束，按第180日的身體情況進行鑒定。

註：①永久完全系指自上述「全殘」情形發生之日起經過180日的治療，機能仍完全喪失，但眼球摘除等明顯無法復原的情況，不在此限。

②失明包括眼球缺失或摘除，或不能辨別明暗，或僅能辨別眼前手動者，最

佳矯正視力低於國際標準視力表0.02，或視野半徑小於5度，並由我們確定的有資格的眼科醫師出具醫療診斷證明。

③關節機能的喪失系指關節永久完全僵硬，或麻痺，或關節不能隨意識活動。

④咀嚼、吞咽機能喪失系指由於牙齒以外的原因引起器質障礙或機能障礙，以至不能做咀嚼、吞咽運動，除流質食物外不能攝取或吞咽的狀態。

⑤為維持生命必要的日常生活活動，全需他人扶助系指食物攝取、大小便始末、穿脫衣服、起居、步行、入浴等，皆不能自己為之，需要他人幫助。

10.8　交費年度數

交費年度數是指本合同自交納首期保險費後所在的保單年度數與保險單載明的交費期間的較小值。

10.9　意外傷害

意外傷害是指遭受外來的、突發的、非本意的、非疾病的客觀事件直接致使身體受到的傷害。

10.10　利息

利息是本合同保單質押借款的利息按我們收到保單質押借款申請書時已宣布的借款利率計算，我們在每年的1月1日和7月1日根據監管規定和市場情況宣布兩次借款利率。

借款利率適用於本合同自動墊交的保險費和補交保險費的利息計算。

10.11　毒品

本合同中毒品是指中華人民共和國刑法規定的鴉片、海洛因、甲基苯丙胺(冰毒)、嗎啡、大麻、可卡因以及國家規定管制的其他能夠使人形成癮癖的麻醉藥品和精神藥品，但不包括由醫生開具並遵醫囑使用的用於治療疾病但含有毒品成分的處方藥品。

10.12　酒後駕駛

酒後駕駛是指經檢測或鑒定，發生事故時車輛駕駛人員每百毫升血液中的酒精含量達到或超過一定的標準，公安機關交通管理部門依據《道路交通安全法》的規定認定為飲酒後駕駛或醉酒後駕駛。

10.13　無合法有效駕駛證駕駛

無合法有效駕駛證駕駛是指下列情形之一：

（1）沒有駕駛證駕駛；

（2）駕駛與駕駛證準駕車型不相符合的車輛；

（3）持審驗不合格的駕駛證駕駛；

（4）持學習駕駛證學習駕車時，無教練員隨車指導，或不按指定時間、路線學習駕車。

10.14　無有效行駛證

無有效行駛證是指下列情形之一：

（1）機動車被依法註銷登記的；

（2）未依法按時進行或通過機動車安全技術檢驗。

10.15　機動車

機動車是指以動力裝置驅動或牽引，上道路行駛的供人員乘用或用於運送物品以及進行工程專項作業的輪式車輛。

10.16　醫療機構

醫療機構是指經中華人民共和國衛生部門正式評定的二級或以上之公立醫院，但不包括上述醫院的分院、聯合病房或聯合病床，精神病院，專供康復、休養、戒毒、戒酒、護理、養老等非以直接診治病人為目的之醫療機構。

第七章　財產保險

內容提要：本章主要介紹了財產保險的概念、特徵、保險標的的損失狀態及財產保險基本的賠償方式；分析了財產保險合同的兩個重要的內容——保險價值與保險金額；介紹了財產保險的主要業務種類；並著重對火災保險、機動車輛保險、責任保險做了介紹。

第一節　財產保險概述

一、財產保險的概念

財產是金錢、財物以及民事權利義務的總和。財產保險是對財產及其有關利益因災害事故造成的損失進行補償的保險。保險人集合眾多面臨同質風險的經濟單位，當其中部分經濟單位的財產及其利益因約定災害事故的發生遭受損失時，保險人對被保險人賠償保險金。

財產保險的概念應從以下幾方面理解：

（一）財產保險的保險標的是財產及其有關利益

財產保險的保險標的是保險的對象，也是財產保險合同中約定的保險事故發生的本體。財產保險標的存在的形式有兩種：有形財產與無形財產。前者是狹義的財產保險標的，它是客觀存在的、有形的物質財產，該類保險標的的種類很多，如運輸過程中的貨物、汽車、輪船、機器設備、房屋等等；後者是投保人具有利害關係的某種經濟利益，它包括預期收益、損害賠償責任、權利和義務等。

（二）財產保險所承保的風險是各種自然災害和意外事故

當保險單上約定的災害事故發生使保險標的出現損失時，保險人對被保險人所遭受的實際經濟損失進行賠償。

（三）損失分攤機制是財產保險運行的基礎

損失分攤機制的實質是保險人通過集合眾多同類標的面臨同質風險的經濟單

位，將個別經濟單位遭受的經濟損失，在全體被保險人中進行分攤，即少數被保險人所遭受的經濟損失由全體被保險人共同分攤。

二、財產保險的特徵

與人身保險比較，財產保險具有以下特徵：

（一）財產保險是補償性保險

1. 保險標的具有可估價性

財產保險的保險標的的價值是可以確定的。就有形財產而言，其本身就有客觀的市場價；就無形財產而言，投保人對其具有的經濟利益也必須是確定的、可以用貨幣來估算的，否則不能作為保險標的。因此，財產保險合同中有一項特殊的內容——保險價值。

2. 保險金額的確定方法

由於財產保險的保險標的本身具有保險價值，因此保險金額是在對保險標的估價的基礎上確定的。保險金額可以按標的的市場價確定，也可以按帳面價或重置價確定。

3. 保險金的賠償方式

基於財產保險標的的性質，財產保險是補償性保險，保險標的的損失可以用貨幣來衡量，保險事故發生後，保險人對被保險人的賠償要遵循損失補償原則。即在保險金額限度內，按保險單約定的賠償方式，損失多少，賠償多少，被保險人不能獲得超過實際損失的額外利益。

（二）財產風險的性質

1. 與人身風險比較，財產風險較集中

首先，財產保險承保了一些高額保險，如飛機保險、人造衛星保險等，其保險金額較高，保險事故一旦發生，保險人要支出巨額的保險賠款。其次，財產保險還承保了一些巨災風險，如洪水、風暴等，這些風險一旦發生，會使大量的保險標的同時受損，導致保險人的賠償金額劇增。由於財產風險具有集中性，為了分散風險，保證保險經營的穩定，保險人往往要借助再保險安排分散風險。

2. 保險人要準確掌握財產風險的規律性有一定難度

財產風險與人身風險不同。首先，財產風險種類繁多、千差萬別。其次，受人們的認識能力和科技發展水準的限制，人們對一些災害事故還無法有效地預測和防範。再次，人們對財產風險的重視程度不夠，統計資料不健全。基於以上原因，保險人要準確地掌握財產風險的規律性有一定難度，根據所掌握的風險資料制定的保險費與所承保的財產實際發生的損失之間往往存在一定的偏差。

（三）財產保險一般是短期保險

人身保險，特別是人壽保險，其保險期限較長。由於保險期限長，人身保險具有以下特徵：第一，採用年度均衡保險費制，保險費多為按年度分期交納，保

險費按複利計算；第二，對被保險人而言，既具有保障性，又具有儲蓄性；第三，保險人每年都有固定的保險費收入，由此形成的保險基金可供保險人進行中長期投資。

財產保險與人身保險不同，其保險期限一般為一年或一年以內。由於期限短，保險實務中要求投保人投保時一次性交清保險費，保險費不計利息；其形成的保險基金一般不能作為保險人中長期投資的資金來源；財產保險只具有保障性，不具有儲蓄性，保險單沒有現金價值。

三、財產保險標的的損失狀態

在保險實務中，財產保險標的的損失可以從不同的角度分類：按遭受損失的程度，可分為全部損失和部分損失；按損失的形態，可分為物質損失和費用損失；按損失發生的客體是否是保險標的本身，可分為直接損失和間接損失。

（一）全部損失和部分損失

1. 全部損失

全部損失簡稱全損，指保險標的因保險事故的發生而遭受全部損失的一種損失狀態。全部損失可分為實際全損和推定全損。

實際全損是指保險標的因遭受保險承保範圍內的風險事故而全部滅失，或受損程度已使其失去原有形態和特徵的一種實質性的物質損失。

推定全損是指保險標的在遭受保險事故後，雖然尚未達到全部滅失、損毀狀態，但是全部滅失是不可避免的，或估計恢復、修復該標的物所耗費用已達到或超過其實際價值或保險價值。

2. 部分損失

部分損失是指保險標的的損失未達到全部損失程度的一種損失狀態。

（二）物質損失和費用損失

物質損失是指由於保險事故發生造成的保險標的本身的損失；費用損失是保險標的發生保險事故時，被保險人採取施救、保護、整理措施所產生的必要合理費用，以及保險單上約定的保險人承擔的其他費用。

（三）直接損失和間接損失

保險事故發生造成的保險標的本身的損失是直接損失；由於保險標的發生保險事故所導致的保險標的以外的損失是間接損失，如汽車受損後所導致的在修理期間營運收入的喪失，企業財產受損後在停業期間利潤的喪失和費用的增加等。保險人對直接損失要承擔賠償責任，對間接損失是否承擔賠償責任，以保險單上的約定為準。

四、財產保險合同的保險價值和保險金額

（一）保險價值與保險金額的概念

1. 保險價值的概念

保險價值是保險標的在某一特定時期內（或時點）用貨幣估算的經濟價值。財產保險的保險標的具有可估價性，保險價值是財產保險合同的特有概念，它是確定保險金額與賠償計算的依據。

保險價值以什麼為標準來確定？財產保險標的有客觀的判斷標準，這個標準就是市場價（實際價值）。在保險實務中，經保險合同當事人雙方約定，保險價值也可以按照保險標的的原始帳面價、重置價等確定。由於市場價在保險合同有效期內會出現漲跌，這樣會使投保時依據保險價值確定的保險金額與保險事故發生時的市場價不一致。對有些特殊的保險標的，其價值不易確定或確無市場價可循時，為了明確保險合同當事人的權利與義務，避免保險事故發生後雙方因賠款計算而發生爭執，可以按雙方約定的價值確定，在保險事故發生時，以事先約定的價值作為賠償的依據，不再另行估價。另外，在海上保險中，有法定的計算確定保險價值的標準。保險價值的存在使財產保險合同在保險金額的確定、承保方式和賠償計算方式等方面都比人身保險合同複雜。

2. 保險金額的概念

保險金額是指保險人在保險合同中承擔賠償或者給付保險金責任的最高限額。財產保險的保險金額是根據保險標的的保險價值來確定的，一般作為保險人對受損標的最高的賠償額度，以及施救費用的最高賠償額度，也是保險人計算保險費的依據之一。除合同另有約定外，保險金額不是保險人認定的財產價值，也不是保險事故發生時賠償的等額，而僅是保險人承擔賠償責任的最高限額。

（二）足額保險、不足額保險和超額保險

1. 足額保險

足額保險是指財產保險合同的保險金額與保險標的的出險時的保險價值相等。在足額保險中，除合同另有約定外，一般當保險標的的發生保險事故使被保險人遭受損失時，保險人對被保險人按實際損失進行賠償，損失多少，賠償多少。

2. 不足額保險

不足額保險是指財產保險合同的保險金額小於保險標的出險時的保險價值。不足額保險的產生一般有兩種情況：一是投保時投保人僅以保險價值的一部分投保，使保險金額小於保險價值；二是投保時保險金額等於保險價值，但在保險合同有效期內，保險標的的市場價上漲，造成出險時保險單上約定的保險金額小於保險價值。在不足額保險中，由於投保人只是以保險標的的價值的部分投保，因此，保險事故發生時，除合同另有約定外，保險人按照保險金額與保險價值的比例承擔賠償責任，被保險人要自己承擔一部分損失。

3. 超額保險

超額保險是指財產保險合同的保險金額大於保險標的出險時的保險價值。超額保險的產生一般有兩種情況：一是投保時投保人以高於保險價值的金額投保，使保險金額大於保險價值；二是投保時保險金額等於保險價值，但在保險合同有效期內，保險標的的市場價下跌，造成出險時保險單上的保險金額大於保險價值。根據損失補償原則，保險金額超過保險價值的，其超過部分無效。

(三) 定值保險、不定值保險、重置價值保險和第一危險責任保險

保險價值是確定保險金額的基礎和依據，保險金額應當反應保險標的的實際價值。根據保險價值確定的時間及保險價值確定的方式，財產保險的承保方式分為以下四種：

1. 定值保險

定值保險是投保時確定保險價值的承保方式。投保人和保險人簽訂保險合同時，除根據保險價值確定保險金額外，還要約定保險價值並在合同中載明。保險標的發生保險事故時，不論損失當時該保險標的的市場價是多少，保險人均按保險單上約定的保險金額計算賠償。如果是全部損失，按保險金額賠償；如果是部分損失，按損失程度計算賠償。

財產保險合同中，以定值保險方式承保的主要有兩類標的。一類是不易確定價值或無客觀市場價的特殊標的，如藝術品，一般由雙方約定保險價值，以免事後發生糾紛。另一類是運輸中的貨物等流動性比較大的標的，由於各地貨物價格差別較大，保險事故發生後再來估算實際價值既困難又麻煩，而且易引起賠償糾紛。此種保險方式實際上是以投保時雙方約定的保險價值代替了損失發生時的保險價值。

2. 不定值保險

不定值保險是與定值保險相對的一種承保方式，投保人和保險人簽訂保險合同時不在合同中載明保險價值，只是訂明保險金額作為賠償的最高限額。當保險標的發生保險事故出現損失時，再來估計其保險價值作為賠款計算的依據。當保險金額等於或高於保險價值時，按實際損失金額賠償；當保險金額小於保險價值時，其不足的部分視為被保險人自保，保險人按受損標的的保險金額與保險價值的比例計算賠款。

不定值保險方式在財產保險合同中運用得較多，財產保險的絕大部分險種都以不定值保險方式承保。

3. 重置價值保險

重置價值保險是投保人與保險人雙方約定按保險標的重置重建價值確定保險金額的一種特殊承保方式。在財產保險合同中，保險人一般要求投保人按保險標的的實際價值投保，當保險標的因保險事故發生而受損時，保險人按實際損失進行賠償（或將受損財產恢復到損失前的狀態）。但是，某些保險標的（如房屋、

建築物、機器設備等），由於使用期限較長，如果按扣除折舊以後的實際價值投保的話，那麼在保險標的受損後，被保險人從保險人那裡獲得的賠償就不充分，不能使被保險人重置重建保險標的以恢復生產經營。因此，為使被保險人獲得保險保障，保險人對某些標的可以按超過實際價值的重置重建價承保。

重置價值保險的實質是一種超額保險，只不過這種超額保險是經過保險合同雙方當事人約定的，保險人認可的超額保險。所以，以這種方式承保的標的受損後，保險人按約定的重置重建價計算賠償。

4. 第一危險責任保險

該承保方式是指經保險人同意，投保人可以保險標的實際價值的部分（即一次保險事故可能造成的最大損失範圍）投保，以此確定保險金額。保險金額一經確定，只要損失金額在保險金額範圍內，就視為足額保險，保險人按保險標的的實際損失賠償。這種方式實質上是一種不足額保險，只不過是保險人認可的不足額保險，保險人對保險金額範圍內的損失全額賠償，而不按保險金額與保險價值的比例進行分攤。這種承保方式之所以叫作第一危險責任保險，是因為它把保險價值分為兩個部分，保險金額範圍內的部分是第一危險責任部分，該範圍內損失保險人負責賠償，超出保險金額範圍的保險價值部分稱為「第二危險」，視為未投保部分，保險人不負賠償責任。

第一危險責任承保方式是針對某些在一次事故發生時不可能發生全損的保險標的所採取的一種特殊的承保方式，對被保險人較有利，因此，保險費率相對於其他承保方式要高一些。同時，保險人為了控制風險，在有些財產保險合同中要求保險單中所確定的的保險金額必須達到保險價值的一定比例，未達到此比例的仍作為不足額保險，損失金額要按照保險單上的保險金額與應達到的保險金額的比例進行分攤。

五、財產保險的基本賠償方式

財產保險有三種基本的賠償方式，依據不同的賠償方式計算的賠償金額是不相同的，保險單上要對賠償方式做具體的規定。

（一）比例責任賠償方式

這種賠償方式的特點是按保險標的的保險金額與保險價值的比例計算賠償金額。如果保險金額低於保險價值，被保險人的損失金額不能全部得到賠償。而且，在損失金額一定的情況下，保險金額與保險價值的比例越小，被保險人所得到的賠償金額越少；保險金額與保險價值的比例越大，被保險人所得到的賠償金額越多。其計算公式如下：

$$賠償金額 = 損失金額 \times \frac{保險金額}{保險價值}$$

（註：保險金額不得大於保險價值）

從以上公式可以看出，當保險金額等於保險價值（足額保險）時，賠償金額等於損失金額；當保險金額大於保險價值（超額保險）時，賠償金額不能按此公式計算，賠償金額仍然等於損失金額。因此，該賠償方式只在不足額保險中採用，被保險人的未保部分視為自保，保險人只負投保部分的保險責任，體現了權利義務對等的原則。

例如：某一保險財產的保險價值為 10 萬元，損失金額為 6 萬元，由於保險金額的不同會出現以下三種情況：

（1）保險金額為 10 萬元，是足額保險，如果保險合同沒有其他限制，賠償金額為 6 萬元。

（2）保險金額為 13 萬元，是超額保險，如果保險合同上沒有其他規定，其超過部分無效，賠償金額為 6 萬元。

（3）保險金額為 8 萬元，是不足額保險，依照上面的公式計算

$$賠償金額 = 6 \times \frac{8}{10} = 4.8（萬元）$$

（二）第一危險責任賠償方式

這種賠償方式的特點是在保險金額範圍內，賠償金額等於損失金額。也就是說被保險人在保險金額範圍內的損失，能夠全部從保險人處獲得賠償。其計算公式為：

$$賠償金額 = 損失金額$$

（註：賠償金額不得大於保險金額）

以上例中的（3）為例，如果按照第一危險責任賠償方式，賠償金額為 6 萬元。顯然，這種賠償方式對被保險人較為有利，因此保險費率要高於比例責任賠償方式。該種賠償方式往往適用於發生一次保險事故不會導致保險標的全部損失的情況，但為了控制風險，保險人一般要求保險金額必須達到保險標的價值的一定比例（比如 80%）才視為足額保險。

（三）免責限度賠償方式

這種賠償方式為：事先規定一個免責限度（免賠額或免賠率），在規定免責限度內的損失，保險人不負賠償責任；只有損失超過免責限度時，保險人才承擔賠償責任。以免賠率為例，又分為相對免賠率和絕對免賠率。

相對免賠率是指保險標的的損失率超過保險單上規定的免賠率時，保險人按實際損失不做扣除的賠償。其公式如下：

$$賠償金額 = 保險金額 \times 損失率$$

（註：損失率必須大於免賠率）

相對免賠率主要用於減少因零星的小額賠款而必須辦理的理賠手續，以節省費用。

絕對免賠率是指當保險標的的損失率超過保險單上規定的免賠率時，保險人

僅就超過免賠率的那部分進行賠償。其公式如下：

$$賠償金額=保險金額×（損失率-免賠率）$$

（註：損失率必須大於免賠率）

絕對免賠率主要用於貨物運輸保險和工程保險等險種中。由正常途耗或自然損耗而非災害事故所導致的損失，保險人不應承擔賠償責任；同時，保險單上規定由被保險人自己承擔一定的損失，以利於增強其防災責任感。

第二節　財產保險的種類

隨著現代保險事業的飛速發展，財產保險已經發展成為一個內涵非常豐富、外延極為廣泛的概念，廣義的財產保險包括了人身保險以外的所有險種（見圖7-1）。按照中國《保險法》第九十二條對保險公司業務範圍的劃分，財產保險業務包括財產損失保險、責任保險、信用保險等保險業務。隨著保險業務的創新，財產保險的新險種不斷出現，以下介紹的是財產保險的主要種類。在本章第三、四、五節和第八章，將對財產保險中有代表性的險種做介紹。

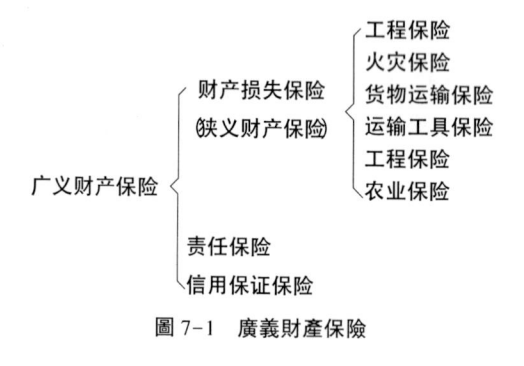

```
                              ┌ 工程保險
                              │ 火災保險
                ┌ 財產損失保險 ┤ 貨物運輸保險
                │ (狹義財產保險)│ 運輸工具保險
                │              │ 工程保險
廣義財產保險　　 ┤              └ 農業保險
                │
                │ 責任保險
                └ 信用保證保險
```

圖7-1　廣義財產保險

一、財產損失保險（狹義財產保險）

財產損失保險是以物質財產為保險標的的保險業務，其種類很多，主要險種包括以下幾類：

（一）火災保險

火災保險是以存放在固定場所並處於相對靜止狀態的財產及其有關利益為保險標的，保險人承保因火災、爆炸、雷擊及其他災害事故的發生所造成損失。中國目前開展的火災保險主要有企業財產保險、家庭財產保險、財產一切險等（參見本章第三節）。

（二）貨物運輸保險

保險人承保貨物在運輸過程中因災害事故及外來風險的發生而遭受的損失。

中國的貨物運輸保險分為海上貨物運輸保險、內陸貨物運輸保險、郵包保險等。貨物運輸保險中最有代表性的海上貨物運輸保險。(參見第八章第二節。)

（三）運輸工具保險

保險人承保因災害事故發生所造成的運輸工具本身的損失及第三者責任，也可承保各種附加險。中國的運輸工具保險主要有機動車輛保險、船舶保險、飛機保險等。(本章第四節將介紹機動車輛保險。)

（四）工程保險

保險人承保建築工程和安裝工程等在建設和施工過程中，因災害事故發生所造成的損失，及由此造成的費用和責任。工程保險是一種包括財產損失保險和責任保險在內的綜合性保險，它分為建築工程保險、安裝工程保險等。建築工程保險主要承保各項土木工程建築在整個建築期間，由於發生保險事故造成被保險工程項目的物質損失、列明費用損失以及被保險人對第三者人身傷害或財產損失引起的經濟賠償責任。安裝工程保險承保新建、擴建或改造的工礦企業的機器設備或鋼結構建築物在整個安裝、調試期間，由於保險責任內的風險造成保險財產的物質損失、列明費用損失，及安裝期間造成的第三者財產損失或人身傷亡引起的經濟賠償責任。

（五）農業保險

保險人承保種植業、養殖業標的因災害事故的發生而受損所造成的經濟損失。它分為種植業保險和養殖業保險兩類。種植業保險以農作物和林木為保險標的，承保保險標的因保險責任範圍內的災害事故而受損所致的經濟損失。按保險標的分類，種植業保險可以分為農作物保險和林木保險。養殖業保險是承保被保險人在進行各種養殖業生產活動中因保險責任事故的發生而遭受損失的一種農業保險。養殖業保險可以分為畜牧保險和水產養殖保險兩大類，亦可細分為大牲畜保險、中小家畜家禽保險、牧畜保險、淡水養殖保險和海水養殖保險。

二、責任保險

責任保險以被保險人依法應承擔的民事損害賠償責任或經過特別約定的合同責任為保險標的，保險人承保經濟單位和個人在進行各項生產經營活動、業務活動或在日常生活中，因疏忽、過失等行為造成他人的財產損失或人身傷亡，依法應承擔的經濟賠償責任。

責任保險的承保方式有兩種：一種是作為各種財產損失保險合同的組成部分或作為附加險承保，不簽發單獨的責任保險保險單；另一種是簽發保險單單獨承保的責任保險，包括公眾責任保險、雇主責任保險、產品責任保險、職業責任保險等。(參見本章第五節)

三、信用保證保險

信用保證保險是由保險人作為保證人為被保證人向權利人提供擔保的一類保

險業務。當被保證人的作為或不作為致使權利人遭受經濟損失時，保險人負經濟賠償責任。理解信用保證保險應注意以下幾點：

（一）信用保證保險是一種擔保行為

信用保證保險的性質類似於銀行的擔保業務，也是一種擔保業務，是保險人替被保證人向權利人提供擔保。

（二）信用保證保險的保險標的是被保證人的信用風險

所謂信用風險，就是義務人不能按規定履行義務，可能給權利人造成的損失。這種保險標的與有形的財產標的不同，是一種無形的經濟利益。較之其他財產保險，保險人在信用保證保險中承擔的風險較廣，除承保各種信用風險外，還承保一些經濟因素、社會因素乃至政治因素造成的信用風險。

（三）信用保證保險的範圍

在保險業務中，承保信用風險的業務有兩類：一類是保證保險，另一類是信用保險。即信用保證保險分為保證保險和信用保險。應該說，保證保險與信用保險二者的性質是相同的，在承保內容與承保方式上也大同小異，它們的區別僅在於保證對象的不同。凡被保證人根據權利人的要求，要求保險人擔保自己（被保證人）信用的保險，屬保證保險；凡權利人要求保險人擔保對方（被保證人）信用的保險，屬信用保險。信用保證保險主要有合同保證保險、忠誠保證保險、商業信用保證保險、投資保險、出口信用保險等。（出口信用保險參見第八章第三節。）

第三節　火災保險

一、火災保險的保險標的和保險風險

火災保險，是指以存放在固定場所並處於相對靜止狀態的財產及其有關利益為保險標的，由保險人承擔被保險財產因保險事故的發生而受損的經濟賠償責任的一種財產損失保險。中國的火災保險業務按照投保主體不同分為企業財產保險與家庭財產保險。企業財產保險以團體為投保對象，因而它又可以稱為團體火災保險；而家庭財產保險則以城鄉居民個人及其家庭為投保單位。

（一）火災保險的保險標的

火災保險的標的，主要是各種不動產和動產。不動產是指不能移動或移動後會引起性質、形狀改變的財產，包括土地及土地的附著物，保險人對土地一般不承保，所以，火災保險承保的主要是土地附著物，以房屋為主，還包括其他建築物及附屬設備。動產則是指能自由移動且不改變其性質、形態的財產。火災保險承保的動產範圍很廣，包括各種生產資料、生活資料及其他商品，如機器設備、

原材料等生產資料。家用電器、家具、服裝等生活資料，商店裡準備出售的各種商品等。無論是何種財產，在保險單上都要註明具體的坐落地點。

(二) 火災保險所承保的主要風險

火災保險承保的基本風險是火災、雷擊、爆炸，此外，還承保一系列自然災害和意外事故。下面根據中國現行的火災保險條款及條款解釋，對火災保險承保的主要風險予以說明。

1. 火災

火災指在時間或空間上失去控制的燃燒所引發的災害。構成火災責任必須同時具備三個條件：①有燃燒現象，即有熱有光有火焰；②偶然、意外發生的燃燒；③燃燒失去控制並有蔓延擴大的趨勢。

2. 雷擊

雷擊指由雷電造成的災害。雷擊的破壞形式分為兩種：①直接雷擊，即因雷電直接擊中保險標的造成損失；②感應雷擊，指由於雷擊產生的靜電感應或電磁感應使屋內的絕緣金屬物體產生高電位放出火花引起的火災，導致電器本身損毀，或因雷電的高電壓感應致使電器部件損毀。

3. 爆炸

爆炸有兩種形式：①物理性爆炸，指由於液體變為蒸氣或氣體膨脹，壓力急遽增加並大大超過容器所能承受的極限壓力而發生的爆炸，如鍋爐、液化氣罐爆炸等，此類爆炸事故的鑑別，以勞動部門出具的鑑定為準；②化學性爆炸，指物體在瞬息分解或燃燒時放出大量的熱和氣體，並以很大的壓力向四周擴散的現象，如火藥爆炸。因物體本身的瑕疵、使用損耗或產品質量低劣以及由於容器內部承受「負壓」（內壓比外壓小）造成的損失，不屬於爆炸責任。

4. 暴雨

暴雨指每小時降雨量達16毫米以上，或連續12小時降雨量達30毫米以上，或連續24小時降雨量達50毫米以上。

5. 洪水

山洪暴發、江河泛濫、潮水上岸及倒灌致使保險標的因遭受浸泡、衝散、衝毀而出現的損失都屬洪水責任。規律性的漲潮、自動滅火設施漏水以及在常年水位以下或地下滲水、水管爆裂造成保險標的損毀，不屬於洪水責任。

6. 臺風

臺風指中心附近最大平均風力12級或以上，即風速在32.6米/秒以上的熱帶氣旋。是否構成臺風應以當地氣象站的認定為準。

7. 暴風

暴風指風速在28.3米/秒，即風力等級表中的11級風。中國保險條款的暴風責任通常擴大至8級風，即風速在17.2米/秒以上即構成暴風責任。

8. 龍捲風

這是一種範圍小而時間短的猛烈旋風。陸地上平均最大風速一般為79米/秒~103米/秒，極端最大風速一般在100米/秒以上。是否構成龍捲風以當地氣象站的認定為準。

9. 雪災

雪災因每平方米雪壓超過建築結構荷載規範規定的荷載標準，以致壓塌房屋、建築物造成損失。

10. 雹災

雹災是指因冰雹降落造成的災害。

11. 冰凌

即氣象部門稱的凌汛，春季江河解凍時期冰塊飄浮遇阻，堆積成壩，堵塞江道，造成水位急遽上升，以致冰凌、江水溢出江道，蔓延成災。陸上有些地區，如山谷風口或酷寒致使雨雪在物體上結成冰塊，呈下垂狀，越結越厚，重量增加，由於下垂的拉力致使物體毀壞。

12. 泥石流

泥石流指山地大量泥沙、石塊隨大暴雨或大量冰水流出。

13. 崖崩

崖崩指石崖、土崖受自然風化、雨蝕、崖崩下塌或山上岩石滾下；或大雨使山上沙土透濕而崩塌。

14. 突發性滑坡

突發性滑坡指斜坡上不穩的岩體、土體或人為堆積物在重力作用下突然整體向下滑動。

15. 地面突然塌陷

地面突然塌陷指地殼因為自然變異使地層收縮而發生突然塌陷。此外，對於因海潮、河流、大雨侵蝕或在建築房屋前沒有掌握地層情況，地下有孔穴、礦穴，以致地面突然塌陷所致保險標的的損失，也在該保險責任範圍以內；而因地基不固或未按建築施工要求導致建築地基下沉、裂縫、倒塌所導致的損失，不在保險責任範圍以內。

16. 飛行物體及其他空中運行物體墜落

凡是空中飛行或運行物體的墜落，如空中飛行器、人造衛星、隕石墜落，吊車、行車在運行時發生的物體墜落都屬於該保險責任。在施工過程中，因人工開鑿或爆炸使石方、石塊、土方飛射、塌下而造成保險標的損毀，保險人可以先給予賠償，然後向負有責任的第三者追償。建築物倒塌、倒落、傾倒造成保險標的損毀，視同空中運行物體墜落責任負責。如果涉及第三者責任，可以先賠後追。但是，對建築物本身的損失，不論是否屬於保險標的，都不負責賠償。

二、企業財產保險

企業財產保險是由傳統的火災保險演變而來的，主要承保火災以及其他自然災害和意外事故造成的保險財產的直接損失。企業財產保險分為基本險和綜合險，兩個險種除保險責任範圍不同外，保險合同的其他內容都相同。

(一) 企業財產保險的保險標的

1. 可保財產

這類財產既可以用會計科目來反應，如固定資產、流動資產、帳外財產等；也可以用企業財產項目類別來反應，如房屋、建築物、機器設備、原材料、商品物資等。以上財產被保險人應對保險標的具有保險利益。

2. 特約承保財產

下列財產須經被保險人與保險人特別約定，並在保險單上載明，才可作為保險標的：①金銀、珠寶、鑽石、玉器、首飾、古幣、古玩、古書、古畫、郵票、藝術品、稀有金屬等珍貴財物；②堤堰、水閘、鐵路、道路、涵洞、橋樑、碼頭；③礦井、礦坑內的設備和物資。

3. 不保財產

下列財產不可作為保險標的：①土地、礦藏、礦井、礦坑、森林、水產資源以及未經收割或收割後尚未入庫的農作物；②貨幣、票證、有價證券、文件、帳冊、圖表、技術資料、電腦資料、槍支彈藥以及無法鑒定價值的財產；③違章建築、危險建築、非法占用的財產；④在運輸過程中的物資；⑤領取執照並正常運行的機動車；⑥牲畜、禽類和其他飼養動物。

(二) 企業財產保險基本險和綜合險的保險責任

1. 基本險的保險責任

①火災；②雷擊；③爆炸；④飛行物體及其他空中運行物體墜落。

保險標的因下列原因損毀，保險人也應負責賠償：

①被保險人擁有財產所有權的自用的供電、供水、供氣設備因保險事故遭受損壞，引起停電、停水、停氣以致造成保險標的直接損毀；②在發生保險事故時，為搶救保險標的或防止災害蔓延，採取合理的必要的措施而造成保險標的的損失。

保險事故發生後，被保險人為防止或者減少損失所支付的必要的合理的費用，由保險人承擔。

2. 綜合險的保險責任

①火災、爆炸；②雷擊、暴雨、洪水、臺風、暴風、龍捲風、雪災、雹災、冰凌、泥石流、崖崩、突發性滑坡、地面突然塌陷；③飛行物體及其他空中運行物體墜落。

保險標的因下列原因損毀，保險人也負責賠償：①被保險人擁有財產所有權

的自用的供電、供水、供氣設備因保險事故遭受損壞，引起停電、停水、停氣以致保險標的直接損毀；②在發生保險事故時，為搶救保險標的或防止災害蔓延，採取合理的必要的措施而造成保險標的損毀。

保險事故發生後，被保險人為防止或者減少損失所支付的必要的、合理的費用，由保險人承擔。

(三) 企業財產保險基本險和綜合險的責任免除

1. 基本險的責任免除

由於下列原因造成保險標的損毀，保險人不負責賠償：①戰爭、敵對行為、軍事行動、武裝衝突、罷工、暴動；②被保險人及其代表的故意行為或縱容所致；③核反應、核子輻射和放射性污染；④地震、暴雨、洪水、颱風、暴風、龍捲風、雪災、雹災、冰凌、泥石流、崖崩、滑坡、水暖管爆裂、搶劫、盜竊。

保險人對下列損失也不負責賠償：①保險標的遭受保險事故引起的各種間接損失；②保險標的本身有缺陷或保管不善導致的損失，保險標的變質、霉爛、受潮、蟲咬、自然磨損、自然損耗、自燃、烘焙所造成的損失；③由於行政行為或執法行為所致的損失；④其他不屬於保險責任範圍內的損失和費用。

2. 綜合險的責任免除

下列原因造成保險標的損毀，保險人不負責賠償：①戰爭、敵對行為、軍事行動、武裝衝突、罷工、暴動；②被保險人及其代表的故意行為或縱容所致；③核反應、核子輻射和放射性污染。

保險人對下列損失也不負責賠償：①保險標的遭受保險事故引起的各種間接損失；②地震所造成的一切損失；③保險標的本身有缺陷或保管不善導致的損失；保險標的變質、霉爛、受潮、蟲咬、自然磨損、自然損耗、自燃、烘焙所造成的損失；④堆放在露天或罩棚下的保險標的以及罩棚，由於暴風、暴雨造成的損失；⑤由於行政行為或執法行為所致的損失；⑥其他不屬於保險責任範圍內的損失和費用。

(四) 保險金額與保險價值

1. 固定資產的保險金額與保險價值

固定資產的保險金額由被保險人按照帳面原值或原值加成數確定，也可按照當時重置價值或其他方式確定。

帳面原值是指在建造或購置固定資產時所支出的貨幣總額，可以被保險人的固定資產明細帳卡等為依據。帳面原值加成數即在固定資產帳面原值基礎上再附加一定成數，使其趨於重置價值。在帳面原值與實際價值差額較大時，可按帳面原值加成數確定保險金額。重置價值即重新購置或重建某項財產所需支付的全部費用。按重置價值確定保額，可以使被保險人的損失得到足額的補償，避免因賠償不足帶來的糾紛。

固定資產的保險價值是出險時的重置價值。

2. 流動資產的保險金額與保險價值

流動資產（存貨）的保險金額由被保險人按最近 12 個月任意月份的帳面餘額確定，或由被保險人自行確定。

流動資產的保險價值是出險時帳面餘額。

帳外財產和代保管財產可以由被保險人自行估價或按重置價值確定。帳外財產和代保管財產的保險價值是出險時重置價值或帳面餘額。

（五）企業財產保險的賠償處理

在企業財產保險中，保險標的發生保險責任範圍內的損失，保險人按照保險金額與保險價值的比例承擔賠償責任，即按以下方式計算賠償金額：

1. 固定資產的賠款計算

固定資產的賠償需要分項計算。在具體賠償時分為如下兩種情況：

（1）全部損失

受損財產保險金額等於或高於出險時重置價值的，其賠償金額以不超過出險時的重置價值為限，受損財產的保險金額低於出險時重置價值的，其賠償金額不得超過該項財產的保險金額。

（2）部分損失

受損保險標的的保險金額等於或高於出險時重置價值的，按實際損失計算賠償金額，受損財產的保險金額低於出險時重置價值的，應根據實際損失或恢復原狀所需修復費用，按保額占出險時重置價值的比例計算賠償金額。即：

$$賠款 = \frac{保險金額}{出險時重置價值} \times 實際損失或受損財產恢復原狀所需修復費用$$

2. 流動資產的賠款計算

流動資產的損失分為如下兩種情況：

（1）全部損失

受損財產的保險金額等於或高於出險時帳面餘額的，其賠償金額以不超過出險時帳面餘額為限；受損財產的保險金額低於出險時帳面餘額的，其賠款不得超過該項財產的保險金額。

（2）部分損失

受損保險標的的保險金額等於或高於帳面餘額，按實際損失計算賠償金額；受損財產的保險金額低於帳面餘額，應根據實際損失或恢復原狀所需修復費用，按保險金額占出險時帳面餘額的比例計算賠償額。

$$賠款 = \frac{保險金額}{出險時帳面餘額} \times 實際損失或受損財產恢復原狀所需修復費用$$

3. 與賠償相關的其他事項

（1）施救費用的賠償

發生保險事故時，被保險人所支付的必要、合理的施救費用的賠償金額在保

險標的損失以外另行計算，最高不超過保險金額的數額。若受損保險標的按比例賠償，則該項費用也按與財產損失賠款相同的比例賠償。

（2）損餘價值的處理

保險標的遭受損失後的殘餘部分價值（簡稱殘值），協議作價折歸被保險人，並在賠款中扣除。如果受損財產賠款要進行分攤，其損餘價值部分也要進行分攤。

（3）代位追償

因第三者對保險標的的損害而造成保險事故的，保險人自向被保險人賠償保險金之日起，在賠償金額範圍內代位行使被保險人對第三者請求賠償的權利。

（4）保險金額的衝減

保險標的遭受部分損失經保險人賠償後，其保險金額應相應減少，被保險人需恢復保險金額時，應補交保險費，由保險人出具批單批註。保險當事人均可依法終止合同。

（5）重複保險的分攤

若保險人所保財產存在重複保險的情況，本保險人僅負按照比例分攤損失的責任。

（六）厘訂費率的主要因素

保險費率根據保險標的風險程度、損失概率、責任範圍、保險期限和經營管理費用等確定。在厘定企業財產保險的費率時，主要應考慮以下因素：

建築結構及建築等級；

占用性質；

承保風險的種類；

地理位置。

此外，還應在具體確定保險費率時考慮被保險人的防火設備、保險標的所處環境、交通狀況等因素的影響。在實際工作中，一般以表定費率為基礎，根據具體風險情況等因素，在一定的浮動範圍內確定費率。

企業財產保險一般以一年為期，標準費率表是年費率表。如果保險期限不足一年，應按短期費率表計收保費。如中途退保，亦適用於短期費率，保險期不足一月的，按一個月收費（見表7-1）。

表7-1　　　　　　財產保險基本險、綜合費短期率表

保險期限（月）	1	2	3	4	5	6	7	8	9	10	11	12
按年費率（%）	10	20	30	40	50	60	70	80	85	90	95	100

三、家庭財產保險

家庭財產保險是以中國城鄉居民的家庭財產為保險標的，由保險人承擔火災及有關自然災害、意外事故損失賠償責任的財產損失保險。

(一) 普通家庭財產綜合保險

普通型家庭財產綜合保險的承保範圍由房屋及附屬設備、室內裝潢和室內財產三大部分組成，投保人可以自由選項投保。房屋及附屬設備和室內裝潢的保險金額由投保人根據購置價和市場價自行確定。室內財產的保險金額以各項財產的實際價值自行確定。

1. 保險標的範圍

(1) 可以承保的家庭財產

凡是被保險人自有的，坐落於保險單所載明地址內的下列家庭財產，在保險標的範圍以內：①房屋及其室內附屬設備（如固定裝置的水暖、氣暖、衛生、供水、管道煤氣及供電設備、廚房配套的設備等）；②室內裝潢；③室內財產，包括家用電器和文體娛樂用品、衣物和床上用品、家具及其他生活用具。以上被保險人可自由選擇投保。

(2) 特約承保的家庭財產

下列財產經被保險人與保險人特別約定，並在保險單上載明，可列入保險標的範圍以內：①屬於被保險人代他人保管或者與他人共有而由被保險人負責的第一條載明的財產；②存放於院內、室內的非機動農機具、農用工具及存放於室內的糧食及農副產品；③經保險人同意的其他財產。

(3) 不可承保的財產

下列家庭財產不在保險標的範圍以內：①金銀、珠寶、鑽石及製品，玉器、首飾、古幣、古玩、字畫、郵票、藝術品、稀有金屬等珍貴財物；②貨幣、票證、有價證券、文件、書籍、帳冊、圖表、技術資料、電腦軟件及資料以及無法鑒定價值的財產；③日用消耗品、各種交通工具、養殖及種植物；④用於從事工商業生產、經營活動的財產和出租用做工商業的房屋；⑤無線通信工具、筆、打火機、手錶、各種磁帶、磁盤、影音激光盤；⑥用蘆席、稻草、油毛氈、麥秆、蘆葦、竹竿、帆布、塑料布、紙板等為外牆、屋頂的簡陋屋棚及柴房、禽畜棚、與保險房屋不成一體的廁所、圍牆、無人居住的房屋以及存放在裡面的財產；⑦政府有關部門徵用、占用的房屋，違章建築、危險建築、非法占用的財產、處於危險狀態下的財產。

2. 保險責任

保險財產只有在保險單載明的地址內，遭受保險責任範圍內的災害事故造成的損失，保險人才負賠償責任。保險責任包括：①火災、爆炸；②雷擊、臺風、龍捲風、暴風、暴雨、洪水、雪災、雹災、冰凌、泥石流、崖崩、突發性滑坡、地面突然下陷；③飛行物體及其他空中運行物體墜落，外來不屬於被保險人所有或使用的建築物和其他固定物體的倒塌；④在發生保險事故時，為搶救保險標的或防止災害蔓延，採取合理的、必要的措施而造成保險標的的損失；⑤保險事故發生後，被保險人為防止或者減少的損失所支付的必要的、合理的費用，由保險

人承擔。

3. 責任免除

（1）事故原因的除外

①戰爭、敵對行為、軍事行動、武裝衝突、罷工、暴動、盜搶；②核反應、核子輻射和放射性污染；③被保險人及其家庭成員、寄居人、雇傭人員的違法、犯罪或故意行為；④因計算機 2000 年問題造成的直接或間接損失。

（2）損失、費用的除外

①保險標的遭受保險事故引起的各種間接損失；②地震及其次生災害所造成的一切損失；③家用電器因使用過度、超電壓、短路、斷路、漏電、自身發熱、烘烤等原因造成的本身的損毀；④坐落在蓄洪區、行洪區，或在江河岸邊、低窪地區以及防洪堤以外當地常年警戒水位線以下的家庭財產，由於洪水所造成的一切損失；⑤保險標的本身有缺陷或保管不善導致的損毀；保險標的變質、霉爛、受潮、蟲咬、自然磨損、自然損耗、自燃、烘焙所造成的本身的損失；⑥行政、執法行為引起的損失和費用；⑦其他不屬於保險責任範圍內的損失和費用。

4. 保險金額與保險價值

房屋及室內附屬設備、室內裝潢的保險金額由被保險人根據購置價或市場價自行確定。房屋及室內附屬設備、室內裝潢的保險價值為出險時的重置價值。

室內財產的保險金額由被保險人根據當時實際價值分項目自行確定。不分項目的，按各大類財產在保險金額中所占比例確定，如規定室內財產中的家用電器及文體娛樂用品、衣物及床上用品、家具及其他生活用具、農村農機具等在保險金額中的比例。特約財產的保險金額由被保險人和保險人雙方約定。

5. 賠償處理

保險事故發生後，保險人按照下列方式計算賠償：

（1）房屋及室內附屬設備、室內裝潢的賠償計算

①全部損失的賠償計算。保險金額等於或高於保險價值時，其賠償金額以不超過保險價值為限；保險金額低於保險價值時，按保險金額賠償。②部分損失的賠償計算。保險金額等於或高於保險價值時，按實際損失計算賠償金額；保險金額低於保險價值時，應根據實際損失或恢復原狀所需修復費用乘以保險金額與保險價值的比例計算賠償金額。

（2）室內財產的賠償計算

全部損失和部分損失，在分項目保險金額內，按實際損失賠付。即室內財產的損失採用第一危險責任賠償方式，應在實際損失賠償，而不是按責任比例分攤損失，但最高賠償金額不得超過保險金額。

（3）其他費用

被保險人所支付的必要、合理的施救費用，按實際支出另行計算，最高不超過受損標的的保險金額。若該保險標的按比例賠償，則該項費用也按相同的比例賠償。

（二）家庭財產兩全保險

家庭財產兩全保險是適用於城鄉居民家庭的兼具保險保障和滿期還本兩全性質的家財險業務。它是在普通家財險的基礎上產生的一種家財險，其保險標的、保險責任與普通家財險無異，其主要特點是：

1. 每份保險單的保險金額固定

與普通家財險不同，家財兩全險的保險金額採取固定的方式，投保份數至少1份。投保人根據投保時保險標的的實際價值確定保險金額及投保份數。投保多份的，若保險金額總和超過保險價值，超過部分無效。

2. 家庭財產兩全保險兼有保險保障和到期還本雙重性質

保險儲金是按年保險費率和同期銀行利率進行計算的，保險公司以被保險人所交的保險儲金的利息收入作為保險費。在保險期滿時，不論被保險人在保險期間有無獲得賠款，也不論保險合同在期滿前是否終止，保險人均向被保險人退還全部儲金。

3. 保險期限較長

財產保險的保險期限一般是以一年為期，而家財兩全險的保險期限一般較長，如三年、五年甚至更長。家庭財產兩全保險既可以為保險人積聚大量的可運用資金，增加保險人的資金實力，同時由於其期限較長，又有利於保險業務的穩定，並減少了每年展業、出單、收費的工作量。

4. 賠償處理

在保險期限內任一個保險年度，如果累計賠償金額達到保險金額，當年的保險責任即行終止，下個保險年度開始時自動恢復保險責任。保險人對部分損失賠償後，當年的有效保險金額為原保險金額減去賠償金額後的餘額，到下個保險年度時保險金額自動恢復。保險標的全部損失經保險人賠償後，保險責任終止，保險人到下個保險年度全額退還保險儲金。

（三）家庭財產保險盜搶險

普通家庭財產保險開辦了多個附加險，如附加盜搶保險、附加家用電器用電安全保險、附加管道爆裂及水漬保險、附加現金、首飾盜搶保險、附加第三者責任保險、附加自行車盜竊保險等。其中附加盜搶險是最為普遍的一種附加險。

1. 保險責任

保險房屋及其室內附屬設備和存放於保險單所載明地址室內的保險標的，由於遭受外來人員撬、砸門窗、翻牆掘壁、持械搶劫，並有明顯現場痕跡，經公安部門確認為盜搶行為所致丟失、損毀的直接損失，且三個月以內未能破案，保險人負責賠償。

2. 責任免除

由於下列原因造成的損失，保險人不負賠償責任：①保險標的因外人無明顯盜竊痕跡、窗外鈎物行為而損毀；②保險標的因門窗未鎖而遭盜竊所致的損失；

③保險標的因被保險人的雇傭人員、同住人、寄宿人盜竊所致的損失。

3. 保險金額

保險金額以家庭財產綜合保險的保險金額為限，對便攜式用品（手提電腦、電子記事本、攝像機、照相器材、收音機、錄音機、CD 機、VCD 機）規定了最高保險金額，且列明清單。

4. 賠償處理

第一，保險標的發生盜搶事故後，被保險人應立即向當地公安部門如實報案，同時通知保險人，否則保險人有權拒賠。

第二，盜搶責任損失賠償後，被保險人應將權益轉讓給保險人，破案追回的保險標的應歸保險人所有，被保險人如願意收回被追回的保險標的，其已領取的賠款必須退還給保險人，保險人對被追回保險標的的損毀部分按照實際損失給予補償。

第三，被保險人向保險人報案後，從案發時起三個月後，被盜搶的保險標的仍未查獲，方可辦理賠償手續。

第四，附加盜搶保險一般有絕對免賠額的規定。

（四）家庭財產保險的創新

近年來，為滿足客戶的需要，增強保險公司的競爭能力，家庭財產保險也在進行創新，比較典型的產品是投資保障型家庭財產保險。該產品的特點是：

第一，保險保障範圍廣泛，包括火災、爆炸等除地震以外的各種自然災害和意外事故，投保人也可以根據需要選擇入室盜搶、管道破裂和水漬的特約責任，居民家庭最為關心的現金、金銀、珠寶、玉器、鑽石、首飾等貴重物品也可以受到保障。

第二，產品具有投資功能，集保險保障與資金投資於一體，且產品收益穩定，客戶的投資收益按固定收益率計算，客戶享有穩定可靠的收益保證。

第四節　機動車輛保險

一、機動車輛保險的特點

中國機動車輛保險主要承保對象是汽車，還包括電車、電瓶車、摩托車、拖拉機、各種專用機械車、特種車。機動車輛保險包括多個基本險和一系列附加險。在各國非壽險業務中，機動車輛保險不僅是運輸工具保險的主要險別，也是整個非壽險業務的主要來源。中國機動車輛保險也是財產保險業務的第一大險種。

與其他財產保險業務比較，機動車輛保險有以下特點：

（一）保險標的出險概率較高

汽車是陸地上的主要交通工具。由於其經常處於運動狀態，總是載著人或貨

物不斷地從一個地方開往另一個地方，很容易發生碰撞及其他意外事故，造成財產損失或人身傷亡。由於車輛數量的迅速增加，而一些國家交通設施及管理水準跟不上車輛的發展速度，再加上駕駛員的疏忽、過失等人為原因，交通事故發生頻繁，汽車出險概率較高。

(二) 業務量大，普及率高

由於汽車出險概率較高，汽車的所有者需要尋求以保險方式轉嫁風險。各國政府在不斷改善交通設施，嚴格制定交通規章的同時，為了保障受害人的利益，對汽車第三者責任保險實施強制保險。保險人為適應投保人轉嫁風險的不同需要，為被保險人提供更全面的保障，在開展車輛損失險和第三者責任險的基礎上，推出了一系列附加險，使汽車保險成為財產保險中業務量較大，普及率較高的一個險種。

(三) 擴大保險利益

機動車輛保險中，針對汽車的所有者與使用者往往不是同一人的特點，機動車輛條款一般規定：不僅被保險人本人使用車輛時發生保險事故保險人要承擔賠償責任，而且凡是被保險人允許的合格駕駛員使用車輛時，也視為其對保險標的具有保險利益，如果發生保險單上約定的事故，保險人同樣要承擔賠償責任。這說明機動車輛保險的規定以「從車」為主，凡經被保險人允許的合格駕駛員駕駛被保險人的汽車發生保險事故造成損失，保險人須對被保險人負賠償責任。此規定是為了對被保險人和第三者提供更充分的保障，並非是違背保險利益原則。但如果在保險合同有效期內，被保險人將保險車輛轉賣、轉讓、贈送他人，被保險人應當書面通知保險人並申請辦理批改。否則，保險事故發生時，保險人對被保險人不承擔賠償責任。

(四) 被保險人自負責任與無賠款費率優待

為了促使被保險人注意維護、養護汽車，使其保持安全行駛技術狀態，並督促駕駛員注意安全行車，以減少事故的發生，保險合同上一般規定：根據駕駛員在交通事故中所負責任，車輛損失險和第三者責任險在符合賠償規定的金額內實行絕對免賠率；保險車輛在一年保險期限內無賠款，第二年續保時可以按保險費的一定比例享受無賠款優待。以上兩項規定，雖然分別是對被保險人的懲罰和優待，但要達到的目的是一致的。

二、機動車輛保險的種類

(一) 車輛損失險

車輛損失險的保險責任範圍包括以下兩個方面：

第一，被保險人或其允許的合格駕駛員在使用保險車輛過程中，由於保險單上約定的災害事故發生造成保險車輛損失，保險人負賠償責任。這些災害事故有：①碰撞、傾覆；②火災、爆炸；③外界物體倒塌、空中運行物體墜落、保

車輛行駛中平行墜落；④雷擊、暴風、龍捲風、暴雨、洪水、海嘯、地陷、冰陷、崖崩、雪崩、雹災、泥石流、滑坡；⑤載運保險車輛的渡船遭受自然災害（只限於有駕駛員隨車照料者）。

以上的保險責任包括碰撞責任和非碰撞責任。碰撞指保險車輛與外界靜止的或運動中的物體的意外撞擊。非碰撞責任包括了一系列自然災害和意外事故。

第二，發生保險事故時，被保險人為防止或減少保險車輛的損失所支付的必要的、合理的施救費用，由保險人承擔，但最高不超過保險金額。

（二）第三者責任保險

1. 機動車第三者責任強制保險

2004年5月1日起實施的《中華人民共和國交通安全法》第17條明確規定：「國家實行第三者責任強制保險制度，設立道路交通事故社會救助基金。具體辦法由國務院規定。」在此基礎上，2006年3月28日，國務院令第462號頒布《機動車交通事故責任強制保險條例》（以下簡稱《條例》），並於2006年7月1日實施。2006年開始實施的機動車交通事故責任強制保險（簡稱「交強險」），是國內第一個強制保險，交強險的特點表現在以下幾個方面：

（1）強制性

①具有經營機動車交通事故責任強制保險資格的保險公司，不能拒絕承保、不得拖延承保交強險業務，也不能隨意解除交強險保險合同。

②未購買交強險的機動車不得上路行駛。在中華人民共和國境內道路上行駛的機動車所有人或者管理人應當投保交強險，未投保的機動車不得上道路行駛。

③保險公司墊付搶救費用。為了確保交通事故受害人能得到及時有效的救治，對於駕駛人未取得駕駛資格或者醉酒、被保險機動車被盜搶期間以及被保險人故意製造道路交通事故等情況下發生道路交通事故，造成受害人人身傷亡的，由保險公司墊付搶救費用。墊付金額不超過機動車交通事故責任強制保險相應的醫療費用賠償限額，並且墊付金額為搶救受傷人員所必須支付的相關醫療費用。保險公司有權就墊付的搶救費用向致害人追償。

（2）賠償原則

交強險推行的是「無過錯」歸責賠償原則，即使被保險人對交通事故的發生不負任何責任，只要交通事故給受害人的人身或財產造成了侵害（道路交通事故的損失是由受害人故意造成的除外），保險公司就必須無條件地在交強險責任限額範圍內予以賠償。但根據駕駛員在交通事故中是否有責，賠償的責任限額不同。

（3）經營主體和經營原則

因交強險具有強制性、政策性的屬性，在中國，經營主體是經中國保險監督管理委員會批准的中資保險公司。交強險業務總體上以不營利不虧損為原則，各公司從事交強險業務將實行與其他商業保險業務分開管理、單獨核算，無論盈虧，均不參與公司的利益分配。從條款與基礎費率擬訂看，交強險實行全國統一

的保險條款和基礎費率，保監會按照交強險業務總體上「不盈利不虧損」的原則審批費率。

（4）責任限額

交強險在全國範圍內實行統一的責任限額。同時，交強險實行分項責任限額，具體分為死亡傷殘賠償限額、醫療費用賠償限額、財產損失賠償限額以及被保險人在道路交通事故中無責任的賠償限額。目前，交強險的總責任限額為 122,000 元，具體分為三項：死亡傷殘賠償限額 110,000 元（有責），11,000 元（無責）；醫療費用賠償限額 10,000 元（有責），1,000 元（無責）；財產損失賠償限額 2,000 元（有責），100 元（無責）。

（5）保險責任範圍

從保險責任範圍上看，與商業第三者責任保險比較，交強險保障的範圍較寬，除了《條例》規定的個別事項外，交強險的賠償範圍幾乎涵蓋了所有道路交通責任風險。而商業第三者責任險中，保險公司在保單中不同程度地規定有責任免除事項。

2. 商業第三者責任保險

被保險人或其允許的合格駕駛人員在使用保險車輛過程中發生意外事故，致使第三者遭受人身傷亡或財產的直接損毀，依法應當由被保險人支付的賠償金額，保險人負責賠償。這裡的第三者是指除投保人、被保險人和保險人以外的，因保險車輛發生意外事故遭受人身傷亡或財產損失的受害者。

保險人並不是無條件地完全承擔「依法應當由被保險人支付的賠償金額」，理賠時還應剔除保險合同中規定的不賠部分。

例：甲廠的車和乙廠的車在行駛中相撞。甲廠車輛損失 5,000 元，車上貨物損失 10,000 元，乙廠車輛損失 4,000 元，車上貨物損失 5,000 元。交通管理部門裁定甲廠車負主要責任，承擔經濟損失 70%，為 16,800 元；乙廠車負次要責任，承擔經濟損失 30%，為 7,200 元。其賠款計算如下：

甲廠應承擔經濟損失 =（甲廠車損 5,000 元+乙廠車損 4,000 元

+甲廠車上貨損 10,000 元

+乙廠車上貨損 5,000 元）×70%

= 16,800 元

乙廠應承擔經濟損失 =（甲廠車損 5,000 元+乙廠車損 4,000 元

+甲廠車上貨損 10,000 元

+乙廠車上貨損 5,000 元）×30%

= 7,200 元

這兩輛車都投保了車輛損失險（按新車購置價確定保險金額）和第三者責任險，由於第三者責任險不負責本車貨物的損失，所以，保險人的賠款計算與交通管理部門的賠款計算不一樣，其賠款計算如下：

甲廠自負車損＝甲廠車損 5,000 元×70%＝3,500 元
甲廠應賠乙廠＝（乙廠車損 4,000 元＋乙廠車上貨損 5,000 元）×70%
　　　　　　＝6,300 元
保險人負責甲廠車損和第三者責任賠款為：
（甲廠自負車損 3,500 元＋甲廠應賠乙廠 6,300 元）×（1－免賠率 15%）
＝8,330 元
乙廠自負車損＝乙廠車損 4,000 元×30%＝1,200 元
乙廠應賠甲廠＝（甲廠車損 5,000 元＋甲廠車上貨損 10,000 元）×30%
　　　　　　＝4,500 元
保險人負責乙廠車損和第三者責任賠款為：
（乙廠自負車損 1,200 元＋乙廠應賠甲廠 4,500 元）×（1－免賠率 5%）
＝5,145 元
這樣，此案甲廠應承擔經濟損失 16,800 元，得到保險人賠款 8,330 元；乙廠應承擔經濟損失 7,200 元，得到保險人賠償 5,145 元。這裡的差額部分即是保險合同規定不賠的部分。

（三）機動車車上人員責任保險

保險期間內，被保險人或其允許的駕駛人在使用被保險機動車過程中發生意外事故，致使車上人員遭受人身傷亡，且不屬於免除保險人責任的範圍，依法應當對車上人員承擔的損害賠償責任，保險人依照本保險合同的約定負責賠償。

（四）機動車全車盜搶保險

保險期間內，被保險機動車的下列損失和費用，且不屬於免除保險人責任的範圍，保險人依照本保險合同的約定負責賠償：①被保險機動車被盜竊、搶劫、搶奪，經出險當地縣級以上公安刑偵部門立案證明，滿 60 天未查明下落的全車損失；②被保險機動車全車被盜竊、搶劫、搶奪後，受到損壞或車上零部件、附屬設備丟失需要修復的合理費用；③被保險機動車在被搶劫、搶奪過程中，受到損壞需要修復的合理費用。

（五）附加險

附加險有玻璃單獨破碎險、自燃損失險、新增加設備損失險、車身劃痕損失險、發動機涉水損失險、修理期間費用補償險、車上貨物責任險、精神損害撫慰金責任險、不計免賠率險、機動車損失保險無法找到第三方特約險、指定修理廠險等。

三、機動車輛條款費率管理制度的改革

（一）第一階段

2003 年 1 月 1 日起，國內機動車輛保險的條款費率管理制度進行改革，改革的核心是，停止由中國保監會統一制定車險條款費率的制度，改由各保險公司自行制定費率，經保監會批准實行。新的車險條款費率管理制度，允許保險公司按

照不同消費者的需求制定條款，車險產品將更加多樣化。機動車輛保險費率改革的方向是對風險要素進行細分，實施風險等級費率，使投保人所交納的保險費與其風險狀況相匹配。在機車險的經營中，人、車、路和環境是構成機動車實際風險的四大要素。因此要改變單一的「從車費率」，實行「從車費率」與「從人費率」和「從地費率」的結合。保險公司在制定調整機車險費率時，應考慮車輛過去的理賠記錄，此外還要考慮以下因素：

1. 隨人因素

「人」是指道路交通參與者的駕駛員、乘車人、騎車人、行人等。而與機車險等級風險有直接關聯的是機動車駕駛員的風險。確定駕駛員的風險等級，應考慮駕駛員的年齡、性別、職業、婚姻狀況、駕齡、單人還是多人駕駛、違章肇事記錄等因素。

2. 隨車因素

考慮車輛使用性質（如私人車輛與非私人車輛、營業車輛與非營業車輛等）、類型、廠牌型號、核定噸位（載客數）、使用時間、是否固定停放、事故記錄等。

3. 隨地因素

考慮車輛行駛區域內的道路狀況，是否僅在特定路線行駛等。

(二) 第二階段

2006 年，保監會進行了新一輪的車險條款費率改革，並在同一年推出了機動車交通事故責任強制保險。這一輪的條款費率改革主要是由中國保險行業協會統一制定基本險條款和費率，將基本險條款分為 A、B、C 三款，並釐定相應的費率，各家保險公司只能從這三款條款費率中進行選擇並執行，但附加險的條款費率還是由各家保險公司自己制定。

2007 年，中國保險行業協會對常見的附加險條款費率也進行了統頒，保監會出抬了「限折令」，規定各家保險公司給予車險投保人的所有優惠總和不得超過車險（不包括交強險）基準費率的 30%，也就是保險公司出具的車險保單最低折扣不能低於七折，從而進一步加強了費率的統一性，有利於控制保險公司競相壓價無序競爭的局面，穩定市場秩序。

(三) 第三階段

2015 年 2 月，中國保監會印發《關於深化商業車險條款費率管理制度改革的意見》（以下簡稱《意見》），積極穩妥推進商業車險條款費率管理制度改革。《意見》立足於中國現階段商業車險條款費率管理的實際，吸收 2010 年以來商業車險改革試點的經驗，參考國際上保險業發達國家車險費率市場化改革的路徑，明確商業車險條款費率管理制度改革的指導思想、基本原則和主要目標，提出建立健全商業車險條款費率形成機制的意見，強調加強和改善商業車險條款費率監管的具體舉措。

《意見》緊緊圍繞建立健全市場化的條款費率形成機制的改革核心目標，一

方面強調「放開前端」，逐步擴大財產保險公司定價自主權；另一方面堅持「管住後端」，強化事中事後監管和償付能力監管剛性約束。《意見》提出三方面的政策措施：一是建立以行業示範條款為主、公司創新型條款為輔的條款管理制度。中國保險行業協會擬訂並不斷完善示範條款，財產保險公司選擇使用；鼓勵財產保險公司開發創新型條款，建立健全公平、公開、透明的創新型條款評估機制和創新型條款保護機制。二是建立市場化的費率形成機制。中國保險行業協會按照大數法則要求，建立財產保險行業商業車險損失數據的收集、測算、調整機制，動態發布商業車險基準純風險保費表，為財產保險公司科學釐定商業車險費率提供參考；由財產保險公司根據自身實際情況科學測算基準附加保費，合理確定自主費率調整系數及其調整標準。根據市場發展情況，逐步擴大財產保險公司商業車險費率釐定自主權，最終形成高度市場化的費率形成機制。三是加強和改善商業車險條款費率監管。建立健全商業車險條款費率回溯分析和風險預警機制，及時驗證商業車險費率釐定和使用過程中精算假設的合理性、責任準備金提取的合規性和財務業務數據的真實性，切實防範因商業車險費率釐定不科學、不公平、不合理所帶來的風險隱患。不斷強化償付能力監管剛性約束，完善償付能力監管制度體系，提高償付能力監管制度執行力。

第五節　責任保險

一、責任保險的概念

責任保險以被保險人依法應承擔的民事損害賠償責任或經過特別約定的合同責任為保險標的。保險人主要承擔各經濟單位和個人在進行各項生產經營活動、業務活動或在日常生活中，由於疏忽、過失等行為造成他人的人身傷亡或財產損失，以及按合同約定應承擔的經濟賠償責任。例如，汽車肇事造成他人的人身傷亡或財產損失，醫生誤診造成病人的傷亡，產品缺陷造成用戶或消費者的人身傷亡或財產損失等，致害人必須依照有關法律規定對受害人承擔經濟賠償責任。如果致害人投保了相關的責任保險，就把責任風險轉嫁給了保險人，一旦保險責任事故發生，就由保險人承擔致害人（被保險人）應向受害人承擔的經濟賠償責任。

在現代社會中，責任風險的客觀存在及其對經濟單位和個人所帶來的威脅，使人們對所面臨的責任風險產生憂慮並尋求轉嫁此類風險的途徑，這是責任保險產生的自然基礎。責任風險是指企業、團體、家庭和個人在從事各項活動中，因疏忽、過失等造成他人的人身傷亡或財產損失，而依法對受害人承擔的經濟賠償的可能性。且隨著社會經濟的日益發展，從責任風險發生的趨勢和對經濟單位和個人帶來的損失程度看，這一風險越來越受到人們的關注。分析其原因，有以下

幾個方面：

第一，人們在遭受他人的侵權損害時，可借助法律手段來保護自己，使責任方承擔對損害的賠償。

第二，科學技術的進步在給人們帶來生產發展和生活方便的同時，也使責任風險發生的概率增加，損失後果嚴重化。

第三，人們生活水準的提高以及物價指數的上升，導致受害人的損害賠償數額日趨升高。對致害人而言，責任風險事故一旦發生，要依法承擔損害賠償責任，要使現有利益受損，甚至要承擔巨額的賠償，危及正常的生活，導致生產的中斷，甚至經營的破產。

因此，經濟單位和個人有轉嫁責任風險的需要。

二、責任保險的保險標的

財產損失保險的保險標的是有形財產，保險事故的發生會直接造成財產的損失，表現為財產的全部損失或部分損失。責任保險的保險標的為被保險人的民事損害賠償責任，這種保險標的是無形標的，保險人承保的是被保險人的侵權行為和違約責任（合同責任）。

（一）民事責任及其構成條件

民事責任是民事法律責任的簡稱，它是民事主體侵害他人的民事權利或違反民事義務（包括合同或其他義務）所應承擔的法律後果。但並非所有侵犯他人的民事權利或違反民事義務的行為都須承擔民事責任，構成民事責任一般還須具備以下四個條件：

1. 行為必須具有違法性

這是構成民事責任的決定性要件。行為不違法，除法律有特別規定外，對其所造成的損害不承擔民事責任。所謂行為，即人們有意識的活動。

違法行為包括兩種：一種是違法的「作為」，屬於法律所禁止的行為，如酒後駕車傷人；另一種是違法的「不作為」，屬於法律所規定的義務不履行的行為。

2. 必須有造成損害的事實存在

這是構成民事責任的必要條件。侵犯民事權利、違反民事義務的違法行為，在許多情況下，會造成他人人身或財產上的損害。只有行為人對他人的人身或財產造成事實上的損害時，才要依法承擔民事責任。

3. 違法行為與損害後果之間必須存在因果關係

法律只規定違法行為人對其違法行為所造成的損害後果承擔民事責任，也就是說行為人的違法行為必須與損害後果存在因果關係，行為人才承擔民事責任。如果損害後果的發生與違法行為無因果關係，行為人就不必承擔民事責任。

4. 違法行為人必須有過錯

所謂過錯，就是行為人對自己的行為及其後果的心理狀態，它分為故意和過

失兩種形式。故意是指行為人明知自己的行為的不良後果，而希望或放任其發生的心理；過失是指行為人應當預見自己的行為可能發生的不良後果而沒有預見，或者已經預見而輕信其不會發生的心理。

（二）侵權的民事責任

侵權的民事責任，又稱侵權損害的民事責任。它是侵權行為產生的法律後果。即由民法規定的侵權行為造成他人的財產或人身權利損害所應承擔的法律責任。侵權行為，通常認為是因故意或過失侵害他人權利的不法行為。根據侵權行為成立條件和表現形式不同，可將其分為一般侵權行為和特殊侵權行為。一般侵權行為，又稱直接侵權行為，是指直接因行為人的故意或過失侵害他人權利的不法行為，這種侵權行為只有行為人主觀上有過錯（故意或過失）才成立；特殊侵權行為又稱間接侵權行為，是指基於法律特別規定的由特殊行為或行為以外的事實，對他人權利的不法侵害。特殊侵權行為適用於「結果責任」或「無過錯責任」，依法律規定，只要造成的損害後果與一定人所從事的業務的危險性質或其管屬的人、物以及其他事項間有因果關係，此人即應對損害負賠償責任。

責任保險合同一般承保被保險人的過失行為和無過錯行為所致的民事損害賠償責任，而不承保故意行為所致的民事責任。

（三）違約責任

違約責任是違反合同行為所引起的法律後果，是指合同當事人因過錯不履行合同義務，或者履行合同義務不符合約定條件的行為。例如，不按合同交付貨物、不按合同完成工作、交付成果，不按合同提供勞務以及不按合同交付價款或報酬等。

責任保險一般不承保違約責任，除非這種責任經過特別約定。責任保險合同特約承保的違約責任包括直接責任和間接責任。前者是指合同一方違反合同的義務造成另一方的損害所應承擔的法律賠償責任；後者是指合同一方根據合同規定對另一方造成第三者的損害應承擔的法律賠償責任。

三、責任保險的特點

責任保險屬於廣義的財產保險範疇，要遵循財產保險合同的基本原則，如損失補償原則、代位原則和分攤原則。但由於責任保險的承保對象具有特殊性，與其他財產保險相比，它產生與發展的基礎、保障對象、保險人責任範圍、賠償處理方式等方面有其明顯的特點。

（一）產生與發展的基礎——民事法律制度的建立與完善

在現代社會中，責任風險的客觀存在及其對經濟單位和個人所帶來的威脅，使人們對所面臨的責任風險產生憂慮並尋求轉嫁此類風險的途徑，這是責任保險產生的自然基礎。人們之所以面臨責任風險（各種民事法律風險），是由於社會生產力的發展和人類社會的進步帶來的法律制度的不斷完善，特別是民事法律制

度的建立與完善。正是因為人們在社會經濟活動中的行為都在法律制度的某種程度規範之內，才有可能因違反法律而造成他人的財產損失和人身傷害，並依法應承擔賠償責任，人們才有轉嫁責任風險的必要，責任保險才會被人們所接受。所以，民事法律制度的建立與完善是責任保險產生與發展的基礎。事實上，當今世界責任保險最發達的國家和地區，必然是民事法律制度較完善的國家和地區。

（二）責任保險的保障對象——保障了致害人（被保險人）和受害人的利益

一般財產保險合同中，被保險人因保險事故發生造成經濟損失時，保險人要對被保險人的經濟損失進行補償，保險金直接支付給被保險人。而在責任保險合同中，保險人承保的是被保險人依法對他人應承擔的民事損害賠償責任，當保險事故發生時，保險人代替致害人向受害人進行賠償，保險人支付的保險金最終要落實到受害人手中。這樣，既使被保險人避免了經濟損失，也使受害人獲得補償與慰藉。因此，責任保險合同在保障被保險人利益的同時，也保障受害人的合法利益。

（三）保險人賠償範圍的確定——賠償限額

財產損失保險合同的保險標的是物質財產，該類保險標的具有可估價性，並在對保險標的估價的基礎上確定保險金額，作為保險人賠償的最高限額和計算保險費的依據。在責任保險合同中，保險人所承保的是一種特殊的無形標的，由於這種標的無客觀價值，無法估價，所以合同中無法確定保險金額。但為了限制保險人承擔賠償責任的範圍，避免賠償時合同雙方發生爭議，中國現行的責任保險合同一般要載明賠償限額，以此作為保險人承擔賠償責任的最高額度和計算保險費的依據。賠償限額的大小根據被保險人可能面臨的損失規模的大小和交付保險費的能力來確定。比如，中國的機動車輛保險第三者責任險的賠償限額分為不同檔次，由投保人選擇。同一險種賠償限額越高，投保人交納的保險費越多。

（四）賠償處理方式的特殊性

與其他財產保險合同相比，責任保險合同的賠償處理涉及的關係方較複雜、受制因素較多。

1. 責任保險賠案的處理涉及第三者（受害人）

責任保險合同賠案的發生，以被保險人對第三者造成損害並依法應承擔經濟賠償責任為前提，因而責任保險的賠償必然涉及第三者受害方。且按照損失補償原則，受害人應向被保險人（致害人）索賠，被保險人才能向保險人索賠。如果受害人未向被保險人索賠，被保險人也就不具備向保險人索賠的條件。但由於責任保險合同的當事人是保險人與被保險人，受害人不是責任保險合同的當事人，因此，受害人無權直接向保險人索賠。但保險人可以將保險金支付給受害人。中國《保險法》第六十五條第一款規定：「保險人對責任保險的被保險人給第三者造成的損害，可以依照法律的規定或合同的約定，直接向該第三者賠償保險金。」

2. 責任保險的賠償受制因素複雜

一般的財產保險合同賠案的處理僅涉及保險人與被保險人，當保險事故發生

後，保險人根據保險標的的損失狀況，按保險單規定的計算方式計算賠款。如果保險事故由第三者責任方造成，保險人向被保險人賠償後，依法或按合同約定取得向第三者責任方進行追償的權利。

由於責任保險承保的標的是被保險人依法對第三者應承擔的民事損害賠償責任，賠案的處理往往要以法院的判決或執法部門的裁決為依據，保險人在此基礎上，再根據保險合同的規定計算賠款。因此，責任保險的賠償受制因素複雜，除保險合同的規定外，國家的立法、司法制度對它都有影響，保險人經營該險種所面臨的風險較大。

四、責任保險的種類和責任保險合同的共同規定

（一）責任保險的種類

責任保險有兩種承保方式：一種是作為各種財產保險合同的組成部分或作為附加險承保，如機動車輛保險第三者責任險、建築或安裝工程保險的第三者責任險、船舶保險的碰撞責任、第三者責任、油污責任等；另一種是單獨承保，保險人簽發單獨的責任保險合同。

單獨承保的責任保險一般分為以下四類：

1. 公眾責任保險

承保被保險人在固定場所或地點進行生產經營活動或進行其他活動時，因意外事故發生致使第三者遭受人身傷害或財產損失，依法應由被保險人承擔的經濟賠償責任。

2. 產品責任保險

承保產品的製造商、銷售商、修理商因其製造、銷售、修理的產品有缺陷而造成用戶、消費者或公眾遭受人身傷亡或財產損失，依法應承擔的經濟賠償責任。

3. 雇主責任保險

保險人承保雇主對所雇員工在受雇期間，因發生意外事故或因職業病而遭受人身傷害或死亡時，依法或按合同約定應由雇主承擔的經濟賠償責任。

4. 職業責任保險

承保各種專業技術人員因工作疏忽或過失造成對第三者的損害依法應承擔的經濟賠償責任。這裡所指的專業技術人員包括律師、設計師、醫生、會計師、美容師等。

責任保險具有保險人代替致害人向受害人承擔經濟賠償責任的特徵，是為無辜受害者提供經濟保障的一種手段。為了保障社會公眾利益，對某些涉及面廣的損害賠償責任，如汽車第三者責任保險、雇主責任保險等，許多國家實行了強制保險。

（二）責任保險合同的共同規定

以上各種責任保險合同，一般有以下幾個方面的共同規定：

1. 保險責任範圍

責任保險合同承擔的保險責任一般有兩項：①被保險人依法應對第三者的人

身傷亡或財產損失承擔的經濟賠償責任（雇主責任保險僅對雇員的人身傷亡承擔經濟賠償責任），以及被保險人按照合同規定應承擔的違約責任；②因賠償糾紛引起的訴訟、律師費用及其他事先經保險人同意支付的費用。

2. 除外責任

責任保險合同通常規定有若干除外責任條款，對被保險人由於下列原因引起的賠償責任，保險人可不予賠償：①戰爭、罷工；②核風險（核責任保險除外）；③被保險人的故意行為；④被保險人的家屬、雇員的財產損失或人身傷害（雇主責任保險除外）；⑤被保險人的違約責任（保險合同有特別約定除外）；⑥被保險人所有或由其控制、照管的財產。

3. 賠償限額與免賠額

由於責任保險合同的保險標的無客觀價值，因此保險單上均無保險金額而僅規定賠償額。被保險人根據法院裁決、有關執法當局裁定或經保險公司同意，與受害方商定應對受害人支付的賠款。該賠款如果在賠償限額內由保險人承擔；如果超出賠償限額，保險人僅在賠償限額內承擔賠償責任，超出賠償限額部分由被保險人自己承擔。保險單規定的賠償限額通常有兩項，一是每次事故或同一原因引起的一系列事故的賠償限額，二是保險期內累計的賠償限額。這兩種限額，保險單上可以只規定一種，也可以同時規定。

為了使被保險人盡職盡責、防止事故發生和減少小額零星賠償。除賠償限額外，保險單上一般還有免賠額的規定。免賠額一般以金額表示，也可以規定為賠償金額的一定比例。責任保險的免賠額通常為絕對免賠額。

復習思考題

1. 什麼是財產保險？它有哪些特點？
2. 財產保險的保險價值和保險金額有什麼關係？
3. 定值保險和不定值保險有什麼不同？
4. 財產保險的基本賠償方式有哪些？
5. 廣義的財產保險包括哪三大類業務？
6. 簡述火災保險的保險標的和保險風險。
7. 簡述企業財產保險的保險金額確定方式與賠款計算方式。
8. 家庭財產保險兩全保險有何特點？
9. 簡述機動車輛保險的特點。
10. 什麼是責任保險？責任保險有哪些特點？
11. 簡述責任保險種類和責任保險合同的共同規定。

第七章附錄 1

中國保險行業協會機動車綜合商業保險示範條款（2015）

總則

第一條　本保險條款分為主險、附加險。

主險包括機動車損失保險、機動車第三者責任保險、機動車車上人員責任保險、機動車全車盜搶保險共四個獨立的險種，投保人可以選擇投保全部險種，也可以選擇投保其中部分險種。保險人依照本保險合同的約定，按照承保險種分別承擔保險責任。

附加險不能獨立投保。附加險條款與主險條款相抵觸之處，以附加險條款為準，附加險條款未盡之處，以主險條款為準。

第二條　本保險合同中的被保險機動車是指在中華人民共和國境內（不含港、澳、臺地區）行駛，以動力裝置驅動或者牽引，上道路行駛的供人員乘用或者用於運送物品以及進行專項作業的輪式車輛（含掛車）、履帶式車輛和其他運載工具，但不包括摩托車、拖拉機、特種車。

第三條　本保險合同中的第三者是指因被保險機動車發生意外事故遭受人身傷亡或者財產損失的人，但不包括被保險機動車本車車上人員、被保險人。

第四條　本保險合同中的車上人員是指發生意外事故的瞬間，在被保險機動車車體內或車體上的人員，包括正在上下車的人員。

第五條　本保險合同中的各方權利和義務，由保險人、投保人遵循公平原則協商確定。保險人、投保人自願訂立本保險合同。

除本保險合同另有約定外，投保人應在保險合同成立時一次交清保險費。保險費未交清前，本保險合同不生效。

第一章　機動車損失保險

保險責任

第六條　保險期間內，被保險人或其允許的駕駛人在使用被保險機動車過程中，因下列原因造成被保險機動車的直接損失，且不屬於免除保險人責任的範圍，保險人依照本保險合同的約定負責賠償：

（一）碰撞、傾覆、墜落；

（二）火災、爆炸；

（三）外界物體墜落、倒塌；

（四）雷擊、暴風、暴雨、洪水、龍捲風、冰雹、臺風、熱帶風暴；

（五）地陷、崖崩、滑坡、泥石流、雪崩、冰陷、暴雪、冰凌、沙塵暴；

（六）受到被保險機動車所載貨物、車上人員意外撞擊；

（七）載運被保險機動車的渡船遭受自然災害（只限於駕駛人隨船的情形）。

第七條　發生保險事故時，被保險人或其允許的駕駛人為防止或者減少被保險機動車的損失所支付的必要的、合理的施救費用，由保險人承擔；施救費用數額在被保險機動車損失賠償金額以外另行計算，最高不超過保險金額的數額。

責任免除

第八條　在上述保險責任範圍內，下列情況下，不論任何原因造成被保險機動車的任何損失和費用，保險人均不負責賠償：

（一）事故發生後，被保險人或其允許的駕駛人故意破壞、偽造現場、毀滅證據；

（二）駕駛人有下列情形之一者：

1. 事故發生後，在未依法採取措施的情況下駕駛被保險機動車或者遺棄被保險機動車離開事故現場；

2. 飲酒、吸食或注射毒品、服用國家管制的精神藥品或者麻醉藥品；

3. 無駕駛證，駕駛證被依法扣留、暫扣、吊銷、註銷期間；

4. 駕駛與駕駛證載明的準駕車型不相符合的機動車；

5. 實習期內駕駛公共汽車、營運客車或者執行任務的警車、載有危險物品的機動車或牽引掛車的機動車；

6. 駕駛出租機動車或營業性機動車無交通運輸管理部門核發的許可證書或其他必備證書；

7. 學習駕駛時無合法教練員隨車指導；

8. 非被保險人允許的駕駛人；

（三）被保險機動車有下列情形之一者：

1. 發生保險事故時被保險機動車行駛證、號牌被註銷的，或未按規定檢驗或檢驗不合格；

2. 被扣押、收繳、沒收、政府徵用期間；

3. 在競賽、測試期間，在營業性場所維修、保養、改裝期間；

4. 被保險人或其允許的駕駛人故意或重大過失，導致被保險機動車被利用從事犯罪行為。

第九條　下列原因導致的被保險機動車的損失和費用，保險人不負責賠償：

（一）地震及其次生災害；

（二）戰爭、軍事衝突、恐怖活動、暴亂、污染（含放射性污染）、核反應、核輻射；

（三）人工直接供油、高溫烘烤、自燃、不明原因火災；

（四）違反安全裝載規定；

（五）被保險機動車被轉讓、改裝、加裝或改變使用性質等，被保險人、受讓人未及時通知保險人，且因轉讓、改裝、加裝或改變使用性質等導致被保險機動車危險程度顯著增加；

（六）被保險人或其允許的駕駛人的故意行為。

第十條　下列損失和費用，保險人不負責賠償：

（一）因市場價格變動造成的貶值、修理後因價值降低引起的減值損失；

（二）自然磨損、朽蝕、腐蝕、故障、本身質量缺陷；

（三）遭受保險責任範圍內的損失後，未經必要修理並檢驗合格繼續使用，致使損失擴大的部分；

（四）投保人、被保險人或其允許的駕駛人知道保險事故發生後，故意或者因重大過失未及時通知，致使保險事故的性質、原因、損失程度等難以確定的，保險人對無法確定的部分，不承擔賠償責任，但保險人通過其他途徑已經及時知道或者應當及時知道保險事故發生的除外；

（五）因被保險人違反本條款第十六條約定，導致無法確定的損失；

（六）被保險機動車全車被盜竊、被搶劫、被搶奪、下落不明，以及在此期間受到的損壞，或被盜竊、被搶劫、被搶奪未遂受到的損壞，或車上零部件、附屬設備丟失；

（七）車輪單獨損壞，玻璃單獨破碎，無明顯碰撞痕跡的車身劃痕，以及新增設備的損失；

（八）發動機進水後導致的發動機損壞。

免賠率與免賠額

第十一條　保險人在依據本保險合同約定計算賠款的基礎上，按照下列方式免賠：

（一）被保險機動車一方負次要事故責任的，實行5%的事故責任免賠率；負同等事故責任的，實行10%的事故責任免賠率；負主要事故責任的，實行15%的事故責任免賠率；負全部事故責任或單方肇事事故的，實行20%的事故責任免賠率；

（二）被保險機動車的損失應當由第三方負責賠償，無法找到第三方的，實行30%的絕對免賠率；

（三）違反安全裝載規定、但不是事故發生的直接原因的，增加10%的絕對免賠率；

（四）對於投保人與保險人在投保時協商確定絕對免賠額的，本保險在實行免賠率的基礎上增加每次事故絕對免賠額。

保險金額

第十二條　保險金額按投保時被保險機動車的實際價值確定。

投保時被保險機動車的實際價值由投保人與保險人根據投保時的新車購置價減去折舊金額後的價格協商確定或其他市場公允價值協商確定。

折舊金額可根據本保險合同列明的參考折舊系數表確定。

賠償處理

第十三條　發生保險事故時，被保險人或其允許的駕駛人應當及時採取合理的、必要的施救和保護措施，防止或者減少損失，並在保險事故發生後48小時內通知保險人。被保險人或其允許的駕駛人根據有關法律法規規定選擇自行協商方式處理交通事故的，應當立即通知保險人。

第十四條　被保險人或其允許的駕駛人根據有關法律法規規定選擇自行協商方式處理交通事故的，應當協助保險人勘驗事故各方車輛、核實事故責任，並依照《道路交通事故處理程序規定》簽訂記錄交通事故情況的協議書。

第十五條　被保險人索賠時，應當向保險人提供與確認保險事故的性質、原因、損失程度等有關的證明和資料。

被保險人應當提供保險單、損失清單、有關費用單據、被保險機動車行駛證和發生事故時駕駛人的駕駛證。

屬於道路交通事故的，被保險人應當提供公安機關交通管理部門或法院等機構出具的事故證明、有關的法律文書（判決書、調解書、裁定書、裁決書等）及其他證明。被保險人或其允許的駕駛人根據有關法律法規規定選擇自行協商方式處理交通事故的，被保險人應當提供依照《道路交通事故處理程序規定》簽訂記錄交通事故情況的協議書。

第十六條　因保險事故損壞的被保險機動車，應當盡量修復。修理前被保險人應當會同保險人檢驗，協商確定修理項目、方式和費用。對未協商確定的，保險人可以重新核定。

第十七條　被保險機動車遭受損失後的殘餘部分由保險人、被保險人協商處理。如折歸被保險人的，由雙方協商確定其價值並在賠款中扣除。

第十八條　因第三方對被保險機動車的損害而造成保險事故，被保險人向第三方索賠的，保險人應積極協助；被保險人也可以直接向本保險人索賠，保險人在保險金額內先行賠付被保險人，並在賠償金額內代位行使被保險人對第三方請求賠償的權利。

被保險人已經從第三方取得損害賠償的，保險人進行賠償時，相應扣減被保險人從第三方已取得的賠償金額。

保險人未賠償之前，被保險人放棄對第三方請求賠償的權利的，保險人不承擔賠償責任。

被保險人故意或者因重大過失致使保險人不能行使代位請求賠償的權利的，保險人可以扣減或者要求返還相應的賠款。

保險人向被保險人先行賠付的，保險人向第三方行使代位請求賠償的權利

時，被保險人應當向保險人提供必要的文件和所知道的有關情況。

第十九條　機動車損失賠款按以下方法計算：

（一）全部損失

賠款＝（保險金額－被保險人已從第三方獲得的賠償金額）×（1－事故責任免賠率）×（1－絕對免賠率之和）－絕對免賠額

（二）部分損失

被保險機動車發生部分損失，保險人按實際修復費用在保險金額內計算賠償：

賠款＝（實際修復費用－被保險人已從第三方獲得的賠償金額）×（1－事故責任免賠率）×（1－絕對免賠率之和）－絕對免賠額

（三）施救費

施救的財產中，含有本保險合同未保險的財產，應按本保險合同保險財產的實際價值占總施救財產的實際價值比例分攤施救費用。

第二十條　保險人受理報案、現場查勘、核定損失、參與訴訟、進行抗辯、要求被保險人提供證明和資料、向被保險人提供專業建議等行為，均不構成保險人對賠償責任的承諾。

第二十一條　被保險機動車發生本保險事故，導致全部損失，或一次賠款金額與免賠金額之和（不含施救費）達到保險金額，保險人按本保險合同約定支付賠款後，本保險責任終止，保險人不退還機動車損失保險及其附加險的保險費。

第二章　機動車第三者責任保險

保險責任

第二十二條　保險期間內，被保險人或其允許的駕駛人在使用被保險機動車過程中發生意外事故，致使第三者遭受人身傷亡或財產直接損毀，依法應當對第三者承擔的損害賠償責任，且不屬於免除保險人責任的範圍，保險人依照本保險合同的約定，對於超過機動車交通事故責任強制保險各分項賠償限額的部分負責賠償。

第二十三條　保險人依據被保險機動車一方在事故中所負的事故責任比例，承擔相應的賠償責任。

被保險人或被保險機動車一方根據有關法律法規規定選擇自行協商或由公安機關交通管理部門處理事故未確定事故責任比例的，按照下列規定確定事故責任比例：

被保險機動車一方負主要事故責任的，事故責任比例為70%；

被保險機動車一方負同等事故責任的，事故責任比例為50%；

被保險機動車一方負次要事故責任的，事故責任比例為30%。

涉及司法或仲裁程序的，以法院或仲裁機構最終生效的法律文書為準。

責任免除

第二十四條 在上述保險責任範圍內,下列情況下,不論任何原因造成的人身傷亡、財產損失和費用,保險人均不負責賠償:

(一) 事故發生後,被保險人或其允許的駕駛人故意破壞、偽造現場、毀滅證據;(二) 駕駛人有下列情形之一者:

1. 事故發生後,在未依法採取措施的情況下駕駛被保險機動車或者遺棄被保險機動車離開事故現場;

2. 飲酒、吸食或注射毒品、服用國家管制的精神藥品或者麻醉藥品;

3. 無駕駛證,駕駛證被依法扣留、暫扣、吊銷、註銷期間;

4. 駕駛與駕駛證載明的準駕車型不相符合的機動車;

5. 實習期內駕駛公共汽車、營運客車或者執行任務的警車、載有危險物品的機動車或牽引掛車的機動車;

6. 駕駛出租機動車或營業性機動車無交通運輸管理部門核發的許可證書或其他必備證書;

7. 學習駕駛時無合法教練員隨車指導;

8. 非被保險人允許的駕駛人;

(三) 被保險機動車有下列情形之一者:

1. 發生保險事故時被保險機動車行駛證、號牌被註銷的,或未按規定檢驗或檢驗不合格;

2. 被扣押、收繳、沒收、政府徵用期間;

3. 在競賽、測試期間,在營業性場所維修、保養、改裝期間;

4. 全車被盜竊、被搶劫、被搶奪、下落不明期間。

第二十五條 下列原因導致的人身傷亡、財產損失和費用,保險人不負責賠償:

(一) 地震及其次生災害、戰爭、軍事衝突、恐怖活動、暴亂、污染(含放射性污染)、核反應、核輻射;

(二) 第三者、被保險人或其允許的駕駛人的故意行為、犯罪行為,第三者與被保險人或其他致害人惡意串通的行為;

(三) 被保險機動車被轉讓、改裝、加裝或改變使用性質等,被保險人、受讓人未及時通知保險人,且因轉讓、改裝、加裝或改變使用性質等導致被保險機動車危險程度顯著增加。

第二十六條 下列人身傷亡、財產損失和費用,保險人不負責賠償:

(一) 被保險機動車發生意外事故,致使任何單位或個人停業、停駛、停電、停水、停氣、停產、通訊或網絡中斷、電壓變化、數據丟失造成的損失以及其他各種間接損失;

(二) 第三者財產因市場價格變動造成的貶值,修理後因價值降低引起的減

值損失；

（三）被保險人及其家庭成員、被保險人允許的駕駛人及其家庭成員所有、承租、使用、管理、運輸或代管的財產的損失，以及本車上財產的損失；

（四）被保險人、被保險人允許的駕駛人、本車車上人員的人身傷亡；

（五）停車費、保管費、扣車費、罰款、罰金或懲罰性賠款；

（六）超出《道路交通事故受傷人員臨床診療指南》和國家基本醫療保險同類醫療費用標準的費用部分；

（七）律師費，未經保險人事先書面同意的訴訟費、仲裁費；

（八）投保人、被保險人或其允許的駕駛人知道保險事故發生後，故意或者因重大過失未及時通知，致使保險事故的性質、原因、損失程度等難以確定的，保險人對無法確定的部分，不承擔賠償責任，但保險人通過其他途徑已經及時知道或者應當及時知道保險事故發生的除外；

（九）因被保險人違反本條款第三十四條約定，導致無法確定的損失；

（十）精神損害撫慰金；

（十一）應當由機動車交通事故責任強制保險賠償的損失和費用；

保險事故發生時，被保險機動車未投保機動車交通事故責任強制保險或機動車交通事故責任強制保險合同已經失效的，對於機動車交通事故責任強制保險責任限額以內的損失和費用，保險人不負責賠償。

免賠率

第二十七條 保險人在依據本保險合同約定計算賠款的基礎上，在保險單載明的責任限額內，按照下列方式免賠：

（一）被保險機動車一方負次要事故責任的，實行5%的事故責任免賠率；負同等事故責任的，實行10%的事故責任免賠率；負主要事故責任的，實行15%的事故責任免賠率；負全部事故責任的，實行20%的事故責任免賠率；

（二）違反安全裝載規定的，實行10%的絕對免賠率。

責任限額

第二十八條 每次事故的責任限額，由投保人和保險人在簽訂本保險合同時協商確定。

第二十九條 主車和掛車連接使用時視為一體，發生保險事故時，由主車保險人和掛車保險人按照保險單上載明的機動車第三者責任保險責任限額的比例，在各自的責任限額內承擔賠償責任，但賠償金額總和以主車的責任限額為限。

賠償處理

第三十條 發生保險事故時，被保險人或其允許的駕駛人應當及時採取合理的、必要的施救和保護措施，防止或者減少損失，並在保險事故發生後48小時內通知保險人。被保險人或其允許的駕駛人根據有關法律法規規定選擇自行協商方式處理交通事故的，應當立即通知保險人。

第三十一條　被保險人或其允許的駕駛人根據有關法律法規規定選擇自行協商方式處理交通事故的,應當協助保險人勘驗事故各方車輛、核實事故責任,並依照《道路交通事故處理程序規定》簽訂記錄交通事故情況的協議書。

第三十二條　被保險人索賠時,應當向保險人提供與確認保險事故的性質、原因、損失程度等有關的證明和資料。

被保險人應當提供保險單、損失清單、有關費用單據、被保險機動車行駛證和發生事故時駕駛人的駕駛證。

屬於道路交通事故的,被保險人應當提供公安機關交通管理部門或法院等機構出具的事故證明、有關的法律文書(判決書、調解書、裁定書、裁決書等)及其他證明。被保險人或其允許的駕駛人根據有關法律法規規定選擇自行協商方式處理交通事故的,被保險人應當提供依照《道路交通事故處理程序規定》簽訂記錄交通事故情況的協議書。

第三十三條　保險人對被保險人給第三者造成的損害,可以直接向該第三者賠償。

被保險人給第三者造成損害,被保險人對第三者應負的賠償責任確定的,根據被保險人的請求,保險人應當直接向該第三者賠償。被保險人怠於請求的,第三者有權就其應獲賠償部分直接向保險人請求賠償。

被保險人給第三者造成損害,被保險人未向該第三者賠償的,保險人不得向被保險人賠償。

第三十四條　因保險事故損壞的第三者財產,應當盡量修復。修理前被保險人應當會同保險人檢驗,協商確定修理項目、方式和費用。對未協商確定的,保險人可以重新核定。

第三十五條　賠款計算

1. 當(依合同約定核定的第三者損失金額−機動車交通事故責任強制保險的分項賠償限額)×事故責任比例等於或高於每次事故賠償限額時:

賠款=每次事故賠償限額×(1−事故責任免賠率)×(1−絕對免賠率之和)

2. 當(依合同約定核定的第三者損失金額−機動車交通事故責任強制保險的分項賠償限額)×事故責任比例低於每次事故賠償限額時:

賠款=(依合同約定核定的第三者損失金額−機動車交通事故責任強制保險的分項賠償限額)×事故責任比例×(1−事故責任免賠率)×(1−絕對免賠率之和)

第三十六條　保險人按照《道路交通事故受傷人員臨床診療指南》和國家基本醫療保險的同類醫療費用標準核定醫療費用的賠償金額。

未經保險人書面同意,被保險人自行承諾或支付的賠償金額,保險人有權重新核定。不屬於保險人賠償範圍或超出保險人應賠償金額的,保險人不承擔賠償責任。

第三十七條　保險人受理報案、現場查勘、核定損失、參與訴訟、進行抗辯、要求被保險人提供證明和資料、向被保險人提供專業建議等行為，均不構成保險人對賠償責任的承諾。

第三章　機動車車上人員責任保險

保險責任

第三十八條　保險期間內，被保險人或其允許的駕駛人在使用被保險機動車過程中發生意外事故，致使車上人員遭受人身傷亡，且不屬於免除保險人責任的範圍，依法應當對車上人員承擔的損害賠償責任，保險人依照本保險合同的約定負責賠償。

第三十九條　保險人依據被保險機動車一方在事故中所負的事故責任比例，承擔相應的賠償責任。

被保險人或被保險機動車一方根據有關法律法規規定選擇自行協商或由公安機關交通管理部門處理事故未確定事故責任比例的，按照下列規定確定事故責任比例：

被保險機動車一方負主要事故責任的，事故責任比例為70%；

被保險機動車一方負同等事故責任的，事故責任比例為50%；

被保險機動車一方負次要事故責任的，事故責任比例為30%。

涉及司法或仲裁程序的，以法院或仲裁機構最終生效的法律文書為準。

責任免除

第四十條　在上述保險責任範圍內，下列情況下，不論任何原因造成的人身傷亡，保險人均不負責賠償：

（一）事故發生後，被保險人或其允許的駕駛人故意破壞、偽造現場、毀滅證據；

（二）駕駛人有下列情形之一者：

1. 事故發生後，在未依法採取措施的情況下駕駛被保險機動車或者遺棄被保險機動車離開事故現場；

2. 飲酒、吸食或注射毒品、服用國家管制的精神藥品或者麻醉藥品；

3. 無駕駛證，駕駛證被依法扣留、暫扣、吊銷、註銷期間；

4. 駕駛與駕駛證載明的準駕車型不相符合的機動車；

5. 實習期內駕駛公共汽車、營運客車或者執行任務的警車、載有危險物品的機動車或牽引掛車的機動車；

6. 駕駛出租機動車或營業性機動車無交通運輸管理部門核發的許可證書或其他必備證書；

7. 學習駕駛時無合法教練員隨車指導；

8. 非被保險人允許的駕駛人；

（三）被保險機動車有下列情形之一者：

1. 發生保險事故時被保險機動車行駛證、號牌被註銷的，或未按規定檢驗或檢驗不合格；

2. 被扣押、收繳、沒收、政府徵用期間；

3. 在競賽、測試期間，在營業性場所維修、保養、改裝期間；

4. 全車被盜竊、被搶劫、被搶奪、下落不明期間。

第四十一條　下列原因導致的人身傷亡，保險人不負責賠償：

（一）地震及其次生災害、戰爭、軍事衝突、恐怖活動、暴亂、污染（含放射性污染）、核反應、核輻射；

（二）被保險機動車被轉讓、改裝、加裝或改變使用性質等，被保險人、受讓人未及時通知保險人，且因轉讓、改裝、加裝或改變使用性質等導致被保險機動車危險程度顯著增加；

（三）被保險人或駕駛人的故意行為。

第四十二條　下列人身傷亡、損失和費用，保險人不負責賠償：

（一）被保險人及駕駛人以外的其他車上人員的故意行為造成的自身傷亡；

（二）車上人員因疾病、分娩、自殘、鬥毆、自殺、犯罪行為造成的自身傷亡；

（三）違法、違章搭乘人員的人身傷亡；

（四）罰款、罰金或懲罰性賠款；

（五）超出《道路交通事故受傷人員臨床診療指南》和國家基本醫療保險同類醫療費用標準的費用部分；

（六）律師費、未經保險人事先書面同意的訴訟費、仲裁費；

（七）投保人、被保險人或其允許的駕駛人知道保險事故發生後，故意或者因重大過失未及時通知，致使保險事故的性質、原因、損失程度等難以確定的，保險人對無法確定的部分，不承擔賠償責任，但保險人通過其他途徑已經及時知道或者應當及時知道保險事故發生的除外；

（八）精神損害撫恤金；

（九）應當由機動車交通事故責任強制保險賠付的損失和費用。

免賠率

第四十三條　保險人在依據本保險合同約定計算賠款的基礎上，在保險單載明的責任限額內，按照下列方式免賠：

被保險機動車一方負次要事故責任的，實行5%的事故責任免賠率；負同等事故責任的，實行10%的事故責任免賠率；負主要事故責任的，實行15%的事故責任免賠率；負全部事故責任或單方肇事事故的，實行20%的事故責任免賠率。

責任限額

第四十四條　駕駛人每次事故責任限額和乘客每次事故每人責任限額由投保

人和保險人在投保時協商確定。投保乘客座位數按照被保險機動車的核定載客數（駕駛人座位除外）確定。

賠償處理

第四十五條　發生保險事故時，被保險人或其允許的駕駛人應當及時採取合理的、必要的施救和保護措施，防止或者減少損失，並在保險事故發生後48小時內通知保險人。被保險人或其允許的駕駛人根據有關法律法規規定選擇自行協商方式處理交通事故的，應當立即通知保險人。

第四十六條　被保險人或其允許的駕駛人根據有關法律法規規定選擇自行協商方式處理交通事故的，應當協助保險人勘驗事故各方車輛、核實事故責任，並依照《道路交通事故處理程序規定》簽訂記錄交通事故情況的協議書。

第四十七條　被保險人索賠時，應當向保險人提供與確認保險事故的性質、原因、損失程度等有關的證明和資料。

被保險人應當提供保險單、損失清單、有關費用單據、被保險機動車行駛證和發生事故時駕駛人的駕駛證。

屬於道路交通事故的，被保險人應當提供公安機關交通管理部門或法院等機構出具的事故證明、有關的法律文書（判決書、調解書、裁定書、裁決書等）和通過機動車交通事故責任強制保險獲得賠償金額的證明材料。被保險人或其允許的駕駛人根據有關法律法規規定選擇自行協商方式處理交通事故的，被保險人應當提供依照《道路交通事故處理程序規定》簽訂記錄交通事故情況的協議書和通過機動車交通事故責任強制保險獲得賠償金額的證明材料。

第四十八條　賠款計算

（一）對每座的受害人，當（依合同約定核定的每座車上人員人身傷亡損失金額－應由機動車交通事故責任強制保險賠償的金額）×事故責任比例高於或等於每次事故每座賠償限額時：

賠款＝每次事故每座賠償限額×（1－事故責任免賠率）

（二）對每座的受害人，當（依合同約定核定的每座車上人員人身傷亡損失金額－應由機動車交通事故責任強制保險賠償的金額）×事故責任比例低於每次事故每座賠償限額時：

賠款＝（依合同約定核定的每座車上人員人身傷亡損失金額－應由機動車交通事故責任強制保險賠償的金額）×事故責任比例×（1－事故責任免賠率）

第四十九條　保險人按照《道路交通事故受傷人員臨床診療指南》和國家基本醫療保險的同類醫療費用標準核定醫療費用的賠償金額。

未經保險人書面同意，被保險人自行承諾或支付的賠償金額，保險人有權重新核定。因被保險人原因導致損失金額無法確定的，保險人有權拒絕賠償。

第五十條　保險人受理報案、現場查勘、核定損失、參與訴訟、進行抗辯、

要求被保險人提供證明和資料、向被保險人提供專業建議等行為，均不構成保險人對賠償責任的承諾。

第四章　機動車全車盜搶保險

保險責任

第五十一條　保險期間內，被保險機動車的下列損失和費用，且不屬於免除保險人責任的範圍，保險人依照本保險合同的約定負責賠償：

（一）被保險機動車被盜竊、搶劫、搶奪，經出險當地縣級以上公安刑偵部門立案證明，滿60天未查明下落的全車損失；

（二）被保險機動車全車被盜竊、搶劫、搶奪後，受到損壞或車上零部件、附屬設備丟失需要修復的合理費用；

（三）被保險機動車在被搶劫、搶奪過程中，受到損壞需要修復的合理費用。

責任免除

第五十二條　在上述保險責任範圍內，下列情況下，不論任何原因造成被保險機動車的任何損失和費用，保險人均不負責賠償：

（一）被保險人索賠時未能提供出險當地縣級以上公安刑偵部門出具的盜搶立案證明；

（二）駕駛人、被保險人、投保人故意破壞現場、偽造現場、毀滅證據；

（三）被保險機動車被扣押、罰沒、查封、政府徵用期間；

（四）被保險機動車在競賽、測試期間，在營業性場所維修、保養、改裝期間，被運輸期間。

第五十三條　下列損失和費用，保險人不負責賠償：

（一）地震及其次生災害導致的損失和費用；

（二）戰爭、軍事衝突、恐怖活動、暴亂導致的損失和費用；

（三）因詐騙引起的任何損失；因投保人、被保險人與他人的民事、經濟糾紛導致的任何損失；

（四）被保險人或其允許的駕駛人的故意行為、犯罪行為導致的損失和費用；

（五）非全車遭盜竊，僅車上零部件或附屬設備被盜竊或損壞；

（六）新增設備的損失；

（七）遭受保險責任範圍內的損失後，未經必要修理並檢驗合格繼續使用，致使損失擴大的部分；

（八）被保險機動車被轉讓、改裝、加裝或改變使用性質等，被保險人、受讓人未及時通知保險人，且因轉讓、改裝、加裝或改變使用性質等導致被保險機動車危險程度顯著增加而發生保險事故；

（九）投保人、被保險人或其允許的駕駛人知道保險事故發生後，故意或者

因重大過失未及時通知，致使保險事故的性質、原因、損失程度等難以確定的，保險人對無法確定的部分，不承擔賠償責任，但保險人通過其他途徑已經及時知道或者應當及時知道保險事故發生的除外；

（十）因被保險人違反本條款第五十八條約定，導致無法確定的損失。

免賠率

第五十四條　保險人在依據本保險合同約定計算賠款的基礎上，按照下列方式免賠：

（一）發生全車損失的，絕對免賠率為20%；

（二）發生全車損失，被保險人未能提供《機動車登記證書》、機動車來歷憑證的，每缺少一項，增加1%的絕對免賠率。

保險金額

第五十五條　保險金額在投保時被保險機動車的實際價值內協商確定。

投保時被保險機動車的實際價值由投保人與保險人根據投保時的新車購置價減去折舊

金額後的價格協商確定或其他市場公允價值協商確定。

折舊金額可根據本保險合同列明的參考折舊系數表確定。

賠償處理

第五十六條　被保險機動車全車被盜搶的，被保險人知道保險事故發生後，應在24小時內向出險當地公安刑偵部門報案，並通知保險人。

第五十七條　被保險人索賠時，須提供保險單、損失清單、有關費用單據、《機動車登記證書》、機動車來歷憑證以及出險當地縣級以上公安刑偵部門出具的盜搶立案證明。

第五十八條　因保險事故損壞的被保險機動車，應當盡量修復。修理前被保險人應當會同保險人檢驗，協商確定修理項目、方式和費用。對未協商確定的，保險人可以重新核定。

第五十九條　保險人按下列方式賠償：

（一）被保險機動車全車被盜搶的，按以下方法計算賠款：

賠款＝保險金額×（1-絕對免賠率之和）

（二）被保險機動車發生本條款第五十一條第（二）款、第（三）款列明的損失，保險人按實際修復費用在保險金額內計算賠償。

第六十條　保險人確認索賠單證齊全、有效後，被保險人簽具權益轉讓書，保險人賠付結案。

第六十一條　被保險機動車發生本保險事故，導致全部損失，或一次賠款金額與免賠金額之和達到保險金額，保險人按保險合同約定支付賠款後，本保險責任終止，保險人不退還機動車全車盜搶保險及其附加險的保險費。

第五章　通用條款

保險期間

第六十二條　除另有約定外，保險期間為一年，以保險單載明的起訖時間為準。

其他事項

第六十三條　保險人按照本保險合同的約定，認為被保險人索賠提供的有關證明和資料不完整的，應當及時一次性通知被保險人補充提供。

第六十四條　保險人收到被保險人的賠償請求後，應當及時作出核定；情形複雜的，應當在三十日內作出核定。保險人應當將核定結果通知被保險人；對屬於保險責任的，在與被保險人達成賠償協議後十日內，履行賠償義務。保險合同對賠償期限另有約定的，保險人應當按照約定履行賠償義務。

保險人未及時履行前款約定義務的，除支付賠款外，應當賠償被保險人因此受到的損失。

第六十五條　保險人依照本條款第六十四條的約定作出核定後，對不屬於保險責任的，應當自作出核定之日起三日內向被保險人發出拒絕賠償通知書，並說明理由。

第六十六條　保險人自收到賠償請求和有關證明、資料之日起六十日內，對其賠償數額不能確定的，應當根據已有證明和資料可以確定的數額先予支付；保險人最終確定賠償數額後，應當支付相應的差額。

第六十七條　在保險期間內，被保險機動車轉讓他人的，受讓人承繼被保險人的權利和義務。被保險人或者受讓人應當及時通知保險人，並及時辦理保險合同變更手續。

因被保險機動車轉讓導致被保險機動車危險程度發生顯著變化的，保險人自收到前款約定的通知之日起三十日內，可以相應調整保險費或者解除本保險合同。

第六十八條　保險責任開始前，投保人要求解除本保險合同的，應當向保險人支付應交保險費金額3%的退保手續費，保險人應當退還保險費。

保險責任開始後，投保人要求解除本保險合同的，自通知保險人之日起，本保險合同解除。保險人按日收取自保險責任開始之日起至合同解除之日止期間的保險費，並退還剩餘部分保險費。

第六十九條　因履行本保險合同發生的爭議，由當事人協商解決，協商不成的，由當事人從下列兩種合同爭議解決方式中選擇一種，並在本保險合同中載明：

（一）提交保險單載明的仲裁委員會仲裁；

（二）依法向人民法院起訴。

本保險合同適用中華人民共和國（不含港、澳、臺地區）法律。

釋義

【碰撞】指被保險機動車或其符合裝載規定的貨物與外界固態物體之間發生的、產生撞擊痕跡的意外撞擊。

【傾覆】指被保險機動車由於自然災害或意外事故，造成本被保險機動車翻倒，車體觸地，失去正常狀態和行駛能力，不經施救不能恢復行駛。

【墜落】指被保險機動車在行駛中發生意外事故，整車騰空後下落，造成本車損失的情況。非整車騰空，僅由於顛簸造成被保險機動車損失的，不屬於墜落。

【外界物體倒塌】指被保險機動車自身以外的物體倒下或陷下。

【自燃】指在沒有外界火源的情況下，由於本車電器、線路、供油系統、供氣系統等被保險機動車自身原因或所載貨物自身原因起火燃燒。

【火災】指被保險機動車本身以外的火源引起的、在時間或空間上失去控制的燃燒（即有熱、有光、有火焰的劇烈的氧化反應）所造成的災害。

【次生災害】指地震造成工程結構、設施和自然環境破壞而引發的火災、爆炸、瘟疫、有毒有害物質污染、海嘯、水災、泥石流、滑坡等災害。

【暴風】指風速在28.5米/秒（相當於11級大風）以上的大風。風速以氣象部門公布的數據為準。

【暴雨】指每小時降雨量達16毫米以上，或連續12小時降雨量達30毫米以上，或連續24小時降雨量達50毫米以上。

【洪水】指山洪暴發、江河泛濫、潮水上岸及倒灌。但規律性的漲潮、自動滅火設施漏水以及在常年水位以下或地下滲水、水管爆裂不屬於洪水責任。

【玻璃單獨破碎】指未發生被保險機動車其他部位的損壞，僅發生被保險機動車前後風擋玻璃和左右車窗玻璃的損壞。

【車輪單獨損壞】指未發生被保險機動車其他部位的損壞，僅發生輪胎、輪輞、輪轂罩的分別單獨損壞，或上述三者之中任意二者的共同損壞，或三者的共同損壞。

【車身劃痕損失】僅發生被保險機動車車身表面油漆的損壞，且無明顯碰撞痕跡。

【新增設備】指被保險機動車出廠時原有設備以外的，另外加裝的設備和設施。

【新車購置價】指本保險合同簽訂地購置與被保險機動車同類型新車的價格，無同類型新車市場銷售價格的，由投保人與保險人協商確定。

【單方肇事事故】指不涉及與第三者有關的損害賠償的事故，但不包括自然災害引起的事故。

【家庭成員】指配偶、子女、父母。

【市場公允價值】指熟悉市場情況的買賣雙方在公平交易的條件下和自願的情況下所確定的價格，或無關聯的雙方在公平交易的條件下一項資產可以被買賣或者一項負債可以被清償的成交價格。

【參考折舊系數表】

車輛種類	月折舊系數（%）			
^	家庭自用	非營業	營業	
^	^	^	出租	其他
9 座以下客車	0.60	0.60	1.10	0.90
10 座以上客車	0.90	0.90	1.10	0.90
微型載貨汽車	—	0.90	1.10	1.10
帶拖掛的載貨汽車	—	0.90	1.10	1.10
低速貨車和三輪汽車	—	1.10	1.40	1.40
其他車輛	—	1.90	1.10	0.90

折舊按月計算，不足一個月的部分，不計折舊。最高折舊金額不超過投保時被保險機動車新車購置價的 80%。

折舊金額＝新車購置價×被保險機動車已使用月數×月折舊系數

【飲酒】指駕駛人飲用含有酒精的飲料，駕駛機動車時血液中的酒精含量大於等於 20mg/100mL 的。

【全部損失】指被保險機動車發生事故後滅失，或者受到嚴重損壞完全失去原有形體、效用，或者不能再歸被保險人所擁有的，為實際全損；或被保險機動車發生事故後，認為實際全損已經不可避免，或者為避免發生實際全損所需支付的費用超過實際價值的，為推定全損。

第七章附錄 2

中國平安保險股份有限公司公眾責任保險條款

公眾責任險條款

一、責任範圍

1. 在本保險期限內，被保險人在本保險單明細表列明的範圍內，因經營業務發生意外事故，造成第三者的人身傷亡和財產損失，依法應由被保險人承擔的經濟賠償責任，本公司按下列條款的規定負責賠償。

2. 對被保險人因上述原因而支付的訴訟費用以及事先經本公司書面同意而支付的其他費用，本公司亦負責賠償。

3. 本公司對每次事故引起的賠償金額以法院或政府有關部門根據現行法律裁定的應由被保險人償付的金額為準。但在任何情況下，均不得超過本保險單明細表中對應列明的每次事故賠償限額。在本保險期限內，本公司在本保險單項下對上述經濟賠償的最高賠償責任不得超過本保險單明細表中列明的累計賠償限額。

定義：

意外事故：指不可預料的以及被保險人無法控制並造成物質損失或人身傷亡的突發性事件。

二、除外責任

本公司對下列各項不負賠償責任：

（一）被保險人根據與他人的協議應承擔的責任，但即使沒有這種協議，被保險人仍應承擔的責任不在此限；

（二）對為被保險人服務的任何人所遭受的傷害的責任；

（三）對下列財產損失的責任：

1. 被保險人或其代表或其雇傭人員所有的財產或由其保管或由其控制的財產；

2. 被保險人或其代表或其雇傭人員因經營業務一直使用和占用的任何物品、土地、房屋子或建築。

（四）由於下列各項引起的損失或傷害責任：

1. 對於未載入本保險單明細表而屬於被保險人的或其所佔有的或以其名義使用的任何牲畜、腳踏車、車輛、火車頭、各類船只、飛機、電梯、升降機、自動梯、起重機、吊車中其他升降裝置；

2. 火災、地震、爆炸、洪水、熏蒸、

3. 大氣、土地、水污染及其他污染；
4. 有缺陷的衛生裝置或任何類型的中毒或任何不潔或有害的食物或飲料；
5. 由被保險人做出的或認可的醫療措施或醫療建議；

（五）由於震動、移動或減弱支撐引起任何土地、財產、建築物的損壞責任；

（六）由於戰爭、類似戰爭行為、敵對行為、武裝衝突、恐怖活動、謀反、政變直接或間接引起的任何後果所致的責任；

（七）由於罷工、暴動、民眾騷亂或惡意行為直接或間接引起的任何後果所致的責任；

（八）被保險人及其代表的故意行為或重大過失；

（九）由於核裂變、核聚變、核武器、核材料、核輻射及放射性污染所引起的直接或間接責任；

（十）罰款、罰金或懲罰性賠款；

（十一）保險單明細表或有關條款中規定的應由被保險人自行負擔的免賠額。

三、賠償處理

（一）若發生本保險單承保的任何事故或訴訟時：

1. 未經本公司書面同意，被保險人或其代表對索賠方不得做出任何責任承諾或拒絕、出價、約定、付款或賠償。在必要時，本公司有權以被保險人的名義接辦對任何訴訟的抗辯或索賠的處理；

2. 本公司有權以被保險人的名義，為本公司的利益自付費用向任何責任方提出索賠的要求，未經本公司書面同意，被保險人不得接受責任方就有關損失做出的付款或賠償安排或放棄對責任方的索賠權利，否則，由此引起的後果將由被保險人承擔；

3. 在訴訟或處理索賠過程中，本公司有權自行處理任何訴訟或解決任何索賠案件，被保險人有義務向本公司提供一切所需的資料和協助。

（二）被保險人的索賠期限，從損失發生之日起，不得超過兩年。

四、被保險人義務

被保險人及其代表應嚴格履行下列義務：

（一）在投保時，被保險人及其代表應對投保申請書中的事項以及本公司提出的其他事項做出真實、詳盡的說明或描述；

（二）被保險人或其代表應根據本保險單明細表和批單中規定按期繳付保險費；

（三）被保險人應努力做到選用可靠的、認真的、合格的工作人員並且使擁有的建築物、道路、工廠、機器、裝修和設備處於堅實、良好可供使用的狀態。同時，應遵照當局所頒布的任何法律及規定的要求，對已經發現的缺陷應予立即修復，並採取臨時性的預防措施以防止發生事故；

（四）一旦發生本保險單所承保的任何事故，被保險人或其代表應：

1. 立即通知本公司，並在七天或經本公司書面同意延長的期限內以書面報告提供事故發生的經過、原因和損失程度；

2. 在未經本公司檢查和同意之前，對擁有的建築物、道路、工廠、機器、裝修和設備不得予以改變和修理；

3. 在預知可能引起訴訟時，立即以書面形式通知本公司，並在接到法院傳票或其他法律文件後，立即將其送交本公司；

4. 根據本公司的要求提供作為索賠依據的所有證明文件、資料和單據。

五、總則

（一）保單效力

被保險人嚴格地遵守和履行本保險單的各項規定，是本公司在本保險單項下承擔賠償責任的先決條件。

（二）保單無效

如果被保險人或其代表漏報、錯報、虛報或隱瞞有關本保險的實質性內容，則本保險單無效。

（三）保單終止

除非經本公司書面同意，本保險單將在下列情況下自動終止：

1. 被保險人喪失保險利益；

2. 承保風險擴大。

本保險單終止後，本公司將按日比例退還被保險人本保險單項下未到期部分的保險費。

（四）保單註銷

被保險人可隨時書面申請註銷本保險單，本公司亦可提前十五天通知被保險人註銷本保險單。對本保險單已生效期間的保險費，前者本公司按月比例計收，後者按日比例計收。

（五）權益喪失

如果任何索賠含有虛假成分，或被保險人或其代表在索賠時採取詐欺手段企圖在本保險單項下獲取利益，或任何損失是由被保險人或其代表的故意行為或縱容所致，被保險人將喪失其在本保險單項下的所有權益。對由此產生的包括本公司已支付的賠款在內的一切損失，應由被保險人負責賠償。

（六）合理查驗

本公司的代表有權在任何適當的時候對本保險單中列明的營業場所的風險情況進行現場查驗。被保險人應提供一切便利及本公司要求的用以評估有關風險的詳情和資料。但上述查驗並不構成本公司對被保險人的任何承諾。本公司的檢查人員如發現任何缺陷或危險時，將以書面通知被保險人，在該項缺陷或危險未被排除並使本公司認為滿意之前，對其有關的或因此引起的一切責任本公司概不負責。

（七）重複保險

本保險單負責賠償損失、費用或責任時，若另有其他保障相同的保險存在，不論是否由被保險人或他人以其名義投保，也不論該保險賠償與否，本公司僅負責按比例分攤賠償的責任。

（八）權益轉讓

若本保險單項下負責的損失涉及其他責任方時，不論本公司是否已賠償被保險人，被保險人應立即採取一切必要的措施行使或保留向該責任方索賠的權利。在本公司支付賠款後，被保險人應將向該責任方追償的權利轉讓給本公司，移交一切必要的單證，並協助本公司向責任方追償。

（九）爭議處理

被保險人與本公司之間的一切有關本保險的爭議應通過友好協商解決。如果協商不成，可申請仲裁或向法院提出訴訟。除事先另有協議外，仲裁或訴訟應在被告方所在地進行。

六、特別條款

下列特別條款適用於本保險單的各個部分，若其與本保險單的其他規定相衝突，則以下列特別條款為準。

中國平安保險股份有限公司公眾責任險投保單

注意：請仔細閱讀所附條款。

Attention：Please read the enclosed clause carefully.

本投保單由投保人如實地、詳盡地填寫並簽章後作為向本公司投保公眾責任險的依據。本投保單為該公眾責任險保險單的組成部分。

The Applicant is required to fill in the following items in good faith and as detailed as possible, and affix signature to this Application From which shall be treated as proof of application to the Company for Public Liability Insurance and constitute and integral part of Public Liability Insurance Policy.

被保險人 Insured：	名稱 Name：	電話 Tel：
	住址郵編 Address：Postcode：	
	業務性質 Nature of Business：	
保險範圍 Scope of Cover：	保險地點 Location Under Cover：	
	責任賠償原因 Reason of Indemnity：	

賠償限額 Limits of Indemnity:	每次事故所引起的賠償限額 Limits of Indemnity A. O. A.	
	其中：每個人傷殘賠償限額 Include：Limits of indemnity for each injury or disable.	
	財產損失的賠償限額 Limits of indemnity to the loss of properties.	
	保險期限內累計賠償限額 Limits of Sums of Indemnity in the Period of Insurance.	
保險費 Premium：		費率 Rate：

付費日期 Date of Payment：
保險期限 Period of Insurance：

備註 Remarks：

    投保人茲聲明上述所填內容屬實，同意以本投保單作為訂立保險合同的依據；對貴公司公眾責任險條款及附加條款（包括責任免除部分）的內容及說明已經瞭解。

    I declare that the above (including details of the subject matter of insurance and questionnaire of the risk exposure) is true to the best of my knowledge and belief, and hereby agree that the proposal be incorporated into the policy. I have read and understand the Company's Public Liability Insurance clause and extensions (including the Exclusions).

投保人簽字（蓋章）
Signature of Proposer：_____

日期
Date：_____

申明：

    除另有書面約定外，投保人未按保險單中列明的付費日期交付保險費，本保險合同自逾約定付費日期之日自動解除，本公司不承擔保險責任。

DECLARATION：

    The Company shall **not be** liable to pay any claims and the ensuing policy shall be automatically cancelled if the applicant does not make premium payment (s) according to the date (s) specified in the policy, unless agreed upon in wording otherwise.

第七章附錄 3

中國平安保險股份有限公司財產保險綜合險投保單

注意：請仔細閱讀所附條款。
Attention：Please read the enclosed clause carefully.

本投保單由投保人如實地、詳盡地填寫並簽章後作為向本公司投保財產保險綜合險依據。本投保單為該財產保險綜合險保險單的組成部分。

The Applicant shall fill in the following items in good faith and as detailed as possible, and affix signature to this proposal which shall be treated as proof of Application to the Company for Property Insurance and constitute an integral.

投保人 Applicant：	電話 Telophone：
投保人地址 Applicant Address：	郵編 Postcode：
保險財產地址 Insured Property Situated at：	標的地址郵編 Insured Property Postcode：
主要原材料和主要輔料 Raw Material and other Stores：	
安全設施情況 Security Facilities： 1. 自動報警或滅火裝置 　Automactic Alarm of Fi-Fi Equipment 　□有　　　□無 　Yes　　　　No 2. 消防栓、滅火器 　Hydrant，Extinguisher 　□有　　　□無 　Yes　　　　No 3. 保安值勤 　Security Guard 　□有　　　□無 　Yes　　　　No	建築類型及周圍情況 Constuction Type and Surrounding： 1. 建築類型 　Construction Type： 　□鋼筋混凝土　□磚混　□其他 　Concrete Steel　Brick　Other 2. 臨近有無易燃、易燃等危險單位？ 　Any Inflammables and Explosives nearby？ 3. 距消防隊最近距離 　Distance from Fire Brigade. 4. 地址位置 　Geogrqphical Near River（s） 　□沿江、湖、海　　□低窪 　□泄洪區　　　　　□安全地帶 　Lake（s）、Sea（S）level 　Below Water　　Flood Area 　Saft Areas Location
以往損失情況及出險原因 Past Loss Record and Cause of Loss：	
保險期限　　　個月　　自　　　年　　月　　日中午12時至　　　年　　月 日中午12時止 Period of Insurance　　Months　　Form　　at 12 noon to　　at 12 noon	

保險財產名稱 Description of Property Insured	投保金額 Sum Insured	每次事故免賠額為損失金額的 Deductibles A.O.A in the Loss Amount
房屋建築　　棟　　m^3 Buildings　　Flat　　m^3		%或 or
裝置及家具 Fittings, Fixtures and Furniture：		%或 or
生產或營業用機器設備 Equipment in Operation：		%或 or
庫存原材料 stored Materials：		%或 or
庫存產品及半成品 Stored Products and Semi-Products：		%或 or
其他物品 Others：		%或 or
總保險金額 Total Sum Insured：		
費率　　　　　保險費 Rate：　　　　Premium：		
付費日期： Payment of Date：		
備註 Remarks：		

　　投保人茲專用上述所填內容（包括投保標的明細表及風險情況問詢表）屬實，同意以本投保單作為訂立保險合同的依據；對貴公司就財產保險綜合險條款及附加險條款（包括責任免除部分）的內容及說明已經聽解。

　　I declare that the above (including detalis of the subject matter of insurance and questionnaire of the risk exposure) is true to the best of my knowledge and belief, and hereby agree that the proposal be incorporated into the policy. I have read and understand the Company's Property Combined Risk Insurance clauses and extensions (including the Exclusions).

投保人簽字（蓋章）：
Signature of Proposer：
日期 Date：

　　申明：

　　除另有書面約定外，投保人未按保險單中列明的付費日期交付保險費，本保險合同自逾約定付費日期之日自動解除，本公司不承擔保險責任。

　　DECLARATION：

　　The Company shall not be liable to pay any claims and the ensuing policy shall be automatically cancelled if the applicant does not make premium payment (s) according to the date (s) specified in the policy, unless agreed upon in wording otherwise.

第八章　國際貿易保險

內容提要：國際貿易保險包括水險和非水險兩大部分。本章介紹了國際運輸和海上風險的基本情況；闡明了中國海上貨物運輸保險條款的主要內容；基於出口信用保險在當今國際經濟合作中的重要地位，對出口信用保險的特點、經營原則進行了分析。

第一節　國際貨物運輸與海運風險

一、國際貿易價格術語

(一) 國際貨物買賣合同

國際貨物買賣合同是指營業地處於不同國家的當事人之間所簽訂的貨物買賣合同。由於合同雙方當事人的營業地處於不同國家，貨物必須從買方營業地運往賣方營業地，這就產生許多複雜的問題。如賣方在何時何地交貨，由何方派遣運輸工具並支付相關費用，貨物在運輸途中的風險由誰承擔，何方負責申領進出口許可證和交納進出口貨物的關稅。為此，國際貨物買賣雙方在洽商合同時，一定要明確上述問題。這些問題，國際貨物買賣雙方可以通過採用某個價格術語的方式獲得解決。也就是說，國際貿易中所使用的價格術語正是為了說明上述費用、風險、手續等買賣雙方責任的劃分。價格術語是在國際貿易的長期實踐中形成的，並且已經得到廣泛的應用。

(二) 價格術語的含義與作用

價格術語是國際貿易中專門使用的術語。它一方面能表明商品價格金額的構成，另一方面能明確雙方責任範圍、風險界限、費用負擔等重大問題。價格術語可用一個簡單的概念、詞組或縮寫符號來表示。

在國際貿易中，買賣雙方在磋商交易和訂立合同時，只要選用某種雙方認為合適的價格術語，就可以據此確定他們各自的責任，而不必逐項進行磋商討論。

所以，國際貿易術語的廣泛使用，簡化了交易磋商的內容，縮短了磋商成交的時間，節省了交易的開支和費用，便利了合同的簽訂與執行，為買賣雙方提供了很大的方便，對促進國際貿易的發展有積極意義。

(三) 價格術語與運輸、保險的關係

明確了價格術語，就明確了買方或賣方的責任。如 FOB、C&F、CIF 雖然同屬於象徵性交貨條件，但 FOB 合同規定由買方負責運輸和購買國際貨物運輸保險，C&F 合同規定由買方負責購買保險，若以 CIF 合同成交，運輸和保險均由賣方負責。

二、海上貨物運輸合同

(一) 海上貨物運輸合同的種類

海上貨物運輸合同，是指承運人或船舶出租人負責將托運人托運的貨物經海路從一國的某一港口運至另一國家的港口，而由托運人向承運人支付約定運費的合同。

承運人或船舶出租人是合同的一方當事人，通常稱為船方；托運人或承租人是合同的另一方當事人，通常稱為貨方。海上貨物運輸合同的標的是貨物。

國際海上貨物運輸合同主要有以下兩種類別：

1. 提單

提單是在國際班輪運輸中經常使用的單證，由承運人在收到托運人交付的貨物時簽發。對托運人或發貨人而言，它是海上貨物運輸合同的證明；對收貨人或其他善意提單持有人而言，它是他們與承運人之間的貨運合同。海運件雜貨運輸，又稱零擔貨運輸，通常採用班輪運輸方式，而班輪運輸通常以提單作為運輸合同的證明，故也把班輪運輸稱為提單運輸。

2. 租船合同

租船合同主要有航次租船合同、定期租船合同和光船租賃合同三種。一般認為，其中的航次租船合同屬於海上貨物運輸合同，所以中國《海商法》把它列入第四章「海上貨物運輸合同」。定期租船合同同時具有貨物運輸合同和財產租賃合同的性質，光船租賃合同則完全是財產租賃合同，所以《海商法》把它們列入船舶租用合同之列。

(二) 海運提單的產生與發展

提單（Bill of Lading，B/L），在海上貨物運輸中被廣泛使用，有其自身的歷史發展過程。提單起源於歐洲早期的航海貿易。當商人和船東的角色逐漸分離時，提單便應運而生了。貨主把貨物交給船方裝船後，要求船方提供一份證明承運人已經接管貨物的單證。根據貨主的要求，船方便出具一份表示已經收到貨物的證明。這就是提單的起源。後來，商人們逐漸地在提單背面記載若干運輸合同的條款，使提單的內容不斷趨於完善。

到 17 世紀，航海貿易有了很大的發展。由於貨物經海上運輸時間長，給急於處理貨物的買方帶來不便。為了解決這一矛盾，商人們逐漸在貿易領域裡承認提單可以直接代表貨物，賦予提單物權憑證的性質，擁有提單就表明擁有貨物的所有權，轉讓提單具有轉讓貨物一樣的效力。承認提單具有物權憑證的功能對國際貿易產生了重大影響。隨著班輪運輸方式的日趨成熟，商品交換對時間的要求更為迫切，商人可憑作為物權憑證的提單在銀行獲得融資，可在貨物到達目的港之前通過轉讓提單來轉讓在目的港的提貨權，處分提單就等於處分在海上運輸中的貨物。提單功能的發展與完善，是運輸和貿易發展的產物。提單使國際貿易由實物交易到單證交易的轉化成為可能，提單也因此成為國際貿易中最重要的單證之一。

近年來，由於提單所代表的貨物價值巨大，而偽造提單在技術上並不十分困難，以提單為對象的海運詐欺日益猖獗。這是現代海運業面臨的挑戰。電子提單通過密碼在電子數據交換系統上傳遞，極大地加快了提單的流轉速度，增加了提單的安全性，保留了提單可轉讓的功能。

（1）提單是承運人所簽發的，表明其收到貨物，並負有把提單上載明的貨物交給提單合法持有人的責任

通常情況下，貨物裝船後才由承運人簽發提單，但有時承運人在裝貨港碼頭的庫場接收貨物後也可以應托運人的要求簽發備運提單。等到貨物裝船後，再把備運提單換為已裝船提單。

（2）提單是托運人和承運人之間訂立海上貨物運輸合同的證明

提單背面載明了承運人、托運人雙方的權利義務條款，是雙方之間訂立海上貨物運輸合同的證明。

（3）提單是貨物的物權憑證

按照法律和一般航運慣例，承運人僅按提單的規定憑提單付貨。如果是記名提單，承運人只能將貨物交給提單上的記名人；如果是指示提單，承運人只能按提單上的記名人的指示付貨。但不管是上述哪一種情形，承運人都應把貨物交給正本提單持有人。只要不是記名提單，提單都可以轉讓流通，如用於結匯、買賣、抵押等。善意受讓提單的合法持有人可以僅憑受讓的提單而取得提單項下的貨物，這充分說明了提單具有物權憑證性質。

（三）提單的分類

1. 按提單簽發時貨物是否已裝船，分為已裝船提單和備運提單

已裝船提單，是指貨物已由承運人裝船的提單。備運提單，是指承運人已接管貨物但還未裝船而簽發的提單。在貨物裝船後，托運人可以憑備運提單要求承運人換發已裝船提單，或由承運人在備運提單上批註船名和裝船日期，使其成為已裝船提單。

2. 按提單上是否有不良批註，分為清潔提單和不清潔提單

所謂清潔提單，是指承運人在提單上批註表面狀況良好或未在提單上進行批註的提單。不清潔提單，則是承運人在提單上對貨物表面狀況做不良批註的提單。

托運人把貨物交給承運人，承運人就能瞭解到貨物的表面狀況。《海牙規則》規定承運人應對貨物的表面狀況做出批註。但在許多國家的立法和各航運公司制定的提單條款中一般都規定：承運人未做批註的，視為貨物表面狀況良好。在實務中，托運人把貨物送交船方，船務公司的理貨人就會點收件數，看是否同裝貨單上的件數符合，另外還要檢查貨物的包裝是否符合出口包裝的標準，如果發現破損、水漬、滲漏等缺陷，就會把它們批註在大副收據上，這些批註就會出現在以後簽發的提單上。有這類批註的提單就是不清潔提單。提單若被劃為不清潔提單，船務公司就可免除今後賠償的責任，也就是說，不清潔提單所代表的貨物到達後如有破損，船務公司一般不會做出賠償。因此，進口商往往會拒絕收下不清潔提單所代表的貨物，出口商只能用擔保書向船務公司保證自己承擔上述缺陷所引致的任何損失。出口商提交此擔保書後，船務公司就會相應取消不清潔批註。當然，出口商最好把貨物包裝妥當，免除許多不必要的麻煩。

3. 按提單上所記載的收貨人的抬頭不同，提單分為記名提單、指示提單和空白提單

記名提單，是指提單正面收貨人一欄內載明收貨人名字或名稱的提單。除經法定程序外，記名提單不能流通。因其不具有流通性，記名提單在國際貿易中較少使用，一般僅限於個人物品、展覽品和貴重物品的運輸。

指示提單，是指在收貨人一欄內載明憑指示或憑某人指示的提單。在收貨人欄內僅記明「憑指示」字樣的提單是無記名指示提單，應理解為按照托運人的指示放貨；在收貨人欄內記明「憑某人指示」字樣的提單是記明指示提單，承運人應按記名人的指示交貨。指示提單經指示人背書後發生轉讓，實現提單的流通，在現代國際貨物買賣中得到廣泛應用。

空白提單是指在收貨人一欄內無記載，承運人把貨物交給提單持有人。

4. 按運輸方式的不同，分為直達提單、轉船提單和聯運提單

直達提單，是貨物從裝貨港裝船後直接運往卸貨港，中途不得轉船的提單，這是最常見的提單形式。這種提單，僅填寫裝貨港和卸貨港，而無中途轉船的批註。如果跟單信用證規定不得轉船，托運人就必須取得直達提單才能結匯。

轉船提單，是貨物在裝貨港裝船啓運後，在中途港把貨物交給其他承運人用另一船舶運至目的港的提單。

多式聯運提單，是承運人以包括海上運輸方式在內的兩種或兩種以上運輸方式將貨物從一地運至另一地而簽發的提單。這是隨著集裝箱運輸方式的興起而產生的。以海運為主的集裝箱多式聯運能夠實現「門到門」運輸的優越性，大大減

少貨物在途中的損耗，在當今發展迅猛。

（四）提單的內容

提單的格式無統一的標準，各輪船公司可自行制定，但通常在提單正面應載明下列各項內容：①船名和船舶國籍；②承運人名稱；③裝貨港地和目的港地；④托運人名稱；⑤收貨人名稱；⑥貨物品名、標誌、包裝；⑦貨物的件數、重量或體積；⑧運費；⑨簽發提單的日期、地點和份數；⑩承運人或船長簽字。

上述十項為提單的要件，缺少其中任何一項就不能作為提單。其中一至七項由托運人填寫，如因填寫不清楚或不正確而造成損失，由托運人自行負責。

（五）提單背面的主要條款

提單的背面是有關承運人和托運人權利和義務的條款。結合當前的海運實踐和有關國際條約和國內立法，提單背面的權利義務條款通常規定有下列事項：①管轄權（Jurisdiction）條款。該條款指明因提單產生的一切爭議應在哪裡解決。一般規定應在承運人所在地國家法院解決。②法律適用，或稱首要條款（Paramount Clause）。指明提單受某一國際公約或某一國內法約束的條款。③承運人的責任（Carrier's Responsibility）。④責任期間（Period of Responsibility）。⑤運費及其他費用（Freight and Other Charges）。⑥裝貨、卸貨和交貨（Loading Discharging and Delivery）。⑦留置權（Lien）。該條款規定承運人可因托運人、收貨人未付運費、滯期費和其他應付款項，以及應承擔的共同海損分攤額，對貨物及有關單證行使留置權，並有權出售或處理貨物。⑧貨物滅失或損壞的通知、時效（Notice of Loss or Damage, TimeBar）。⑨賠償責任限額（Package Limitation）。提單應按適用的國內法或國際公約的規定來確定承運人對每件或每計費單位貨物的損害賠償責任限額。⑩危險貨物（Dangerous Goods）。⑪訛艙面貨、活動物和植物（Deck Cargo, Live Animals and Plants）。⑫訛集裝箱貨物（Cargo in Container）。該條款通常規定承運人可以將貨物裝於集裝箱進行運輸。⑬訛冷藏貨物（Refrigerated Goods）。⑭訛選港（Option）條款，亦稱選港交貨（Optional Delivery）條款。通常規定，只有當承運人與托運人在貨物裝船前有約定，並在提單上註明時，收貨人方可選擇卸貨港。⑮訛轉運、換船、聯運與轉船（Forwarding, Substitute of Vessel, Through Carriage and Transshipment）條款。⑯訛共同海損與新杰遜條款（General Average and New Jason Clause）。多數提單規定共同海損按《1974年約克—安特衛普規則》理算，也有的提單規定按《1994年約克—安特衛普規則》或其他規則理算。新杰遜條款是修訂後的杰遜條款（Amended Jason Clause）。「新杰遜條款」與「杰遜條款」的不同之處在於：當船舶因船長、船員或引航員的過失事故而採取救助措施時，即使救助船與被救助船同屬一個船公司，被救助船仍須支付救助報酬，該項救助報酬可作為共同海損費用，由各受益方分攤。⑰訛雙方有責碰撞條款（Both to Blame Collision Clause）。按照國際航運界普遍接受的船舶碰撞損害賠償責任原則的規定，雙方互有責任的

船舶碰撞，應按過失程度的比例承擔賠償責任。但是美國法院認為貨主是無辜受害者，應該得到全部賠償。碰撞雙方應對貨損負連帶責任，貨主可以向任何一方索取全部賠償額。為此，承運人為了保護自己的利益，在提單上加列「雙方有責碰撞條款」，規定貨方應從得到的賠償款項上將載貨船東按碰撞過失比例應分攤的本船所載貨物損失的金額，退還給載貨船東，理由是載貨船東對本船所載貨物的損失依《海牙規則》規定的航海過失免責條款可以免予賠償。美國法院已確認該條款在租船合同中的效力，但對班輪提單中的該條款的效力仍未予確認。⑱訛戰爭、瘟疫、冰凍、罷工、港口擁擠等（War, Quarantine, Ice, Strikes, Congestion, etc.）。本條款規定，如果發生戰爭以及其他非承運人所能控制的情況，造成船舶及其所載貨物不能安全到達目的港卸貨，承運人有權在裝貨港或任何其他安全和便利的港口卸貨。⑲訛地區條款（Local Clause）。規定進出美國港口的貨物運輸適用 1936 年美國《海上貨物運輸法》的條款。

（六）電子提單

電子提單，是指通過電子數據交換系統傳送的有關海上貨物運輸合同的數據。電子提單與傳統提單不同，它不再是一種紙面單證，而是一系列有關海上貨物運輸合同的電子數據，按照特定的規則組合而成，並以計算機通訊途徑傳送。

實現電子提單的流轉，必須將托運人、承運人、承運人的代理人、銀行和收貨人各自的電子計算機聯成網絡，電子計算機將貨物運輸合同中的數字、文字、條款等，按照特定的規則，轉化為電訊，並將這些電訊組合成傳遞單位，借助於電子通信設備，從一臺電子計算機傳送到另一臺電子計算機。

電子提單通過電子數據交換系統傳遞，使單證的流轉在瞬間得以實現，避免了提單晚於船舶到達的情況；電子提單通過電子數據交換系統憑密碼進行流轉，防止了利用傳統提單進行海運詐欺的行為。電子提單是現代通信技術與計算機技術高速發展的產物，是從「有紙貿易」向「無紙貿易」演變的重要內容，將對 21 世紀的國際貿易與航運業產生深遠的影響。但目前電子數據交換系統僅在傳遞一般的運輸單證方面起作用，而利用該系統進行提單流轉和貨物所有權的轉讓，還沒有真正意義上的實踐。通過電子交換系統傳遞運輸單證的應用在世界上遠未普及，主要限於在美國和歐洲主要港口間使用。但我們還是應注意到電子提單的發展方向，跟上國際無紙貿易的發展進程。目前調整電子提單的規則有《聯合國管理、商業和運輸電子數據交換規則》《1987 年遠距傳送貿易數據交換行為統一規則》和 1990 年《國際海事委員會電子提單規則》。

三、海運保險保障的風險

海上保險是以船舶和貨物作為保險標的的保險，把船舶在營運過程中，貨物在運輸途中可能遭遇的危險作為其保障的範圍。然而，因貨物的性質、船舶的用途、運輸的路線及區域、海上自然條件等因素的不同，需要保險人提供的危險保

障也不一樣。為了適應被保險人在不同情況下的經濟保障的需要，保險公司制定了各種承保責任不同的保險條款。這些承保責任不同的保險條款，形成了不同的保險險別。因此，在保險業務中，風險、損失和險別之間有著密切相關的聯繫，即風險是造成貨物和船舶損失的原因，險別是具體規定保險人對風險與損失予以承保的責任範圍。為了更好地理解風險、損失與險別的關係，我們首先分析危險及其各種表現形式。

海上保險保障的風險可分為兩大類：一是海上風險，海上風險又可分為自然災害和意外事故兩種；二是其他外來原因引起的外來風險。

(一) 海上風險

海上風險，是指船舶、貨物在海上運輸過程中所發生的風險。但是，海上保險人承保的海上風險是一種特定範圍內的風險，它既不包括一切在海上發生的風險，又不局限於在航海中所發生的風險。海上保險所承保的風險，按其發生性質可以分為自然災害和意外事故兩大類。

1. 自然災害

自然災害，一般是指不以人們意志為轉移的自然界力量所引起的災害。但是海上保險中，它並不是泛指一切由於自然力量所造成的災害。而且在不同國家，同一國家的不同時期對自然災害的解釋也有所不同。據中國 1981 年 1 月 1 日修訂的海洋運輸貨物保險條款的規定，所謂自然災害僅指惡劣氣候、雷電、海嘯、地震、洪水及其他人力不可抗拒的災害等。

上述各種自然災害風險的主要含義如下：

(1) 惡劣氣候

一般是指海上颶風、大浪引起船舶顛簸、傾斜造成船舶的船體、機器設備的損壞。例如，船舶遇到大風時，為了躲避風浪，如需轉向，會因離心力和水對船體的壓力作用，迫使船舶傾斜嚴重，甚至造成傾覆。在實務上，保險人對惡劣氣候一詞也沒有統一明確的定義，往往根據風險的具體情況進行解釋。例如，中國對暴風的解釋為，風力在 8 級以上、風速在 17.2 米/秒以上即構成暴風責任。

(2) 雷電

這是指保險標的在保險的有效期內，由雷電所直接造成的，或者由雷電引起火災所造成的損失。

(3) 海嘯

這是指由於海底地殼發生變異，有的地方下陷，有的地方上升，引起海洋劇烈震盪而產生巨大波浪，致使貨物和船舶受損害或滅失。海嘯的破壞力很大，尤其是襲擊某一擁擠港口或地區，會使船舶互相碰撞，船只沉沒，甚至把一些大船衝向海灘，退潮時發生擱淺等。

(4) 地震或火山爆發

這是指直接或歸因於地震或火山爆發所致貨物或船舶的損失。陸地上發生的

地震雖不會影響船舶在海上航運，但可能影響停泊在港口的船貨。例如，船舶停泊在港口等待卸貨，或貨物在轉運港口裝卸時，如果發生地震，船貨就有可能遭受損壞或滅失。事實上，地震的發生不限於陸上，海下發生地震的頻率更高。海下地震可引起海面波濤洶湧，影響潮汐或海流，引起海嘯。

（5）洪水

山洪暴發、江河泛濫、潮水上岸及倒灌等導致保險標的受浸泡、衝散、衝毀等損失，都屬於洪水責任。

（6）其他人力不可抗拒的災害

通常包括浪擊落海和海水、湖水、河水進入船舶、駁船、運輸工具、集裝箱或大型海運箱及貯存處所等。

浪擊落海是指艙面貨物受海浪衝擊落海而造成的損失，不包括在惡劣氣候下船身晃動而造成貨物落海的損失。海水等進入船舶的風險，不僅包括由於海水，而且包括由於湖水和河水進入船舶等運輸工具或儲存處所造成的損失。此外，對儲存處所可以理解為包括陸上一切永久性的或臨時性的、有頂篷的或露天貯存處所。

2. 意外事故

海上意外事故是指運輸工具遭遇外來的、突然的、非常料中的事故，如船舶擱淺、觸礁、沉沒、互撞、與流冰或其他物體碰撞、船舶失蹤以及火災、爆炸等。海上保險所承保的意外事故，並不是泛指的海上意外事故，而是指保險條款規定的特定範圍內的意外事故。各種意外事故都具有不同的特定含義，現將各種意外事故分別說明如下：

（1）擱淺

這是指由於意外的原因使船體與海中岩礁、海岸或其他障礙物（如沉船、木樁、海柵等）發生接觸，而且持續一定時間，如停航達12小時以上，使其處於失去進退自由的狀態。船舶擱淺時，如果貨物已載於船上，保險人則應對該貨物的一切損失負賠償責任，即使損失的近因並非擱淺，保險人仍舊負責。例如，某船發生擱淺，經救助脫淺，船艙貨物也發現受損，然而該船舶在擱淺後又遭遇到惡劣氣候，到達目的港後發現貨物嚴重受損。這種損失是否歸因於擱淺，並不清楚，但如果被保險人以船舶曾經擱淺為由向保險人提出索賠，保險人必須負賠償責任，理由是，船舶發生擱淺時，貨物已裝在船上。

（2）觸礁

觸礁是指船舶擦過水中岩礁或其他障礙物而仍能繼續前進的一種狀態。構成觸礁的前提條件是船舶接觸水中障礙物以後，仍能繼續移動，這也是與擱淺的區別之處。觸礁與擱淺一樣，必須是不可預料的一種情況，如果船舶經常在某處發生與觸礁類似的情況，則不能認為是觸礁事故。

觸礁和擱淺之間有時很難區別，因為有可能船舶在發生擱淺以後，不能繼續

前進。區別這兩者，要從理論上來考慮，即一個海上事故是屬於觸礁還是屬於擱淺，主要是看事故發生之後，船舶是否有可能沉沒的危險。如果船舶發生與水底障礙物接觸事故後仍存在著沉沒的潛在危險，則屬於觸礁，反之則屬於擱淺。

(3) 沉沒

這是指船體的全部或大部分已經浸入水面以下，並失去繼續航行能力的一種狀態。如果船體雖有一部分浸入水中，但仍有航行能力，則不能視為沉沒。

(4) 碰撞

這是指船舶在航行中與其他可航行的物體發生猛烈接觸，或船舶與任何漂浮物體、航行物體、浮水、沉船殘骸以及港口、碼頭、河堤等建築物的接觸。換言之，碰撞是指船舶與船舶或非船舶的其他約定物體碰撞。

總之，船舶構成碰撞事故，必須具備三個條件：其一，要有船舶與其他物體之間的實際接觸，即要有碰撞事實，如果船舶的損失是因另一只船舶經過時的波浪造成的，則不屬於碰撞損失；其二，碰撞和損失要有必然的因果關係；其三，碰撞必須以船舶在水上航行為前提。如果船舶在港內修理時發生碰撞事故，保險人則不負賠償責任。

(5) 失蹤

這是指船舶在海上航行，失去聯絡超過合理期限的一種情況。所謂「合理期限」是一個事實問題，各個國家概括各自的情況，分別訂出 4～6 個月的期限為合理期限。被保險船舶一旦宣告失蹤，除非能夠證明失蹤是因戰爭風險導致的，均由保險人當作海上風險損失負責賠償。如果在保險人賠償以後，船舶又重新出現，該船的所有權則應歸保險人。

(6) 傾覆

這是指船舶受災害事故，船身傾覆或傾斜，處於非正常的、非經施救或救助而不能繼續航行的狀態。在海上保險中，保險人除了承保船舶傾覆所造成的損失外，還承保了陸上運輸工具的傾覆損失。

(7) 火災

這是指保險標的物被燒毀、燒焦、燒裂、菸熏以及救火行為所致的損失。海上保險所承保的火災，通常是指因下列原因引起的火災而導致損失：①雷擊電閃起火；②爆炸引起的火災或因起火引起的爆炸；③船長或船員的過失所導致的火災；④貨物本身的特性受到外界氣候、氣溫等影響而發生的自燃；⑤其他原因不明的火災。

凡是上述原因所引起的火災損失，保險人均負保險責任。但是，如果由於戰爭、罷工或民眾暴亂行為所導致的火災，和因貨物固有瑕疵而發生的自燃，則不在保險人的承保責任範圍之內。

(8) 爆炸

一般是指物體內部發生急遽的分解或燃燒，迸發出大量氣體和熱力，使物體

本身及周圍其他物體遭受猛烈破壞的現象。在海上運輸過程中，貨物發生爆炸的原因很多，例如，船舶鍋爐爆炸致使船舶和貨物受損，或貨物因氣候影響產生化學作用引起爆炸等。

(9) 暴力偷盜

這是指使用暴力掠奪或船舶的行為。這裡所說的使用暴力，並非必須有人身傷害情節，只要利用強制暴力手段盜取貨品，就屬於暴力盜竊。暴力盜竊不包括暗中偷竊行為，也不包括船上人員或旅客的偷竊。因為根據國際貿易慣例，出口商備好托運的貨物後，則對該貨物在法律上負有安全保管的責任。如果發生監守自盜，承運人也應該受到法律制裁。同樣，貨物被外人偷竊，承運人也應該負適當的賠償責任。因此，對於可能遭受偷竊的貨物，貿易經營者在暴力偷盜之外，還須要保一般盜竊險以求得較大保障。

(10) 投棄

這是指當船舶和其承載的貨物均處於緊急危險情況下，船長為了保全船舶與貨物的共同安全，故意將船上部分貨物或設備投棄海中，以致造成損失。這種損失是共同海損犧牲的一種典型情況。例如，當船舶擱淺後有沉沒的危險，為了船貨的共同安全，減輕船載使其重新起浮，常常採取投棄措施，將貨物或船上設備拋到海中。然而，按照國際保險市場上的習慣，若無特別約定，甲板貨、危險品、腐敗物的拋棄，不屬於投棄損失之列。

(11) 船長、船員的惡意行為

這是指船長或船員故意損害船東或租船人利益的一種非法行為。船長、船員的惡意行為的表現形式有下列幾種：①故意棄船、縱火燒船或鑿沉船舶；②故意違反航行規則，導致船舶遭受處罰；③與敵人交易、走私或衝越封鎖線，以致船舶貨物被扣押或沒收；④詐欺出售或私自抵押船舶和貨物等。

(二) 外來風險

外來風險一般是指海上風險以外的其他外來原因所造成的風險。所謂外來原因，必須是意外的，事先難以預料的，而不是必然發生的外來因素。因此，類似貨物的自然損耗和本質缺陷等屬於必然發生的損失，都不包括在外來風險引起的損失之列。按照中國運輸貨物保險條款的規定，外來風險通常是指偷竊、破碎、淡水雨淋、受潮、受熱、發霉、串味、沾污、滲漏、鉤損、銹損等。

此外，保險人還可以特約承保由於軍事政治、國家政策法令以及行政措施等特殊外來原因所引起的風險。常見的特殊外來風險有戰爭、罷工、交貨不到、拒收等。

外來風險不是船舶遭遇海上自然災害和意外事故引起的，但在海上運輸過程中是經常發生的。為了充分保障被保險人的利益，一般經過事先協商約定，保險人對這類風險是予以承保的。

第二節　海上貨物運輸保險

一、海上貨物運輸保險的特點

海上保險與其他財產保險的最大不同之處在於：它所承保的標的處於運動狀態中，即貨物和運輸工具從一個國家到另一個國家。這使海上保險具有不同於其他保險的特徵。

（一）承保風險的綜合性

從承保範圍來看，海上保險不只保障海上水域的風險，而且還包括與海上航程有關的內河、陸上和航空風險。從風險的種類來看，既有自然災害和意外事故引起的客觀風險，又有外來原因引起的各種風險。這充分顯示了其承保風險綜合性的特點。

（二）承保標的的流動性

海上保險承保標的，通常以船舶和運輸貨物為主，船舶和運輸貨物要求從一個港口到達另一個港口，以實現航運經營的目的。海上保險的標的經常處於流動狀態，因此海上貨物運輸保險單為定值保險單。

（三）損失責任的特殊性

海上保險的標的在運輸期間由承運人掌控。由於承運人的過失可能使貨物在運輸中受損，保險人應熟悉承運人權利和義務的有關規定。對因承運人的責任所造成的貨物損失，在按保險合同的條款對被保險人賠償之後，向承運人進行追償，以維護保險人的合法權益。

（四）海上保險的國際性

海上保險保障的對象主要是國際貿易、遠洋運輸以及其他對外經濟活動，這些都是在國際範圍內進行的。海上經營活動的國際性使得海上保險帶有強烈的國際性特點。如在海上保險合同履行時，可能遇到國際法規的適用問題。在海事處理中涉及管轄權、訴訟、仲裁等問題。另一方面，由於海上保險承保標的大多價值巨大，往往需利用國際再保險來分散風險，使得海上保險業務在條款、費率方面必須重視國際通行做法。

（五）保險單的可轉讓性

除貨物運輸保險合同以外的其他財產保險合同，未經保險人同意，保險單不能隨物權的轉讓而轉讓；貨物運輸保險的保險單可隨物權的轉讓而背書轉讓。由於運輸中的貨物一般是交承運人運輸，被保險人並未直接控制保險標的，保險標的所有權的轉讓對貨物的風險狀況沒有實質性的影響，為了方便商品交易，保險單一般可隨物權的轉移而背書轉讓，無須徵得保險人同意。

二、中國海上貨物運輸保險條款

新中國成立後，為了適應中國對外經濟貿易不斷發展的需要，中國人民保險公司根據中國保險工作的實際情況，並參照國際保險市場的習慣做法，自1956年起陸續制定了各種涉外保險業務條款，總稱為「中國保險條款」（China Insurance Clauses，CIC）。海上貨物運輸保險條款是它的重要組成部分。

中國現行的海上運輸貨物保險條款是中國人民保險公司1981年1月1日修訂的海上運輸貨物保險條款（Ocean Marine Cargo Clauses 1/1/81）。該條款共有五部分內容：責任範圍、除外責任、責任起訖、被保險人的義務和索賠期限。在責任範圍部分，規定海上貨物運輸保險的基本險分為平安險、水漬險和一切險三種。投保人可以根據需要選擇其中任何一種險別投保。當被保險貨物遭受損失時，保險人按照保險單載明的投保險別所規定的責任範圍負責賠償。平安險、水漬險和一切險的稱謂，源自新中國成立之前中國海上保險市場的叫法，其內容是參照倫敦保險人協會1963年貨物條款制定的，險別的英文名稱也來自協會條款。

（一）平安險（Free from Particular Average，FPA）

平安險原意是「單獨海損不賠」，即保險人只負責賠償保險標的發生的全損，但今天平安險的責任範圍遠遠超過了全損險的責任範圍。平安險只不過是一種習慣叫法。根據中國海運貨物保險條款，平安險規定的責任範圍包括以下八項：

1. 被保險貨物在運輸途中由於惡劣氣候、雷電、海嘯、地震、洪水等造成整批貨物的全損

這一款所列舉的風險均屬於自然災害，自然災害不應限於所列舉的5種，還應包括火山爆發、隧道坍塌、冰雹等。

保險標的全損包括實際全損和推定全損。按照中國《海商法》的規定，所謂實際全損是指保險標的發生保險事故後滅失，或者受到嚴重損壞完全失去原有形體、效用，或者不能再歸被保險人所擁有。而推定全損是指貨物發生保險事故後，認為實際全損已經不可避免，或者為避免發生實際全損所需支付的費用與繼續將貨物運抵目的地的費用之和超過保險價值。

這裡所說的「整批貨物的全損」，不僅指一張保險單項下載明的貨物的全部損失，還指一張保險單下分類標明保額的某一類貨物的全損，或者同一張保險單承保的多張提單項下某一張提單項下貨物的全部損失，以及被保險貨物用駁船運往或運離海輪時每一駁船所裝運貨物的全部損失。

所謂「惡劣氣候」，它不是一般的、常見的、可預測的氣候條件，而是船舶在海上偶然遇見的異常的氣候條件，它足以使船舶破裂、傾覆、進水，導致貨物被浸泡、倒垛或散包等。在不同的季節，不同的航線，惡劣氣候的構成標準也有所不同。例如，在某些航線上，冬季雖然風力在8級以上，浪高10米，但是此種氣候條件是正常的，是可以預測的，因而不屬於本條所承保的惡劣氣候。由此造

成的貨物的損失，保險人不負責賠償。

2. 由於運輸工具遭受擱淺、觸礁、沉沒、互撞、與流冰或其他物體碰撞以及火災、爆炸造成的貨物損失

本項規定中列明的風險造成的「貨物損失」，包括貨物的全部損失和部分損失。「運輸工具」指船舶，但不限於海輪，還包括運輸過程中使用的駁船和內河船只。「互撞」，指船舶之間發生碰撞。「碰撞」，指載運保險貨物的船舶與水中的流冰或船舶以外的其他物體（如碼頭等）發生接觸。

本項所承保的「火災」及「爆炸」不限於船舶失火或爆炸造成的保險貨物的損失，也應當包括在正常運輸過程中的陸運或倉儲階段發生火災或爆炸事故所造成的貨損。造成火災或爆炸的原因，只要不是除外風險，保險人就要負責賠償。中國人民保險公司1995年送審的海運貨物保險條款修改稿中增加承保了陸上運輸工具傾覆、出軌造成的貨物損失，從而與協會貨物條款的規定差距縮小。

3. 在運輸工具已經發生擱淺、觸礁、沉沒或焚毀這四種意外事故的情況下，貨物在此前後又在海上遭受惡劣氣候、雷電、海嘯等自然災害所造成的部分損失

根據本規定，保險人對於自然災害所造成的保險貨物部分損失予以賠償的前提條件，是運輸工具曾經發生上述規定的擱淺、觸礁、沉沒或焚毀四種意外事故。換句話說，保險人對單純由於自然災害造成的部分損失並不負責賠償。例如，載貨船舶觸礁，但其艙內貨物並無異常。後來船舶擺脫觸礁，在航行途中遇到惡劣氣候而使貨物遭受濕損。雖然平安險並不承保海水浸濕這樣的部分損失，但由於在其之前貨船發生觸礁事故，故仍然會得到保險人的賠償。

4. 在裝卸或轉運時，由於一件或數件、整件貨物落海所造成的全部或部分損失

本項承保風險又稱吊索損害（Sling Loss），限於貨物裝卸或轉運過程中發生的意外，如吊鉤脫落、吊繩斷裂或吊杆折斷等導致整件貨物掉落海中所造成的貨損。為了鼓勵被保險人對被保險貨物採取積極施救措施，保險人對由此造成的貨物的部分損失也予以賠償。

5. 被保險人對遭受承保風險的貨物採取搶救、防止或減少貨損的措施而支付的合理費用，但以不超過該批被救貨物的保險金額為限

本條承保的是施救費用，施救費用限於被保險人或其雇傭人、代理人為避免或減少保險責任範圍內的損失而採取措施所發生的合理和必要的費用。被保險人為了自己的方便或本身的利益，或為了避免或減少非承保風險引起的被保險貨物的損失所採取的措施而支出的費用，保險人不負賠償責任。保險人對施救費用的賠償與承保險別（包括附加險）有關。在平安險下，因其承保責任在三種基本險中最窄，保險人需要賠付施救費用的情形也最少；在一切險下，保險人賠付施救費用的情形最多。

保險人對施救費用的最高賠償額以被保險貨物的保險金額為限，而且由保險

人在保險標的賠償之外另行支付。

6. 運輸工具遭遇海難後，在避難港由於卸貨引起的損失以及在中途港、避難港由於卸貨、存倉以及運送貨物所產生的特別費用

此處的「海難」僅指海上意外事故，如沉沒、碰撞、觸礁、颶風以及一般偶發的災難，而火災、爆炸、戰爭、海盜、船長及船員的不法行為均不是本條所指海難。

7. 共同海損的犧牲、分攤和救助費用

共同海損包括共同海損犧牲和共同海損分攤。雖然中國海運貨物保險條款沒有像中國船舶保險條款那樣明確規定保險人對標的的共同海損犧牲應先予賠償，被保險人不須先行使向其他受益方要求分攤的權利，但在實務中，保險公司仍然是這樣做的，即將貨物遭受的共同海損犧牲作為單獨海損來處理，先予賠付，當然，保險人享有向其他受益方要求分攤的權利。

對於被保險人應承擔的共同海損費用的分攤（如拖輪費用），貨物保險人並不先行負責賠償，需要先理算，貨物保險人承擔的是貨物應分攤的共同海損責任。

海上保險中的救助費用即為救助法律中的救助報酬，救助報酬給付以海上財產安全獲救為前提條件。一般情況下，救助費用都可以列為共同海損的費用項目，因為它通常是在船、貨各方遭遇共同危難的情況下，為了共同安全由其他船舶前來救助而支出的費用。各國海上保險法律和海上保險單都將救助費用列為保險人的承保責任。

8. 運輸契約訂有「船舶互撞責任」條款時，根據該條款規定應由貨方償還船方的損失

此條規定與協會貨物保險條款第3條「雙方有責碰撞條款」的規定相同，使被保險人最終能夠就其所遭受的損失得到充分的賠償。

(二) 水漬險 (With Average, WA)

水漬險的責任範圍，是在平安險的上述八項承保責任的基礎上，增加承保貨物由於惡劣氣候、雷電、海嘯、地震、洪水等自然災害造成的部分損失。相應地，施救費用的賠償範圍也有所擴大。水漬險承保的風險仍屬於列明風險，被保險人向保險人索賠時，負責證明損失的近因是承保風險。

可見，平安險和水漬險的承保責任的差異並不太大，因為被保險貨物如果因承保風險造成全部損失，無論是平安險還是水漬險，保險人都是要賠的。只有在發生部分損失的情況下，兩者才有所不同：水漬險對於不論是自然災害或意外事故所造成的部分損失均予賠償；平安險對於由意外事故造成的部分損失負責，對由於自然災害所造成的部分損失一般不予負責，但是在運輸過程中如運輸工具發生了擱淺、觸礁、沉沒或焚毀的情況下，即使是自然災害所造成的部分損失也予以負責。

(三) 一切險 (All Risks)

一切險所承保的風險，除包括上述水漬險的各項責任外，還負責被保險貨物在運輸途中由於一般外來原因所致的全部或部分損失。具體說，一切險是水漬險和一般附加險的總和，但不包括特殊附加險（戰爭、罷工風險）和特別附加險（甲板風險和拒收風險等）。而一般附加險包括偷竊、提貨不著險、淡水雨淋險、短量險、混雜沾污險、滲漏險、碰損破碎險、串味險、受潮受熱險、鈎損險、包裝破裂險和銹損險。

由此可見，一切險的承保責任也是有一定的範圍的，它的承保責任雖比水漬險更廣，但保險人並不是對任何風險所致的損失都負責。對於一些不可避免的、必然發生的危險所造成的損失，如貨物的內在缺陷和自然損耗所致損失，以及運輸遲延等所致損失，保險人均不負責賠償。另外，一切險的承保責任仍然屬於列明風險式，被保險人仍然負有舉證責任，證明損失是由承保風險造成的，這一點不同於 ICC（A）條款。

(四) 保險期限

中國海上貨物運輸保險的保險期限採用「倉至倉」條款。規定保險人對被保險貨物所承擔的責任是從貨物運離保險單所載明起運港發貨人的倉庫時開始，一直到貨物運抵保險單所載明的目的港收貨人的倉庫時為止。

三、中國進出口貨物運輸保險實務

(一) 保險險別的選擇

保險人承擔的保險責任，是以險別為依據的，在不同的險別下，保險人承擔的責任範圍不同，保險貨物在遭受意外損失時可能獲得的補償不同，保險費率也不相同。所以投保時應選擇適當的險別，以保證貨物獲得充分的經濟保障，並節省保險費開支。在國際貿易業務中，買賣雙方如果採用 FOB 或 C&F 條件成交，因保險是由買方自己負責辦理，貿易雙方不會在險別的選擇上發生爭議。但在採用 CIF 條件成交時，由於賣方負責辦理投保，而不承擔貨物在運輸途中的風險，賣方為了節省保險費的支出，總希望選擇保險責任較小的險別；而買方為了獲得更大的保險保障，則希望選擇保險責任較大的險別。因此買賣雙方在訂立貿易合同時，應對投保險別做出明確的規定，以免日後在執行合同過程中發生爭議和糾紛。

選擇什麼險別，應視保險貨物在運輸作業中可能遭遇的風險而定。一般須考慮下列因素：

第一，貨物的性質和特點；

第二，貨物的包裝；

第三，運輸路線及港口情況；

第四，目的地市場的變動趨勢。

以上是投保人在選擇險別時需要考慮的基本因素。由於進出口貨物運輸保險承保的基本風險是在運輸途中因自然災害和運輸工具遭受意外事故所造成的貨物損失,所以選擇投保險別應首先在基本險別中選擇平安險或水漬險,然後再根據需要加保必要的附加險別。如果根據商品特點和運輸情況,貨物遭受外來原因風險的範圍較廣,遭受損失的可能性較大,則可選擇基本險別中的一切險,而不需加保一般附加險。至於特別附加險,則是在特定情況下按需要投保的,例如載貨船舶航經的海域或卸貨口岸局勢緊張,或已發生武裝衝突,則可加保戰爭險,以獲得充分保障。

(二) 保險金額的確定

1. 出口貨物保險金額的確定

在以 CIF 條件成交情況下,由出口方投保貨運險。出口貨物的保險金額一般是以貨物的發票價為基礎,再予以一定加成計算的。若無特殊情況,加成率一般為 10%。這樣,出口貨物的保險金額就是其發票金額的 110%。投保加成是保險中的特例,這是由對外貿易的特殊性所決定的。因為運輸是一種經營活動,貨物在一地的價值與另一地的價值可能發生差異。如果僅以 CIF 貨價作為保險金額,在貨物發生損失時,買方已經支付的經營費用和本來可以獲得的預期利潤仍然無法從保險人處獲得補償。因此,各國保險法及國際貿易慣例一般都規定進出口貨物運輸保險的保險金額可在 CIF 價基礎上適當加成。

按照國際商會《貿易術語解釋的國際通則》的有關規定,加成率一般為 10%,但這並非一成不變。被保險人與保險人可以根據不同貨物、不同地區進口價格與當地市價之間的差價所決定的預期利潤水準、買方的經營費用等約定不同的加成率,但最高不超過 30%。

$$保險金額 = CIF 價 \times (1+加成率)$$

2. 進口貨物保險金額的確定

在以 C&F 或 FOB 條件成交情況下,由進口方投保貨運險,並按同保險公司簽訂的預約保險合同的有關規定辦理。

按 C&F 價進口時,

$$保險金額 = C\&F 價 \times (1+平均保險費率)$$

按 FOB 價進口時,

$$保險金額 = FOB 價 \times (1+平均運費率+平均保險費率)$$

在上述進口貨物保險金額的計算公式中,平均運費率和平均保險費率在預約保險合同中均已列明,目的是為了簡化手續,方便計算。

(三) 投保注意事項

保險公司接受保險是根據投保人的申報來確定,出立保險單則是按照投保人的填報內容為依據。投保人在填寫投保單時應注意:

首先,投保時所申報的情況必須屬實。包括貨物的名稱、裝載的工具以及包

裝的性質等。

其次，投保的險別、幣制與其他條件必須和信用證上所列保險條件的要求相一致。賣方、買方銀行在審查出運單證時，對保險單上所列各項內容必須對照信用證，如有不符合可以拒絕接受保險單。即使賣方銀行未發現不符通過了，買方銀行在審證時也可以拒絕付款。

再次，投保的險別和條件要和售貨合同上所列的保險條件相符合，以做到重合同、守信用。

最後，要注意盡可能投保到內陸目的地。

（四）保險單的轉讓

保險單的轉讓是指保單持有人將保險單所賦予的要求損失賠償權利以及相應的訴訟權轉讓給受讓人。因而，保險單的轉讓即保險單權利的轉讓。這種權利的轉讓同保險貨物本身所有權的轉讓是兩種不同的法律行為。買賣雙方交接貨物，轉移貨物所有權，並不能自動轉移保險單的權利。

貨物運輸保險單保障的是運輸途中的貨物，誰承擔運輸作業中的風險，理應由誰辦理投保並掌握保險單。但是買賣雙方如按 CIF 條件達成交易，按慣例，貨物在運輸中的風險由買方承擔，而辦理投保是賣方的義務。賣方在履行完畢交貨義務，將貨物所有權轉移出去之後，對運輸作業中的貨物就不再擁有可保權益，需將保險單隨同運輸單和其他單據一起轉交買方，實現保險單權利的轉讓。貨物抵港如發現保險責任範圍內的損失，買方作為保險單受讓人或合法持有人便可行使被保險人的權利，向保險人要求損失賠償。

轉讓保險單，一般採用空白背書的方式辦理，按照國際貨物運輸保險習慣，被保險人轉讓保險單，可以在發生損失之前辦理，也可以在發生損失之後辦理，均不影響保險效力，而且事前事後都無須通知保險人。

（五）被保險人的索賠義務

當被保險人保險的貨物遭受到損失後，向保險公司的索賠問題就產生了。被保險人獲悉貨物受損有兩種情況：一種是運輸工具在途中遭遇意外事故，例如船舶擱淺、火車出軌使貨物嚴重遭損，這種情況，被保險人往往當時就能知道；另一種是貨物抵達目的港（地）以後，被保險人在碼頭提貨或者在自己的倉庫、儲藏處所發現損失。不論哪一種情況，被保險人都應該按照保險單的規定向保險公司辦理索賠手續，同時還應以收貨人的身分向承運方辦妥必要的手續，以維護自己的索賠權利。

1. 損失通知

被保險人獲悉或發現保險貨物已經遭損時，應該馬上通知保險公司。因為一經通知，表示索賠行為已經開始，不再受索賠時效的限制，保險公司在接到損失通知後即能採取相應的措施，如檢驗損失、提出施救意見、確定保險責任、查核發貨人或承運方責任等。在出口貨物運輸保險單上都寫明了保險公司在目的港

（地）的檢驗、理賠代理人名稱、地址，被保險人或他的代表可就近通知代理人，並申請對貨損進行檢驗。檢驗完畢應取得檢驗報告，作為向保險公司索賠的重要證件。

2. 向承運人等有關方提出索賠

被保險人或其代理人在提貨時發現貨物的包裝有明顯的受損痕跡，或者整件短少，或者散裝貨物已經殘損，除按上面所說的向保險公司報損外，還應該立即向承運方、受託人以及海關、港務當局等索取貨損貨差證明。特別是當這些貨損貨差涉及承運方、受託方或其他有關方面，如碼頭、裝卸公司的責任時，應該立即書面向他們提出索賠，並保留追償權利。

3. 採取合理的施救、整理措施

保險貨物受損後，作為貨方的被保險人應該對受損貨物採取必要的施救、整理措施，以防止損失的擴大。

4. 備全必要的索賠單證

保險貨物的損失經過檢驗，向承運方等第三者的追償手續辦妥後，就應向保險公司或者他的代理人提請賠償。提賠時應將有關的單證附上。通常應提供：

（1）保險單或保險憑證正本

這是向保險公司索賠的基本證件，用以證明保險公司承擔的保險責任及其範圍。

（2）運輸契約

包括海運提單、陸空運運單等運輸單證。這些單證證明保險貨物承運的狀況，如承運的件數、運輸的路線、交運時貨物的狀態，以確定受損貨物是否保險人所承保的以及在保險責任開始前的貨物情況。

（3）發票

這是計算保險賠款時的數額依據。

（4）裝箱單、磅碼單

這是證明保險貨物裝運時件數和重量的細節，是核對損失數量的依據。

（5）向承運人等第三者責任方請求賠償的函電或其他單證和文件

這些文件中往往應包括第三者責任方的答覆文件，這是證明被保險人已經履行了他應該辦的追償手續，即維護了保險公司的追償權利。

（6）檢驗報告

這是證明損失原因、損失程度、損失金額、殘餘物資的價值以及受損貨物處理經過的證明，是確定保險責任和應賠金額的主要證件。

（7）海事報告摘錄或海事申明書

當船舶在航行作業中遭遇海事，屬於人力不可抗拒的事故。船長要在海事日誌中記錄下來，同時他要申明船方不承擔因此而造成的損失。這些證明，與保險公司確定海事責任直接相關，碰到一些與海難有關的較大損失的案件，保險公司

將要求提供此種證據。

(8) 貨損、貨差證明

保險貨物交給承運人運輸時是完好的,由承運人簽發清潔提單或者無批註的運單。當貨物抵達目的地發現殘損或短少時,要由承運人或其代理人簽發貨損、貨差證明,既作為向保險公司索賠的有力證明,又是日後向承運方追償的根據。特別是整件短少的,更應要求承運方簽具短缺證明。

(9) 索賠清單

這是被保險人要求保險公司給付賠款的詳細清單,主要寫明索取賠款數字的計算依據以及有關費用的項目和用途。

5. 等候結案

被保險人在有關索賠手續辦妥後,即可等待保險公司最後審定責任,領取賠款。在等待過程中,有時保險公司發現情況不清,需要被保險人補充提供的,應及時辦理,以免延遲審理的時間。如果向保險公司提供的證件已經齊全而未及時得到答覆,應該催賠。保險公司不能無故拖延賠案的處理。

(六) 損失的確定與責任的審定

1. 檢驗報告的審核

保險貨物發生損失經檢驗後就應該填製檢驗報告,作為審核賠案責任的依據。因為出口貨物的損失大部分是在異國發生,需要依靠目的地的檢驗、理賠代理人來進行檢驗工作。所以承保公司對賠案責任的審定,主要是通過檢驗報告的各項內容來加以判斷的。出口貨物運輸保險的損失檢驗報告的具體內容包括:申請檢驗人;收貨人;申請檢驗日期;檢驗的日期和地點;航行情況;轉船情況;船舶到達卸載港和卸貨完畢日期;轉運內陸情況;提貨日期;包裝情況;承運人簽證;海事情況;清潔收據;檢驗成員;追償情況;艙面裝載;貨損情況、原因、性質和程度。

2. 責任的審定

貨物受損經過檢驗,損失原因也屬於承保風險,這時賠案就進入審定保險責任的階段。保險責任是通過保險單上的條款加以明確的,這是理賠工作的依據,對屬於責任範圍內的賠案,保險公司要及時理賠;對於不屬於保險責任的案件,也要將拒賠的理由講清楚。對基本險、附加險責任的審定,都應按照它們各自險別條款所規定的責任範圍來掌握。

(七) 賠款計算與給付

賠案經審定屬於保險責任後,就需要進行具體計算,以確定應賠數額。不同的損失情況有不同的賠款計算方法。

1. 全部損失

進出口貨物運輸保險通常都是定值保險,保險貨物遭受全部損失(實際全損或推定全損),都以保險單上載明的保險金額為準,全額賠付,如有損餘應折歸

保險公司所有。

2. 部分損失

（1）保險貨物遭受數量損失

$$賠款 = \frac{保險金額 \times 損失數量（重量）}{保險貨物總量}$$

（2）保險貨物遭受質量損失

$$賠款 = \frac{保險金額 \times （貨物完好價值 - 受損後價值）}{貨物完好價值}$$

上述公式中的貨物完好價值和受損後價值，一般以貨物運抵目的地市場價為準。如果貨物受損後在運輸途中處理，則以處理地市價為準。

（3）保險貨物虧損出口，受損後貨物的損餘價值超過保額

由於某種原因，有些出口貨物是虧損出售的。出口價低於國內市場價格，發生損失，在國內處理可能發生貨物損餘價值高於保額的情況。

$$賠款 = \frac{保險金額 \times （國內貨物完好價值 - 國內貨物受損後價值）}{國內貨物完好價值}$$

（4）損餘價值的確定

保險貨物的損餘，對實際賠償額有很大的影響。損餘價值確定得是否合理，應根據案情，從貨物的性質、完好價格、受損狀態、供求關係、過去處理同類貨物的經驗等方面加以比較分析。對國際貿易貨物損餘的確定，還應進一步考慮國外市場和國內市場的區別。

（5）填製賠款計算書

賠案經計算完畢後，要填製賠款計算書作為給付賠款的依據。

（八）理賠代理

為便於及時辦理保險貨物在國外發生損失的檢驗和賠案審核，凡經營國際貿易貨物保險業務的保險公司，都在國外主要港口和城市委請理賠檢驗代理人。代理人是代表委託公司利益的，在授權範圍內有權處理有關保險的理賠，如給付賠款、檢驗、定損、追償和損餘處理等事項。

1. 代理人的任務和權限

海損代理人（Average Agents）是代保險公司檢驗保險貨物和處理賠款代理人的通稱。一般分為檢驗代理人和理賠代理人兩種。

（1）檢驗代理人（Survey Agents）

當保險貨物發生損失時，檢驗代理人僅代保險公司檢驗貨物的損失，不負責處理案件，不代給付賠款。收貨人取得檢驗報告後，附上其他單證自行向保險公司索賠。

（2）理賠代理人（Claimsettling Agents）

這種代理人不僅代保險公司檢驗受損保險貨物，而且還代保險公司處理賠

案、給付賠款。這類代理人也有兩種：一種是沒有核賠權的，就是保險公司沒有開給代理人信用證，代理人對審核賠案提出意見，並將賠案全卷寄給保險公司出單機構，經其核定後如同意賠付，則將賠款匯給代理人轉交給收貨人；另一種是有核賠權的，由保險公司開給代理人一定數額的銀行信用證，授權其在一定金額內可以憑規定的單證，向當地銀行就地支取賠款，給付收貨人。授權的金額，根據業務需要和代理人的資信能力等有所不同。

一般來說，保險公司的信用證是不可撤銷和循環（Irrevo-cablerevolving Letter of Credit），即每筆賠款一經支取後，信用證金額即自動補足。因此，保險公司需要對代理人的賠款進行登記，以防止重複支取賠款。

規定代理人的權利和具體任務通常是由保險公司和代理人擬定協議加以明確。協議中主要規定：代理人有權核定賠款的金額，給付賠款必須提供的索賠單證，代出共同海損擔保的授權，代辦追償的範圍、收費的標準、賠款結算的手續等。對於需要訴訟的案件，除非經保險公司特別授權，代理人一般是無權代辦的。

2. 代理人的使用與考核

代理人是代表保險公司進行工作的，用好代理人有利於賠案的及時處理，並能擴大保險公司的影響。與此同時，保險公司也需注意防止代理人濫用職權，以免損害其信譽和經濟利益。對表現好，工作效率高，工作質量好，能夠維護本公司權益的代理人，一般來說保險公司授予他的核賠權要大些；對工作不稱職的代理人，往往根據不同情況或提出改進意見或縮小其代理範圍。對代理人的考核則是保險公司經常應注意的工作，主要從服務資信、工作質量、工作效率以及費用收取是否合適等方面加以考核，考核的目的是為了累積系統的資料，正確使用代理人。

3. 代理人對信用證的使用

代理人的權限，很大程度上表現為對賠案核定權的大小。也就是說代理人不必事先經過保險公司的同意，可以自行決定給付賠款。為了便於代理人支付賠款，往往由保險公司開給他們不可撤銷和循環的信用證。這種信用證每年開一次，有效期為一年。

第三節　出口信用保險

出口信用保險是在政府的扶持下，對本國出口商提供出口貿易收匯風險保障的一種特殊保險業務。出口信用保險問世一百多年來，在國際貿易中扮演著重要的角色，備受各國政府和出口商的青睞，顯示出強大的生命力。

一、出口信用保險的起源和發展

出口信用保險是在商品出口或相關經濟活動中，保險人（經營出口信用保險業務的保險公司）與被保險人（向國外買方提供信用的出口商或銀行）簽訂的一種保險協議。根據該保險協議，被保險人向保險人交納保險費，保險人賠償保險協議項下被保險人向國外買方賒銷商品或貸放貨幣後因買方信用及相關因素引起的經濟損失。

在理解出口信用保險概念時，需注意三點：

第一，出口信用保險與商品輸出緊密相關，並以支持商品輸出為宗旨。

第二，出口信用保險承保的是被保險人向國外買方提供信用後，由於國外買方及其有關各方不遵守約定的契約，而給被保險人造成的損失。因此，可以把出口信用保險理解為債務人信用的保險。

第三，被保險人給債務人的信用包括商品的賒銷、貨幣的借貸和貨幣借貸支持下的商品賒銷，不是僅對出口信貸的保險。

出口信用保險起源於國內商業信用保險，但其並不是國內信用保險的一般延續。出口信用保險的真正發展是同國際貿易的發展歷程密切相關的，出口信用保險的產生直接來自國際貿易的需要。19世紀後半葉，隨著英國海外貿易的不斷開拓，出口貨物逐漸增多，收匯風險日益增長，販運商品至澳大利亞的英國商人開創了歷史上有記載的投保出口信用保險的先河，出口信用保險日益為人們所重視。到21世紀初，已出現了專業的出口信用保險公司，但這時仍只限於私人市場。

第一次世界大戰以後，出口貿易在改善一國國際收支，增加國內就業，刺激經濟發展中發揮著重要作用，世界各國政府普遍把擴大出口作為本國經濟發展的主要戰略，一些國家的政府紛紛介入出口信用保險。當時，英國政府希望在促進國內經濟發展的同時，協助重建歐洲，它強烈希望迅速促進貿易的恢復，並給予出口商收匯風險的保障。1919年，英國的出口信用擔保局（The Export Credit Guarantee Department，簡稱ECGD）成立，標誌著世界上第一個官辦的出口信用保險機構的產生。

1929—1933年的世界性經濟危機後，整個資本主義國家的工業生產下降了37%，世界貿易額減少了66%，各國信用保險業務受到了致命衝擊。危機過後，受英國啓發，許多西方國家紛紛效仿，先後成立了專門機構來經營出口信用保險，信用保險制度進一步完善。

1934年，英國、法國、義大利和西班牙的私營和國家信用保險機構成立了「國際信用與投資保險人聯合會」（International Union of Creditand Investment Insurers，簡稱伯爾尼協會，Berne Union），交流辦理出口信用保險業務的信息。這標誌著出口信用保險已為世界公認，出口信用保險事業的發展已上升到了相當的高度。

在西方發達國家日益重視出口信用保險發展時，發展中國家也開始起步。其中，印度是發展中國家最早建立出口信用保險制度的國家。1957年由政府組建了「印度出口信用擔保公司」，負責對印度的出口提供信用。與此同時，發展中國家成立了一些區域性的聯合組織，如設在科威特的阿拉伯國家投資擔保公司於1985年提供出口信用保險，以及以非洲國家為主的達喀爾聯合會等。

第二次世界大戰後幾十年中，各國的信用保險業務在政府財力等方面的支持下，逐步穩定地發展起來，至今在世界各國幾乎都形成了完善的信用保險制度和固定的信用保險機構。當今，由於各國政府對出口信用保險事業的高度重視，出口信用保險事業蒸蒸日上。

二、出口信用保險的特點

出口信用保險不同於一般的商業性保險，主要有以下特點：

(一) 不以盈利作為經營的主要目標

出口信用保險產生的直接原因是出口貿易發展的需要。開辦出口信用保險業務的各類機構均公開宣稱其經營目標是保護本國出口商的利益，為出口商擴大出口提供安全保障。在政府的支持下，出口信用保險機構既不希望虧損，也不希望過於謹慎或因收取過高的保費而不能為出口商提供價格合理、有競爭力的服務，所以其收取的保費以「保本」為原則。有時，出口信用保險機構不惜以虧損來支持出口。以實現國家整體經濟利益的要求。但是，不以盈利作為經營主要目標並不意味著出口信用保險機構不講究經濟效益；恰恰相反，出口信用活動中的高風險要求出口信用保險機構嚴格控制風險，加強管理，力求以最小的成本換取最大的利益。

(二) 政府參與辦理

出口信用保險的經營目標、所承保風險的性質及承保標的，決定了它是一種離不開政府支持和參與的險種。政府對出口信用保險的支持和參與主要體現在：

1. 財政上相助

為了充分發揮出口信用保險對國家出口的促進作用，各國政府通過貸款、設立賠款準備金、貼現票據和再保險等不同的方式，向出口信用保險注入大量的資金。

2. 規範經營和管理

許多國家在出口信用保險業務開辦伊始或辦理過程中，頒布專門的法律或有關國家政令，對辦理出口信用保險的宗旨、經營目標和方針政策、財務核算辦法、機構、人員的設置及歸屬均做出了明確的規定，以使出口信用保險的經營符合本國利益和達到支持出口的目的。

3. 提供各項優惠政策

為了扶助出口信用保險業務的開展，幾乎所有國家的政府都為此項業務提供

了優惠政策，如免徵一切稅賦、賦予資金較大的運用權限等。

4. 參與重大經營決策

很多國家政府專門設立由有關政府部門，如外交、工業、貿易、中央銀行、財政等官員組成的部際委員會，部際委員會定期召開會議，批准出口信用保險的承保方針、地區政策和進行重大經營項目的決策。有一些國家的出口信用保險機構的年度財務報告要提交國會或議會審批。

(三) 風險較高，難以控制

出口信用保險承保的風險有兩類，即商業風險和政治風險。政治風險一般包括：買方所在國家實行外匯控制，限制匯兌；買方所在國家實行進口管制；買方的進口許可證被撤銷；買方所在國家或有關的第三國頒布延期支付命令；買方所在國家或有關的第三國發生戰爭、動亂等非常事件。商業風險一般包括：買方無力償還貨款或破產；買方收貨後拖欠貨款；買方違約拒收貨物等。由於造成買方違約的原因較為複雜，特別是政治風險難以預料，所以出口信用保險業務風險的概率較高而且難以控制。

三、出口信用保險的作用

當今，出口信用保險被公認為國際貿易的重要促銷手段，其原因就在於它具有下述作用：

(一) 為出口商選擇靈活支付方式，增強出口產品的競爭力提供安全保障

貨款的支付是國際貿易的重要環節，支付條款由支付方式來決定。支付方式上的差異不僅涉及買方支付費用的大小，而且涉及賣方是否向買方提供信用銷售及賣方安全收匯等重大問題。在出口商品的質量、價格、花色品種及售後服務基本相同的情況下，支付方式往往成為促使合同成交的有力競爭手段。

第二次世界大戰後，隨著國際貿易的發展，國際市場上出現了依靠延期付款條件來擴大出口的趨勢，信用證、匯付、托收、賒帳銷售成為國際貿易中常用的支付方式。國際貿易支付方式存在著這樣或那樣的風險，出口商想靈活選擇支付方式，就直接對出口信用保險提出了客觀需要。出口商投保出口信用保險後，通過繳納很小比例的保險費，就可將靈活支付時所承擔的風險轉嫁給保險公司，做到既增加產品的出口，又不承擔採用靈活支付方式時產生的風險。

(二) 為出口商獲取銀行融資提供便利

出口信貸是國際貿易中一種重要的貸款，它是官方支持下的出口信貸機構向本國出口商發放的低息或貼息貸款。貸款金額大、貸款期限長和利率優惠是出口信貸的三大特點。出口信貸雖然是支持出口的政策性貸款，但並非不講貸款條件。出口商獲得出口信貸最基本的前提條件是其商務合同必須投保出口信用保險，或出口信用保險機構為出口商的借款出具還款擔保。目前，各國設立出口信貸機構主要有三種形式：一種是把融資與保險分開，一方面設立一個進出口銀行

在國內外金融市場上為出口融資籌措資金，另一方面又設立一個保險機構提供出口信用保險，如北歐國家；一種形式是把融資與保險結合在一起，由政府設立一個進出口銀行或其他類似的機構，既提供出口融資又提供出口信用保險，如美國等；第三種形式是一些國家的出口信貸機構只是一個保險人，它向商業銀行提供擔保，促使商業銀行提供出口信貸資金，如韓國。由上可以看出，出口信貸是保險業務與銀行業務的融合，只有二者密切合作，出口信貸才能運行。

除了政策性貸款外，如果出口商為其出口產品投保了出口信用保險，他可以用出口信用保險單作為抵押，向商業性金融機構申請抵押貸款或擔保貸款。

(三) 為出口商提供買方資信調查和市場信息服務

出口商對進口商的財務狀況、資信等級和償還能力、近期產品行銷和中遠期市場預測等一系列信息，限於人力、物力、財力的原因，不可能有十分清楚的瞭解。在這種情況下，投保出口信用保險，利用出口信用保險機構的信息諮詢服務，就能使出口商便利地獲取所需信息。出口信用保險機構在經營過程中，需要大量借助於買方及買方國的商業情報來控制風險。由於信息收集範圍廣、數量大，加之擁有一批知識全面、業務精湛、通曉國際商情的專職市場調研人員，他們憑藉手中掌握的大量信息資料，包括與世界一些大的信息資信評估機構的電腦聯網，可向出口商提供所要瞭解的國外買方的各種信息。出口信用保險機構還可以根據自己的經驗，向出口商提出有價值的建議。另外，當賣方追討買方貨款發生困難時。出口信用保險機構可向其提供風險管理服務，指導其採取某些合理措施，盡量減少其損失。

四、出口信用保險的經營原則

出口信用保險的經營既應遵循保險經營的一般原則，又要符合出口信用保險業務的自身特點。出口信用保險的經營原則歸納起來有下述幾點。

(一) 風險共擔原則

風險共擔原則指保險機構對出口商投保的出口信用保險項下的出口實行比例承保或非定額承保，並對已承保的出口進行再保險。風險共擔原則指導下的出口信用保險經營有三個特點：

第一，保險人根據被保險人投保出口的國家、買家、信用期限、信用金額等因素，逐一確定其所承擔風險的比例；

第二，各國出口信用保險人承擔風險的比例有降低的趨勢；

第三，出口信用保險的再保險人多為本國的政府機構。

風險共擔原則的意義表現在：

(1) 有助於出口信用保險的穩定經營

出口信用保險並不以盈利為主要經營目標，為了達到支持本國商品出口的目的，基本上是微利經營，實行風險共擔。出口信用保險機構將所承擔的部分風險

分給投保人和再保險人，使出口信用保險的賠付率基本維持在政府財政所能承擔的水準上，就能避免出口信用保險機構出現巨額虧空，也不致給本國財政造成巨大的壓力，為出口信用保險業務的穩步發展創造有利條件。

(2) 有助於出口商和保險機構密切合作，共同控制風險，減少損失

在風險共擔原則下，保險機構承保出口信用政治風險保險的最高比例為95%，最低只有85%；商業風險保險最高比例為90%，最低只有70%。出口商承擔風險的比例越大，它就越關注國外買方的政治風險和商業風險，會採取更積極的方式收款。風險共擔把保險人和被保險人的經濟利益緊緊地連在了一起，科學地預測風險，積極地控制風險，最大限度地減少風險造成的損失，成為雙方的共同願望。

(二) 費用合理原則

這一原則是指出口信用保險經營釐訂費率所依據的標準。在出口信用保險中，保險費作為對保險人承諾分擔風險的對價，表現為一種有限對價，即它不足以抵補經營中的賠款支出。出口信用保險費率遵循收支基本相抵的原則，具有較大的變通性，以適應所保風險不穩定的特點。出口信用保險的費率分為基礎費率和附加費率。決定基礎費率的因素是：①信用期限；②國家風險類別；③還款形式。短期出口信用保險表現為支付方式，中長期出口信用保險表現為商業銀行擔保下的還款，或中央銀行擔保下的還款，或政府擔保下的還款等。附加費率的大小取決於出口商品的性質、出口商的經營歷史和經驗、信用限額的大小以及買家的資信狀況等。

被保險人（出口商）所需繳納的保費是在基礎費率基礎上考慮附加因素後所確定的費率。出口信用保險實行逐一釐訂費率的原則，並在保險單生效後一次性交納。

(三) 買方信用限額申請原則

買方信用限額申請原則是出口信用保險經營的特有原則。它是指出口商應根據保險條款的規定，為其對特定國外買家的信用銷售向出口信用保險公司申請買方信用限額。買方信用限額具有下面的性質：

第一，買方信用限額是保單對被保險人向某特定買方出口貨物所承擔的最高賠償額。如果出口商因國外買方違約向出口信用保險機構索賠，保險機構支付賠款的上限是買方信用限額。

第二，買方信用限額可循環使用。出口商為某一國外買方申請買方信用限額，經保險人批覆，一旦確定下來，即可循環使用。該信用限額不受時間、出口商品性質的限制，除非保險人書面通知被保險人更改或終止此信用限額。在買方信用限額申請原則下，如果出口商超限額出口，損失超出此限額，將由其自行承擔。

（四）賠款等待期原則

賠款等待期原則是出口信用保險定損核賠所遵循的主要原則之一。它是在被保險人提出索賠申請並按保險條款的規定提交有關證明損失已發生的文件後，除條款規定買方被宣告破產或喪失償付能力後即可定損核賠外，對其他原因引起的標的損失，保險人並不立即定損核賠，而是要等待一段時間後再做處理。

規定賠款等待期原則，可以消除一些虛假性致損風險原因，達到預防損失的目的。出口信用保險實行賠款等待期的意義是：

第一，承保標的風險已發生，但出口商的貨款仍有收回的可能；

第二，有助於出口商協助保險人追討債務人的欠款，減少損失；

第三，有的國家法律對拖欠違約有不同的釋義。

各國出口信用保險機構對賠款等待期的規定不同，一般為4~6個月。出口信用保險中能立即定損核賠的風險，如買方破產則不需要等待期，因為在此類情況下的任何延誤，均會增大保險人和被保險人的損失。

五、出口信用保險的分類

（一）中長期出口信用保險

中長期出口信用保險主要適用於資本性貨物的出口。資本性貨物主要是指機械、電子成套設備及飛機、船舶等大型運輸工具。資本性貨物的出口往往伴隨著技術和勞務的出口，有時表現為工程項目的承包。由於這類貨物的出口合同金額較大，買方通常要求延期付款，由於延期付款時間長，出口商存在著較大的出口收匯風險。中長期出口信用保險旨在解除出口企業出口資本性貨物過程中的後顧之憂，以便他們大膽參與國際競爭，擴大中國大型機電產品和成套設備的出口，推動中國機電工業的發展。

1. 投保中長期信用險的出口項目應具備的條件

包括：①出口項目符合中國法律及政策規定，經政府有關部門批准；②出口商品屬於機電產品或成套設備等資本性貨物；③出口商品在中國製造的部分不少於70%（船舶不少於50%）；④合同金額在賣方信貸項下不低於50萬元，在買方信貸項下不低於100萬元；⑤信用期不少於1年，一般不超過10年；⑥出口企業具有相應的簽約資格和履約能力；⑦買方資信可靠，有相應的財務實力；⑧買方所在國政治經濟形勢穩定；⑨買方向賣方提供承保機構認可的付款或還款擔保；⑩出口信貸融資落實。

2. 出口企業與承保機構的聯繫

中長期出口信用保險一般應在出口合同簽訂後辦理投保手續，但與承保機構聯繫應更早一些，最早可在投標之前或僅有不確定的合同意向時。通過向承保機構說明擬議中合同的基本情況，承保機構即可據以出具保險意向書，表明是否承保的基本態度並提供參考費率及有關的保險條件等。這樣，出口企業心裡就有了

底，可在下一步合同談判的過程中，按照承保機構提供的參考費率將保險費打入合同報價，並按照要求規範合同條件，防止簽約後發現問題造成被動。承保機構出具保險意向書需收取少量手續費，但若事後項目談成，在正式承擔時可將手續費從保險費中扣抵。

3. 中長期出口信用保險的保險費

中長期出口信用保險的費率是在「保本經營」的原則之下，參考國際水準，按照風險大小合理負擔，逐個項目確定的。由於影響因素多，過程複雜，出口企業難以自行計算。影響費率高低的主要因素是：進口國別；買方性質；信用期限；擔保情況。因此，在這四方面爭取較好的條件，保險費負擔就有可能降低。

中長期出口信用保險的保費，不論在買方信貸項下還是賣方信貸項下，均由出口企業負責繳納。因此，出口企業從一開始就應將此項費用記入合同成本並打入合同報價內，也可在總合同價外另外單列，由買方先付給出口企業。在買方信貸項下保險費也可在貸款協議內作為費用單列，由買方通過貸款銀行付給承保人。但不論買方支付多少保險費給賣方，出口企業需負責按照承保人所規定的金額向承保機構繳納保費。一般情況下，保費應於簽發保單時一次繳清，但對金額較大的合同，安排分期繳納也是可能的。

4. 企業投保中長期出口信用保險需履行的手續

第一階段，詢保。出口企業可在項目投標或商務合同洽談前與承保人聯繫，填寫詢保單，經初審合乎條件，保險機構即出具有條件的保險意向書，附參考費率及保險條件，供出口企業聯繫銀行融資及測算項目成本之用。需要說明的是，詢保只是初步意向的探詢，對雙方都不具備法律效力。假如有關的商務合同已經談訂，詢保已無必要，出口企業可直接辦理投保手續。

第二階段，參與。對有些項目，保險機構將要求參與有關項目的考察、商務合同及信貸協議的談判，以瞭解別國風險及項目情況，作為制定保險條件和保險費率的依據。

第三階段，投保。在商務合同及貸款協議談判後期，只要基本條件談定，擬出文件草本，出口企業即可填寫正式投保單向保險機構投保。投保是具有法律效力的行為，投保人必須按照投保單的要求詳盡填寫每一欄目，沒有情況的要填「無」字，不得保留空白。投保單是保險合同的組成部分，投保人必須保證所填內容的真實性，不得故意誤報、漏報與風險有關的重要情況，否則有可能導致保險合同無效的嚴重後果。出口企業在向保險機構提交投保單時還應隨附以下資料：①有關部門的項目批件；②營業執照複印件；③商務合同及貸款草本；④項目可行性研究報告；⑤國外進口商資信材料；⑥進口國情況報告等。

根據投保單及投保人提供的有關資料，承保機構將進行認真研究，做出綜合評價，最終決定是否承保。承保意見書將待有關的商務合同及貸款協議簽訂後送交投保人，內含全部保險條件及實際的保險費報價，要求投保人在規定時間內回

函確認是否接受。

第四階段，承保。承保意見書一經投保人接受，即意味著保險合同已經達成。據此，承保人將按照有關授權的規定，在賣方信貸項下向出口企業簽發中長期出口信用保險單，在買方信貸項下與出口企業簽署保費協議並與貸款銀行簽署擔保協議。

5.「出運前風險」能否得到保障

「出運前風險」是指在貨物發運前，出口合同由於並非出口商方面的原因而終止所造成的風險。合同終止可能是商業風險造成的，如買方破產，買方違約不付定金、預付款、不按期開出信用證，或買方單方面宣布合同終止等；也可能是政治風險造成的，如買方所在國政治經濟形勢惡化、政策法令改變等，致使合同無法履行。出運前風險有可能給出口商帶來損失。如果是非標準的、轉賣性差的商品或批量比較大的訂單，後果可能更加嚴重。對於中長期資本貨物的出口，由於生產週期長，占用資金多，合同責任複雜，因出運前風險造成損失的可能性也比較大。因此，出口企業在投保中長期出口信用險時需慎重考慮，是否需要安排出運前風險的保險。在賣方信貸項下，中長期出口信用保險單可附加承保出運前風險，保險單自合同生效即開始負責。在買方信貸項下，如果商務合同及貸款協議規定不能保證出口商在合同終止情況下仍享有從貸款項下得到支付貨款的權利，出口商則需要考慮另外辦理出運前風險的保險。出運前風險的保險費，也是按時間長短和風險大小計算的。出運前保險的賠償責任，則是按出口商已發生的直接成本為基礎計算的。

(二) 短期出口信用保險

所謂「短期」是指出口合同的信用期限最長不超過一年。短期出口信用保險在絕大多數情況下採用綜合險保單。這是指採用總括方式進行承保。在綜合險保單下，出口企業只能投保其適用於保單承保範圍的全部出口，而不能只選擇其中一部分業務投保。之所以如此，是因為承保方需要分散風險，如果投保集中在最差的國別和最差的買家，保險將實際上無法進行；另一方面，綜合險保單對於絕大多數出口企業也是劃算的，因為只有實行總括方式才能使保險費降低到可接受的水準。

1. 適用範圍

短期出口信用綜合險適用於包括機電產品在內的各類商品的出口合同。其基本適用範圍需滿足三個條件：①付款方式採用憑單付現、即期匯票、付款交單、承兌交單、賒銷等放帳方式；②信用期限不超過180天；③出口產品全部或大部分在中國製造。

短期出口信用綜合險還可擴展到承保下述出口合同：①付款方式採用即期或遠期信用證；②信用期超過180天但不超過365天；③進口商品的再出口。

擴展承保範圍需在保單上批註或加貼批單。

2. 被保險人注意事項

（1）對保單適用範圍內的出口需全部投保

所謂「全部投保」，是指被保險人將選定的投保範圍（非信用證方式，或信用證方式，或非信用證方式加信用證方式）內的所有出口逐筆、按時向承保機構申報，並按規定繳納保費。全部投保有助於制定一個合理的費率。如果被保險人只投保單一買家的收匯風險，必將導致費率大大提高。

（2）辦理出口申報時的注意事項

及時申報。晚於條款規定的時間申報有可能遭承保人拒絕，導致漏保。

全部申報。按條款規定向承保人申報適用於該保單的每批出口，不得遺漏。漏申報不僅導致漏報的出口漏保，而且有可能導致已申報的出口不能獲得保險賠償。

正確申報。盡可能按承保人提供的買家編號申報，如果是新客戶，應及時向承保人申請編號或在申報單上詳細寫明買家名稱、地址；申報的商品名稱、支付條件應與合同及信用限額相符，貨幣、發票號、發票總值應與發票相符。否則，在辦理索賠時有可能引起麻煩。

無申報告知。如果某月無保單適用範圍內的出口，亦應書面告知承保人「本月無申報」。

主動補申報。當發現以前有遺漏申報情況時，即使承保人有可能不承擔有關保險責任，也應主動辦理補申報，並補交保險費，以免在索賠時被查出，成為問題。

3. 賠償百分比

損失共擔，這是信用保險的基本原則之一。短期出口信用綜合險一般規定賠償比例為保單責任範圍內損失的 90%，其目的在於既使出口企業得到充分的風險保障，又不致引起過分依賴保險的不良心理，鬆懈對收匯風險的控制與管理。需要指出，在買家拒收貨物的情況下，賠償比例一般規定為 80%。對於管理較差的出口企業、風險較大的買家或國家，保單也可以規定更低的賠償比例。

4. 賠償等待期

在買家破產情況下，破產證實後即可賠償。在買家拖欠情況下，賠償等待期為貸款支付逾期四個月。在買家拒收情況下，賠償等待期為商品轉賣或處理後一個月。在發生政治風險的情況下，等待期為有關事件發生後四個月。

5. 買家信用限額

買家信用限額是承保機構批給每一買方的特定付款方式的最高信用額度。被保險人應為適保範圍內的每一個買方分別申請信用限額。買家信用限額的作用貫穿整個保險過程，正確、及時地申請、使用和增減限額將直接關係到被保險人的切身利益。

申請信用限額時，被保險人應盡可能地提供申請表內要求提供的所有資料，並詳細、正確地填寫合同買方的英文名稱和地址、電話、傳真等，以便保險公司

進行信用調查。如果被保險人擁有買方最新的信用資料，可在提交買方信用限額申請表時一併附上。任何附加資料均有助於承保機構及時、準確地審批被保險人申請的限額。

被保險人應申請多大的買方信用限額為宜？被保險人所需的信用限額應等於對該買方特定付款方式在任何時候的最高放帳額，而非簽訂的合同總額。例如：當合同總額為 10 萬元，D/A60 天，分批出運，分別為 3 萬元、3 萬元、4 萬元，回款時間為 3 個月（加上單據往來時間）。假定被保險人每個月出運一批，那麼被保險人需要申請 10 萬元限額；假定被保險人每三個月出運一批，那麼只需要申請 4 萬元限額即可。

假如被保險人以不同的付款方式與同一買方交易，被保險人則應按不同的付款方式分別申請買方信用限額。

被保險人自行掌握限額的意義：這是專門為被保險人提供的一個便利條件。當發貨的金額不超過自行掌握限額時，被保險人不必申請買方信用限額即可直接出運，但必須在出口後規定期限內申報。

當合同金額高於買方信用限額時，可向保險機構申請增加有關的信用限額。

復習思考題

一、名詞解釋

「倉至倉」條款　價格術語　海運提單

二、簡述題

1. 請比較中國海運貨物一切險與水漬險、平安險在承保責任上的區別。
2. 為什麼海上保險人要瞭解海運提單的有關規定？
3. 提單具有哪些性質？
4. 投保方如何選擇海運貨物保險險別？
5. 出口貨物保險金額為什麼要在 CIF 價基礎上予以加成？
6. 出口貨物運輸保險單的轉讓有何特點？
7. 什麼是海損代理人？
8. 理賠代理人分為哪兩種？各自的權利是什麼？
9. 出口信用保險的特點是什麼？
10. 為什麼要規定買方信用限額？
11. 請論述發展出口信用保險的意義。

第九章　保險費率的計算原理

內容提要：保險關係體現了一種交換關係，投保人以繳納保險費為條件，換取保險人的保險保障，這種保險交易行為本身要求合理地釐定保險商品的價格——保險費率。因此，保險費率的釐定就成了保險經營中的一項重要的內容。本章在分析保險費率結構和制定原則的基礎上，簡要介紹了財產保險和人壽保險費率計算原理。

第一節　保險費率及其釐定原則

一、保險費和保險費率

（一）保險費

保險費簡稱保費，是投保人為轉嫁風險，獲得經濟保障而繳納給保險人的費用。保險費由純保險費和附加保險費構成。純保險費主要用於保險賠付支出。附加保險費主要用於保險人的各項業務開支和預期利潤，包括代理人佣金（或手續費）、管理費、稅金、利潤等。

保費是保險金額與保險費率的乘積，因此，保費的多少是由保險金額的大小和保險費率的高低這兩個因素來決定的。從保險公司的角度來說，它們所賠償或給付的保險金並不具有救濟性質，而是在保險事故發生造成保險標的的損害或保險單到期按合同規定賠付保險金；從投保人的角度來說，他們所繳納的保費也並不是一種慈善性的捐款，而是分攤部分被保險人的損害。因此，保險人與全體投保人之間應當存在「賠付保險金的精算現值與繳納保險費的精算現值相等的原則」，即純保費的精算現值總額等於未來賠償或給付保險金的精算現值總額。用公式來表示，則為：

$$P = \omega Q$$

在上式中：P 代表純保險費，純保險費即保險人用於支付預期損失的那一部

分保費；Q 代表保險金額；ω 代表純費率。純費率是根據損失率計算出來的，而損失率則代表賠償保險金的概率。根據此項原則，投保人所繳納的保險費與保險人對其風險所負的責任，應當彼此對等。純費率 ω 越大，純保費 P 越大；保險金額 Q 越大，純保費 P 亦越大。

(二) 保險費率

保險費率是保險費與保險金額的比率，保險費率又被稱為保險價格，通常以每百元或每千元保險金額的保險費來表示。但作為保險價格的保險費率是不同於其他商品的價格的。因為保險人制定費率時主要依據的是由過去的損失和費用統計記錄的經驗去預測出的未來趨勢，這會加大保險費率制定的難度。因此，保險商品和其他商品之間一個最基本的差異就是其價格的確定在成本發生前，是建立在預測的基礎之上的。即保險人對未來的損失和未來的費用進行預測，然後，將這些費用在不同的被保險人之間進行分配，這一過程就叫作費率的制定。不同的保險險種的費率通常是不一樣的。

保險費率一般也是由純費率與附加費率兩部分組成。純費率又稱淨費率，它是用來支付賠款的費率，其計算依據因險種的不同而不同。財產保險純費率的計算依據是損失概率，人壽保險純費率計算的依據是利率和生命表。附加費率是附加保費與保險金額的比率。把純費率和附加費率加總起來，就構成了毛費率。

二、保險費率厘定的基本原則

(一) 公平合理原則

公平合理原則是指厘定保險費率時，使保險人與投保人之間及各投保人之間要體現公平合理。公平合理有兩方面含義：

第一，保險人與投保人之間的公平合理。保險人與投保人之間的公平合理，要求純費率的厘定必須以損失概率（壽險純費率根據生命表上的死亡率和生存率以及預定利率）為依據，使保險人收取的保費應與其承擔的風險相當，而制定附加費率時對業務費用和預期利潤的估算均須適當。因為保險費率不能偏高，否則，會使投保人負擔太重，損害投保人利益，而使保險公司獲得過多的利潤，當然這也降低了該保險產品的價格優勢。保險費率也不能過低，否則，會影響保險人的財務穩定性和償付能力，最終還是傷害了投保方的利益。

第二，各投保人之間的公平合理。這是指保險人向投保人收取的保險費，應當與保險標的所面臨的危險程度相適應。要按照危險性的大小，相應地分擔保險的損失與費用。對危險程度高的保險標的，按較高的保險費率收取保險費；對危險程度低的保險標的，按較低的費率收取保險費。

(二) 保險財務穩定性與償付能力

所謂保險財務穩定性，是指保險人在正常年景情況下，向投保人收取的保險費是否足以應付賠付支出。如果足以支付，則表示財務穩定性是良好的；反之則

較差。保險償付能力是指發生超出正常年景的賠付時，保險人是否具有賠付能力。此原則又稱為充足性原則，即保險費率應高至足以彌補預計發生的各項賠付及有關費用。

保險費是補償保險標的損害的資金來源，保險人按保險費率向投保人收取的保險費，必須足以應付賠付支出及各種經營費用。如果費率過低，就會影響保險財務穩定，導致保險公司缺乏償付能力，最終嚴重損害被保險人的利益。

在競爭激烈的保險市場上，為了提高自己的競爭力，保險人常常不惜降低保險費率以招徠顧客，這種惡性競爭的結果，會影響保險人的財務穩定性和償付能力。為了保證保險經營的健康發展，維護被保險人的利益，很多國家的保險監管部門對保險費率要實施監管。

(三) 相對穩定原則

相對穩定原則是指在一定時期內應保持費率的穩定，避免過於頻繁的變動。因為：第一，經常變動費率，會給客戶一種保險人業務發展不穩定、經營管理不善的感覺，導致投保人對保險人的不信任，影響保險業務的開展。第二，不穩定費率，當其呈現下降趨勢時，可能誘使投保人為追求低費率而中途解約；當費率呈現上漲趨勢時，可能會使長期性的保險合同數量驟增，影響保險業務的健康發展。因此，在制定費率上，要遵循相對穩定原則。但這一原則並不是指保險費率一成不變，當風險環境、保險責任以及保險需求狀況發生變化時，費率應及時進行調整。

(四) 促進防災防損原則

從減少保險人的賠付支出和減少整個社會財富的損失考慮，保險費率的制定應有利於促進防災防損。具體而言，就是對注重防災防損工作的被保險人採取較低的費率；對不注重防災防損工作的被保險人採取較高的費率。比如機動車輛保險對在保險期內無賠款發生的客戶，續保時可享受無賠款優待費率。

第二節　財產保險費率計算原理

一、財產保險費率的構成

財產保險的保險費率，可分解為純費率和附加費率兩部分。其中純費率是基本的，由保險金額損失率和穩定系數來確定，它對應於每單位保險金額可能的賠償金額。按照純費率收取的保費即純保費，構成賠償基金，用於補償被保險人由於發生保險事故所致保險財產及其保險利益的損失。附加費率，對應的是保險人每單位保險金額的經營費用。按附加費率收取的保費即附加保費，用於保險人的各項業務開支和預期利潤。

二、純費率的確定

(一) 保險金額損失率是確定純費率的基本因素

依純費率所收取的保險費既然是用於保險賠償支出的，那麼確定純費率的基本因素必是財產的損失概率。根據損失概率確定的純費率所收取的純保險費，恰好足以補償保險財產的損失。

在財產保險費率計算中，保險金額損失率就是反應損失概率的一個綜合指標。保險金額損失率是各類財產在一定時期內的賠款支出和總保險金額的比率，它是制定純費率的基礎，其計算公式為：

$$保險金額損失率 = \frac{總賠款支出}{總保險金額} \times 100‰$$

保險金額損失率的計算不能依據短期或少量的資料，必須依據長期的大量統計資料。

關於保險金額損失率的概念，應當注意：

首先，保險金額損失率不是保險標的損失額與保險金額之比，而是保險賠款額與保險金額之比。事實上，在財產保險實務中，保險人並不是對所有的保險標的損失都予以賠償。由於各種賠償方式和保險責任的具體規定，保險人實際賠償的損失即賠償金額與標的實際損失金額常常是不同的，所以，計算保險金額損失率時應採用賠償金額而不是保險標的損失額。

其次，保險財產的損失率常常要高於社會平均財產損失率，所以，計算未來保險金額損失率，須根據保險公司的經驗數據，而不是根據全社會的財產損失統計資料。

(二) 影響保險金額損失率的因素

確定純費率，需要運用歷史經驗數據，對未來有效索賠額的規律做出統計分析。從理論上講，保險金額損失率主要受下列四項因素的影響：

第一，各類保險發生災害事故的頻率 $\frac{C}{A}$（承保數量的出險次數）；

第二，損毀率 $\frac{D}{C}$（每次出險的受災數量）；

第三，損毀程度 $\frac{F}{E}$（每一保險金額受災財產所支出的賠償金額）；

第四，風險比例 $\frac{E}{D} : \frac{B}{A}$（受災財產與保險財產兩者的平均保險金額之比）。

將以上四項因素相乘：

$$\frac{C}{A} \times \frac{D}{C} \times \frac{F}{E} \times (\frac{E}{D} \div \frac{B}{A}) = \frac{F}{B}$$

其中：A 為承保數量；B 為保險金額；C 為出險次數；D 為受災數量；E 為受

災財產的保險金額；F 為賠償金額。

從以上公式得出保險金額損失率為 $\dfrac{F}{B}$。由於各種災害事故的出險頻率和各種物質損毀程度不同，上述四項因素的變動都將引起保險金額損失率的變動。

（三）純費率的測定

1. 歷年保險金額損失率的選擇

保險金額損失率是構成純費率的基本因素。但每年的保險金額損失率不一樣，如果把過去若干年保險金額損失率平均，可得出以往年份的平均保險金額損失率。為使平均保險金額損失率能替代損失概率，必須選擇適當的歷年保險金額損失率。因為對於過去的真實情況反應越是準確，它與未來損失概率就越接近。所謂「適當」即指：①必須有足夠的年數。一般來說，至少需要有保險事故發生比較正常的連續五年的保險金額損失率。②每年的保險金額損失率的測定必須基於大量的統計資料。③這一組保險金額損失率必須是穩定的。④適當從動態角度考慮損失率的逐年變化規律。

現舉一個比較簡單的例子來說明。如某類財產，據統計其以前五年的保險金額損失率分別為：1.40‰，1.34‰，0.98‰，1.20‰和1.08‰。根據這些數據，計算過程如表9-1所示：

表 9-1　　　　　　　　　某類財產計算過程

年份	保險金額損失率 x	偏差 $x-\bar{x}$	偏差平方 $(x-\bar{x})^2$
1	1.40	0.2	0.04
2	1.34	0.14	0.019,6
3	0.98	−0.22	0.048,4
4	1.20	0	0
5	1.08	−0.12	0.014,4
$\sum$	$\sum x = 6.00$	0	0.122,4

均值為 $\bar{x} = \dfrac{\sum x}{n} = \dfrac{6.00}{5} = 1.20$（‰）

均方差為 $\sigma = \sqrt{\dfrac{\sum (x-\bar{x})^2}{n-1}} = \dfrac{\sqrt{0.122,4}}{2} = \dfrac{0.349,9}{2} \approx 0.175$（‰）

2. 附加均方差

根據一組適當的保險金額損失率，我們可以得到純費率的近似值——平均保險金額損失率，但還不能直接把它定為純費率。因為它既然是以往各年份數據的平均值，那就必然有一些年份保險金額損失率比它高。如果以平均保險金額損失率作為純費率，一般說來，賠償金額超過當年純保費的可能性是很大的。

為了減少不利年份（即賠償金額超過純保費的年份）的出現，通常採用在平均保險金額損失率的基礎上附加這組年度保險金額損失率的一次、二次或若干次均方差的方法來確定純費率。

若上例附加一次均方差，則純費率為：

1.20‰+0.175‰＝1.375‰

若附加二次均方差，則純費率為：

1.20‰+2×0.175‰＝1.55‰

純費率中究竟應包括多大的風險附加較為合適呢？從保險人的角度講，風險附加越大財務越穩定，但從投保人角度來講風險附加越大負擔越重。為減輕被保險人的負擔，一般宜採用較低限度的風險附加。一般認為，所附加的均方差與平均保險金額損失率之比，以 10%～20% 為宜。

三、附加費率的測定

附加費率的計算，可以按照統計資料求出的各項費用開支總額與保險金額總數之間的比率計算，也可在純費率基礎上附加適當的百分比作為附加費率。其計算公式如下：

$$附加費率 = \frac{附加費用}{保險金額} \times 1,000‰$$

第三節　人壽保險保費計算原理

一、人壽保險費概述

（一）人壽保險費的構成和分類

人壽保險費和財產保險費一樣也由兩部分構成：純保險費和附加保險費。與財產保險不同的是人壽保險大多採用分期交付的方式交付保險費，被保險人所繳納的純保費部分可分為儲蓄保費和危險保費。前者在利率作用下，使責任準備金累積；後者則用於在已累積的準備金基礎上彌補應付的保險金的缺口。附加保費用於保險經營中的一切費用開支。純保費和附加保費構成了營業保費，它是壽險公司實際收取的保費。

以繳費方法為依據，壽險保費可分為自然純保費、躉繳純保費和均衡純保費。自然保費是以死亡率為繳付標準計算的一年更新一次的一年期定期壽險的保險費，它按年收取。隨著年齡的增大，被保險人死亡的概率越來越高，需繳納的保費也越來越多，因此，這種繳費方式年輕人樂於接受，而老年人則不希望採用這種方式。躉繳保費是在投保之日便一次性繳清的保費，從躉繳保費中扣除附加

保險費，就得到了躉繳純保費。計算躉繳保費時，要考慮到貨幣的時間價值，要把各個年歲應繳的保費折合成現值。在現實生活中，很少有人一次性繳清所有保險費。均衡保險費是指在某一期限內，被保險人按固定數額繳納的保費，從均衡保險費中扣除附加保險費，就是均衡純保險費。與自然純保費和躉繳純保費相比，均衡純保費更能讓人接受，在保險業中得到了廣泛的運用。

(二) 人壽保險費計算的原則

壽險保費計算的基本原則是收支平衡原則，「收」是指保險公司收取的保費總額；「支」是指保險公司的保險金給付和支出的各項經營費用。這裡所說的收支平衡，並不是數學意義上的簡單相等，它要考慮貨幣的時間價值、生存或死亡概率等一些重要因素。收支平衡總是建立在一定的時點上。壽險收支平衡關係的時點一般是在投保生效日。在這一時點上保險公司收進的保費的精算現值總額與保險人給付的保險金和各項費用的精算現值總額平衡。由於保費的收取和保險金的給付總是分離的，因此二者的平衡是精算意義上的平衡，用等式表示就是：

保險費的精算現值＝保險金額的精算現值＋各項業務費用的精算現值

二、壽險保費計算的影響因素

壽險保費仍然由純保費和附加費用組成。影響純保費的因素主要有生命表上的死亡率或生存率以及預定利率，影響附加費用的因素主要是預定費用率。

(一) 生命表

1. 生命表的意義

生命表是根據一定時期某一國家或地區的特定人群有關生存、死亡規律的統計資料，加以分析整理而形成的一種表格，它是人壽保險測定風險的工具，是壽險精算的數理基礎，是釐定人壽保險純費率的基本依據。生命表以年齡為綱，全面地反應某一國家和地區一定人群的生死狀況。在生命表中，最重要的是計算每個年齡段的死亡率。

以死亡統計的對象為標準，生命表可分為國民生命表和經驗生命表。國民生命表是根據全體國民或某一特定地區人口的死亡資料編製而成的。經驗生命表是根據保險機構有關人壽保險業務的死亡記錄編製而成的。在人壽保險的精算過程中，一般選用經驗生命表，因為國民生命表統計的範圍很大，老弱病殘無所不包，而經驗生命表所統計的對象僅為被保險人，他們只有在身體合格的情況下，才能參加人壽保險。因此，相對國民生命表而言，經驗生命表的死亡率更低，對保險機構更具有實際意義。

2. 生命表的內容

一張完整的生命表應包括如表9-2所示內容：

表 9-2　　　　　　　　　　　生命表

年齡 x	年初生存人數 I_x	年內死亡人數 d_x	生存率 p_x	死亡率 q_x
35	972,396	1,028	0.998,943	0.001,051
36	971,386	1,113	0.998,854	0.001,146
37	970,255	1,212	0.998,751	0.001,249
38	969,043	1,324	0.998,634	0.001,366
39	967,719	1,449	0.998,503	0.001,497

x 表示年齡。

I_x 表示生存數，是指從初始年齡一般為 0 歲至滿 x 歲尚生存的人數，也即 x 歲的生存人數。例如，I_{35} 表示在初始年齡定義的基數中有 I_{35} 人活到了 35 歲，或者說 35 歲的生存人數為 I_{35}。這是時點數。I_0 稱為生命表基數，本書中取 $I_0=1,000,000$，也可取 $I_0=100,000$。

d_x 表示死亡數，是指 x 歲的人在一年內死亡的人數，即在 x 歲至 $x+1$ 歲的年齡間死亡的人數。如 d_{36} 表示 36 歲至 37 歲的年齡間死亡的人數。這是時期數。

p_x 表示生存率，是指 x 歲的人在一年內仍生存的概率，即 x 歲的人生存到 $x+1$ 歲的概率。

q_x 表示死亡率，是指 x 歲的人在一年內的死亡率。

3. 生命表中的幾個關係式

（1）$I_x - d_x = I_{x+1}$

上式表示，x 歲的人年初的生存數 I_x 與年內的死亡數 d_x 的差額就是次年 $x+1$ 歲的人的生存人數 I_{x+1}；上式也可寫作：

$$d_x = I_x - I_{x+1}$$

即來年死亡人數是本年初生存人數與次年初生存人數之差。

（2）$d_x + d_{x+1} + \cdots + d_{x+n-1} = I_x - I_{x+n}$

該式表示連續數年死亡人數之和等於第一年年初生存人數與最後一年年初生存人數之差。

（3）$p_x = I_{x+1}/I_x$

該式給出了生存率與存活人數之間的關係。生存率是次年年初生存人數與本年年初生存人數之比，它表示 x 歲的人能生存到 $x+1$ 歲的概率。

同理，可以推導出另一個關係式：

$$_np_x = I_{x+n}/I_x$$

該式表示 x 歲的人存活到 $x+n$ 歲的生存率。

（4）$q_x = d_x/I_x$

死亡率是年內生存人數和年初生存人數的比率。顯然：

$$q_x = (I_x - I_{x+1})/I_x$$

同理，可推導出 x 歲的人在 $x+n$ 年間的死亡率關係式：

$$_nq_x = (I_x - I_{x+n})/I_x$$

不難發現，x 歲的人在未來一年間的生存率與死亡率之和為 1。

$$p_x + q_x = 1$$

(5) $_{t|u}q_x$

$_{t|u}q_x$ 表示 x 歲的人在生存了 t 年之後，於 u 年內死亡的概率。

$$_{t|u}q_x = (I_{x+t} - I_{x+t+u})\ I_x$$

(二) 利息

1. 利息的含義

利息是資金所有者由於借出資金而獲得的報酬，它來自於利潤。利息廣泛存在於現代生活之中，已成為衡量經濟效益的一個尺度。利息率是指借貸期間所形成的利息額與所貸資金的比值。以不同的標準，可以劃分出各種各樣的利率類別。以計算利息的期限單位為標準，利率可劃分為年利率、月利率和日利率。年利率是以年為單位計算利息，月利率、日利率分別是以月、日為單位計算利息。

以利息本身是否生息來劃分，利息分為單利和複利。人壽保險保費的計算中採用的是複利。

2. 單利的計算

單利計算公式為：

$$I = P \cdot i \cdot n$$
$$S = P(1 + i \cdot n)$$

其中：I 為利息額，P 為本金，i 表示利息率，n 表示借貸期限，S 表示本利和。

如一筆為期 3 年、年利率為 5% 的 10,000 元存款，利息額為 10,000×5%×3 = 1,500 元，本息和為 10,000×(1+5%×3) = 11,500 元。

3. 複利的計算

複利是一種將上期利息轉化為本金一併計算利息的方法。即上期的利息在本期也生息，如按年計息，第一年按本金算出利息，第二年計算利息時，要把第一年利息加在本金之上，然後再計算，如此類推，直到期滿。複利計算的公式是：

$$S = P(1+i)^n$$
$$I = S - P$$

用複利計算上述實例的利息：

$S = 10,000×(1+0.05)^3 \approx 11,576$（元）

$I = 11,576 - 10,000 = 1,576$（元）

可見，用複利計算，利息多出了 76 元。

4. 終值和現值的計算

在人壽保險費率的厘定過程中，常常會遇到終值和現值的問題。終值又稱將來值，是現在一定量的貨幣，在確定的利率下在未來某一時點上的價值，也即本利和。在上例中，三年後的本利和 11,500 元就是終值。

現值又稱本金，是指未來某一時點上的一定量的貨幣，在確定的利率下折合

到現在的價值。如上例中 3 年後的 11,500 元折合到現在的價值為 10,000 元，這 10,000 元就是現值。

以上都是在以單利計算的情況下討論的終值和現值。在以複利計算時，終值可表示為：

$$終值 = P(1+i)$$

現值可表示為：

$$現值 = 終值/(1+i)$$

令 $V = 1/(1+i)$，V 被稱為貼現因子。

5. 確定複利率下，確定年金的現值與終值

年金是有規則地收付一定款項的方法。確定年金是年金的一種形式。確定年金的給付與年金領取人的生命無關，年金支付總期間事前確定，以預定利率作為累積或折現基礎。確定年金有多種分類，鑒於期首付年金和期末付年金在釐訂保險費率時較為常用，因此下面介紹這兩種年金的計算。

(1) 期末付確定年金的計算

期末付確定年金是指在約定年金期間內，每逢期末收付一次確定年金。通常期末付確定年金的現值和終值用符號 $a_{\overline{n}|i}$ 和 $S_{\overline{n}|i}$ 來表示。仍然以 n 表示確定年金支付的期間，用 i 表示利率，支付額為 1 元，則有：

$$\begin{aligned} a_{\overline{n}|i} &= V + V^2 + \cdots + V^n \\ &= V \cdot \frac{1-V^n}{1-V} \\ &= \frac{1-V^n}{i} \end{aligned}$$

$$\begin{aligned} S_{\overline{n}|i} &= (1+i)^{n-1} + (1+i)^{n-2} + \cdots + 1 \\ &= \frac{(1+i)^n - 1}{(1+i) - 1} \\ &= \frac{(1+i)^{n-1} - 1}{i} \end{aligned}$$

上述關係中 $a_{\overline{n}|i}$ 和 $S_{\overline{n}|i}$ 有如下關係：

$$S_{\overline{n}|i} = (1+i)^n \cdot a_{\overline{n}|i}$$

$$\frac{1}{a_{\overline{n}|i}} = \frac{1}{S_{\overline{n}|i}} + i$$

(2) 期首付確定年金的計算

期初付確定年金是指在約定年金期間內，每期期初收付一次的確定年金。以 n 表示年金支付的期間，用 i 表示利率，求期初支付額為 1 元的該年金的現值和終值。如果用符號 $\ddot{a}_{\overline{n}|i}$ 和 $\ddot{S}_{\overline{n}|i}$ 分別表示期首付確定年金的現值和終值，便有：

$$\ddot{a}_{\overline{n}|i} = 1+V+\cdots+V^{n-1}$$

$$= \frac{1-V^n}{1-V}$$

$$= (1+i) \cdot \frac{1-V^n}{i}$$

$$= (1+i) \cdot a_{\overline{n}|i}$$

$$\ddot{S}_{\overline{n}|i} = (1+i)^n + (1+i)^{n-1} + \cdots + (1+i)$$

$$= (1+i) \cdot \frac{(1+i)^n - 1}{i}$$

$$= (1+i) \cdot S_{\overline{n}|i}$$

$\ddot{a}_{\overline{n}|i}$ 和 $\ddot{S}_{\overline{n}|i}$ 具有如下關係：

$$\ddot{S}_{\overline{n}|i} = (1+i)^n \cdot \ddot{a}_{\overline{n}|i}$$

$$\frac{1}{\ddot{a}_{\overline{n}|i}} = \frac{1}{\ddot{S}_{\overline{n}|i}} + i \cdot V$$

（三）壽險業務費用

壽險業務費用是保險人在經營壽險業務過程中所發生的各項費用。這部分費用也應由被保險人負擔，因此業務費用也是壽險保費計算的一項重要內容。按不同的標準可將壽險業務費用分成不同的類別。按經營過程各環節的費用發生分為承保費用和維持費用等。

壽險業務費用的實際發生在未來，保費計算時通過分析同類業務過去長期發生的費用來確定一個預定費用的額度，因此預定費用（率）的高低會影響壽險保費的計算。一般而言，在其他條件不變的情況下，預定費用率高，保費增加；反之預定費用率低，則保費降低。

（四）換算基數及換算基數表

由於壽險保費計算涉及眾多的符號和關係，直接計算往往使運算繁雜，公式表達冗長，所以人們通過長期的實踐，總結出用於計算的換算基數及其換算基數表。

常見的換算基數有：

$$D_x = V^x \cdot l$$

$$N_x = D_x + D_{x+1} + \cdots$$

$$S_x = N_x + N_{x+1} + \cdots$$

$$C_x = V^{x+1} \cdot D_x$$

$$M_x = C_x + C_{x+1} + \cdots$$

$$R_x = M_x + M_{x+1} + \cdots$$

$$\overline{C}_x = \overline{V}^{x+\frac{1}{2}} \cdot \overline{d}_x$$

$$\overline{M}_x = \overline{C}_x + \overline{C}_{x+1} + \cdots$$

$$\overline{R}_x = \overline{M}_x + \overline{M}_{x+1} + \cdots$$

將上述換算基數的數值列成表就是換算基數表。在計算壽險保費時可直接查表計算。

三、壽險純保費的計算

壽險保費的繳付有躉繳和分期繳付兩種。躉繳是指投保人將保費一次繳清；分期繳付是指在一定期限內按某一數額繳付保費，而分期繳付的週期一般以年為單位。因此純保費的計算分躉繳純保費的計算和年繳純保費的計算。

（一）躉繳純保費的計算

根據不同的險種，對躉繳純保費的計算，分別加以介紹。

1. 純生存保險躉繳純保費的計算

純生存保險是以被保險人生存到保險期滿為條件給付保險金的一種人壽保險。

設被保險人投保時的年齡為 x 歲，保險期限為 n 年，保險金額 1 元，x 歲的人在投保時一次性應繳的純保費為，則計算步驟為：

第一步，計算保險人應承擔的給付責任的現值。根據純生存保險的定義，保險人只對生存到 $x+n$ 歲的被保險人給付 1 元的保險金，其給付的保險金總額為 l_{x+n} 元，此金額在 x 歲的現值為 $V^n \cdot l_{x+n}$。

第二步，計算投保人在投保時一次性繳付的純保費的現值。在 x 歲的所有投保人在投保時應繳付的躉繳純保費總額為 $l_x \cdot A_{x:\overline{n}|}^{\ 1}$ 元。

第三步，根據收支平衡原則列出計算式。

根據收支平衡原則有：

$$l_x \cdot A_{x:\overline{n}|}^{\ 1} = V^n l_{x+n}$$

$$A_{x:\overline{n}|}^{\ 1} = V^n \cdot \frac{l_{x+n}}{l_x} = V^n {}_np_x$$

第四步，利用換算基數對計算式進行化簡。在分子分母上同乘以 V^x，根據 $D_x = V^x \cdot l_x$ 有：

$$A_{x:\overline{n}|}^{\ 1} = \frac{D_{x+n}}{D_x}$$

這裡的 $V^n {}_np_x$ 稱為 x 歲的人在 n 年期滿生存時獲得的生存金 1 元的精算現值。

2. 定期死亡保險躉繳純保險費的計算

定期死亡保險又叫定期人壽保險，是以被保險人在保險期限內死亡為條件支付保險金的一種人壽保險。也就是說，只有當被保險人在保險期限內死亡時，保

險人才支付保險金，如若繼續存活，則不予支付。同上面的計算原理一樣，設 x 歲的人投保保險金額為 1 元，於死亡時立即支付保險金的 n 年定期死亡保險的躉繳純保費為 $\bar{A}^1_{x:\overline{n}|}$，根據收支平衡原則則有：

$$I_x \bar{A}^1_{x:\overline{n}|} = V^{\frac{1}{2}} \cdot d_x + V^{1\frac{1}{2}} \cdot d_{x+1} + \cdots + V^{(n-1)\frac{1}{2}} \cdot d_{x+n-1}$$

$$\bar{A}^1_{x:\overline{n}|} = \frac{V^{\frac{1}{2}} \cdot d_x + V^{1\frac{1}{2}} \cdot d_{x+1} + \cdots + V^{(n-1)\frac{1}{2}} \cdot d_{x+n-1}}{I_x}$$

$$= \frac{\bar{C}_x + \bar{C}_{x+1} + \cdots + \bar{C}_{x+n-1}}{D_x}$$

$$= \frac{\bar{M}_x - \bar{M}_{x+n}}{D_x}$$

3. 終身死亡保險躉繳純保費的計算

終身死亡保險是指投保以後，無論被保險人何時死亡，保險人都得給付合同約定的保險金。同樣設 x 歲的人投保保險金額為 1 元，於死亡時立即支付保險金的終身死亡保險的躉繳純保費為 $\bar{A}_x$。

那麼根據收支平衡原則有：

$$I_x \bar{A}_x = V^{\frac{1}{2}} \cdot d_x + V^{1\frac{1}{2}} \cdot d_{x+1} + \cdots$$

$$\bar{A}_x = \frac{V^{\frac{1}{2}} \cdot d_x + V^{1\frac{1}{2}} \cdot d_{x+1} + \cdots}{I_x}$$

$$= \frac{V^{x+\frac{1}{2}} \cdot d_x + V^{x+1+\frac{1}{2}} \cdot d_{x+1} + \cdots}{V^x I_x}$$

$$= \frac{\bar{C}_x + \bar{C}_{x+1} + \cdots}{D_x} = \frac{\bar{M}_x}{D_x}$$

4. 兩全保險躉繳純保費的計算

兩全保險是一種生死合險，如果被保險人在保險期內死亡，保險人給付保險金；如果被保險人生存到期滿，保險人仍給付保險金。因此，該保險可以看作是純生存保險和定期死亡保險的混合，既然被保險人無論生死均能請求支付保險金，那麼，其應繳的保費應是純生存保險費和定期死亡保險費之和。設兩全保險躉繳純保費為 ，則有：

$$\bar{A}_{x:\overline{n}|} = \bar{A}^1_{x:\overline{n}|} + A_{x:\overline{n}|}^{1}$$

$$= \frac{\bar{M}_x - \bar{M}_{x+n} + D_{x+n}}{D_x}$$

（二）年繳純保費的計算

由於躉繳純保費往往需要投保人一次繳納大量的保險費，會給投保人帶來一定的經濟困難，投保人難以接受，因此現實業務中，人壽保險大多採用分期繳付

的方法，而其中又以年繳為多，所以這裡我們只討論年繳純保費的計算。

1. 純生存保險年繳純保費的計算

仍然假設 x 歲的人投保保險金額為 1 元，期限為 n 年的年繳純保費為 $P_{x:\overline{n}|}^{\ 1}$。其計算步驟：

第一步，計算保險人在保期滿時給付責任的現值，共有 I_{x+n} 人生存到期滿，保險人在期滿時給付保險金的現值為 $V^n \cdot I_{x+n}$。

第二步，計算投保人在保期內每年繳付純保費的現值。每年年初活著的被保險人都得繳納純保費，而且是在每年的年初繳納，因此保期內投保人年繳的純保費的現值為：

$$P_{x:\overline{n}|}^{\ 1} \cdot I_x + P_{x:\overline{n}|}^{\ 1} \cdot V \cdot I_{x+1} + \cdots + P_{x:\overline{n}|}^{\ 1} \cdot V^{n-1} \cdot I_{x+n-1}$$
$$= P_{x:\overline{n}|}^{\ 1} \cdot (I_x + V \cdot I_{x+1} + \cdots + V^{n-1} \cdot I_{x+n-1})$$

第三步，根據收支平衡原則，列出計算式：

$$P_{x:\overline{n}|}^{\ 1} \cdot (I_x + V \cdot I_{x+1} + \cdots + V^{n-1} \cdot I_{x+n-1}) = V^n \cdot I_{x+n}$$

$$P_{x:\overline{n}|}^{\ 1} = \frac{V^n \cdot I_{x+n}}{I_x + V \cdot I_{x+1} + \cdots + V^{n-1} \cdot I_{x+n-1}}$$

第四步，用換算基數對計算式進行化簡，分子分母同乘以 V^x，則有：

$$P_{x:\overline{n}|}^{\ 1} = \frac{D_{x+n}}{N_x - N_{x+n}}$$

2. 定期死亡保險年繳純保費的計算

設 x 歲的人投保期限為 n 年，保險金額為 1 元的定期死亡保險的年繳純保費為 $P(\overline{A}_{x:\overline{n}|}^1)$。類似前面的分析有：

$$P(\overline{A}_{x:\overline{n}|}^1) = \frac{\overline{M}_x - \overline{M}_{x+n}}{N_x - N_{x+n}}$$

3. 終身繳費的終身死亡保險年繳純保費的計算

設終身死亡保險的年繳純保費為 $P(\overline{A}_x)$，投保人的年齡為 x，保險金額為 1 元。根據前面的分析則有：

$$P(\overline{A}_x) = \frac{\overline{M}_x}{N_x}$$

4. 兩全保險年繳純保費的計算

兩全保險年繳純保費是生存保險與定期死亡保險的年繳純保費之和。設 $P(\overline{A}_{x:\overline{n}|})$ 為兩全保險年繳純保費，則有下式成立：

$$P(\overline{A}_{x:\overline{n}|}) = \frac{\overline{M}_x - \overline{M}_{x+n} + D_{x+n}}{N_x - N_{x+n}}$$

毛保費是由純保費和附加保費構成的。計算毛保費，一般可使用三種方法。

1. 三元素法

三元素法把附加費用分為三類：原始費用、維持費用、收費費用。原始費用

是保險公司為招攬新合同，在第一年度支出的一切費用。在這裡，我們把單位保險金額的原始費用設為 P_1。維持費用是指整個保險期間為使合同維持保全的一切費用，它應分攤於各期。可把單位保險金額的維持費用設為 P_2。收費費用是指收取保費時的支出。與維持費用一樣，它也分攤於各期，單位保險金額的費用可設為 P_3。然後，把將來年份的附加費用折合成精算現值，就可得到附加保費的精算現值之和。再根據「毛保費精算現值=純保費精算現值+附加保費精算現值」的原理來計算總保費。三元素法的優點是計算結果準確，缺點是計算過程複雜、繁瑣。

2. 比例法

比例法假設附加保費為毛保費的一定比例 K。這一比例通常是根據經驗來確定的。設毛保費為 $\bar{P}$，純保費為 P，附加保費比例為 K，則有：

$$\bar{P}=P+K\bar{P}$$

整理得：

$$\bar{P}=\frac{P}{1-K}$$

比例法的優點是計算簡便，不足之處在於 K 值的確定缺乏合理性。

3. 比例常數法

比例常數法是根據每張保單的平均保險金額確定出的每單位保險金額所必須支付的費用，並把其作為一個固定常數。然後，再確定一個毛保費的比例作為附加保費。設固定常數為 C，則可得：

$$\bar{P}=P+K\bar{P}+C$$

整理得：

$$\bar{P}=\frac{P+C}{1-K}$$

復習思考題

1. 保險費率主要由哪兩部分構成？
2. 簡述保險費率厘定的原則。
3. 財產保險確定純費率的基本因素是什麼？
4. 壽險保費計算的基本影響因素有哪些？
5. 什麼是生命表？其內容有哪些？
6. 壽險保費計算的基本原則是什麼？
7. 簡述壽險保費計算的步驟。
8. 壽險毛保費計算的方法有哪些？

國家圖書館出版品預行編目（CIP）資料

保險學基礎（第五版）/ 蘭虹 主編.
-- 第五版. -- 臺北市：崧博出版：崧燁文化發行, 2019.05
　　面；　公分
POD版

ISBN 978-957-735-827-1(平裝)

1.保險學

563.7　　　　　　　　　　　　　108006275

書　　名：保險學基礎（第五版）
作　　者：蘭虹 主編
發 行 人：黃振庭
出 版 者：崧博出版事業有限公司
發 行 者：崧燁文化事業有限公司
E - m a i l：sonbookservice@gmail.com
粉絲頁：　　　　網址：
地　　址：台北市中正區重慶南路一段六十一號八樓 815 室
8F.-815, No.61, Sec. 1, Chongqing S. Rd., Zhongzheng Dist., Taipei City 100, Taiwan (R.O.C.)
電　　話：(02)2370-3310　傳　真：(02) 2370-3210
總 經 銷：紅螞蟻圖書有限公司
地　　址：台北市內湖區舊宗路二段 121 巷 19 號
電　　話：02-2795-3656　傳真：02-2795-4100　　網址：
印　　刷：京峯彩色印刷有限公司（京峰數位）

　本書版權為西南財經大學出版社所有授權崧博出版事業股份有限公司獨家發行電子書及繁體書繁體字版。若有其他相關權利及授權需求請與本公司聯繫。

定　　價：420 元
發行日期：2019 年 05 月第五版

◎ 本書以 POD 印製發行